DIE FARBE VON WASSER

James McBride

DIE FARBE VON WASSER

Erinnerungen

Aus dem Englischen
von Monika Schmalz

Berlin Verlag

Die Originalausgabe erschien 1996 unter dem Titel
The Color of Water
bei Riverhead Books, New York

Umschlaggestaltung:
Nina Rothfos und Patrick Gabler, Hamburg
Gesetzt aus der Goudy
Druck & Bindung:
Graphischer Großbetrieb Friedrich Pustet
Printed in Germany 1999
ISBN 3-8270-0273-7

Gedruckt auf chlor- und säurefreiem Papier

Dieses Buch habe ich für
meine Mutter
und ihre Mutter
und alle Mütter geschrieben.

Zum Gedenken an Hudis Shilsky,
Pfarrer Andrew D. McBride
und Hunter L. Jordan Sen.

Inhalt

Als Junge wußte ich nicht, wo meine Mutter herkam – wo sie geboren wurde, wer ihre Eltern waren. Wenn ich sie fragte, sagte sie immer: »Gott hat mich gemacht.« Wenn ich sie fragte, ob sie weiß sei, sagte sie: »Ich bin hellhäutig«, und wechselte das Thema. Sie zog zwölf schwarze Kinder groß und schickte uns alle auf die Universität. Ihre Kinder wurden Ärzte, Professoren, Chemiker, Lehrer – und dennoch erfuhren wir ihren Mädchennamen erst, als wir erwachsen waren. Ich brauchte vierzehn Jahre, um ihre außergewöhnliche Geschichte auszugraben – als Tochter eines orthodoxen jüdischen Rabbiners heiratete sie im Jahr 1942 einen Schwarzen –, und meine Mutter enthüllte sie eher, um mir einen Gefallen zu tun, als aus dem Bedürfnis heraus, in ihre Vergangenheit zurückzukehren. Hier ist ihr Leben, so wie sie es mir geschildert hat, und zwischen den Buchseiten ihres Lebens werden Sie auch meines finden.

1

Gestorben

Ich bin gestorben.

Du willst über meine Familie sprechen, wo ich für sie gestorben bin, schon vor fünfzig Jahren? Laß mich doch in Ruhe. Geh mir nicht auf die Nerven. Die wollen von mir nichts wissen, und ich will von denen nichts wissen. Beeil dich lieber mit diesem Interview. Ich will Dallas gucken. Wärst du in meiner Familie großgeworden, hättest du für so einen Unsinn keine Zeit, für deine sogenannten Wurzeln. Du tätest besser dran, Dick und Doof zu gucken, als mit denen ein Interview zu machen. Mit meinem Vater ein Interview – vergiß es. Der würde einen Herzinfarkt kriegen, wenn er dich sähe. Er ist jetzt tot, und wenn nicht, ist er 150 Jahre alt.

Ich wurde als orthodoxe Jüdin am 1. April 1921 in Polen geboren. Ich erinnere mich nicht mehr, wie der Ort hieß, wo ich geboren wurde, aber ich erinnere mich wohl noch an meinen jüdischen Namen: Ruchel Dwajra Zylska. Meine Eltern legten den Namen ab, als wir nach Amerika kamen, und änderten ihn in Rachel Deborah Shilsky, und diesen Namen legte ich ab, als ich neunzehn war. Ich habe ihn nie wieder benutzt, seit ich 1941 für immer aus Virginia weggegangen bin. Was mich betrifft, ist Rachel Shilsky gestorben. Sie mußte sterben, damit ich, der Rest von mir, leben konnte.

Meine Familie trauerte um mich, als ich deinen Vater heiratete. Sie beteten das Kaddisch und saßen schiwe. So trauern die orthodoxen Juden um ihre Toten. Sie beten, drehen ihre Spiegel um, sitzen sieben Tage lang auf Kisten und bedecken ihre Köpfe. Das ist richtig anstrengend, deshalb bin ich vielleicht auch heute keine Jüdin mehr. Es gab zu viele Regeln, an die man sich halten mußte, zu viele Verbote, dies darfst du nicht und jenes nicht, aber sagt dir jemals einer, daß er dich liebt? Nicht in meiner Familie jedenfalls. Das sagte bei uns kein Mensch. Bei uns sagten sie: »Da drin ist ein Kästchen für die Nägel«, oder mein Vater sagte: »Seid leise, ich will schlafen.«

Mein Vater hieß Fishel Shilsky und war orthodoxer Rabbiner. Er floh aus der russischen Armee und kroch heimlich über die polnische Grenze und heiratete meine Mutter. Es war eine vereinbarte Ehe. Früher sagte er immer, sie hätten ihn bei seiner Flucht aus der Armee unter Beschuß genommen, und sein Talent, sich immer aus allem rauszuwinden, was nicht gut für ihn war, verlor er nie, zumindest solange ich ihn kannte. Tate nannten wir ihn. Das heißt Vater auf jiddisch. Er war ein Schlitzohr, besonders wenn's ums Geld ging. Er war klein, dunkel, behaart und unfreundlich. Er trug ein weißes Hemd, schwarze Hosen und einen Talles, das war seine Uniform. Die schwarzen Hosen trug er, bis sie glänzten und man sie in die Ecke stellen konnte, aber hilf dir Gott, wenn diese schwarzen Hosen *eilig auf dich zukamen, denn mit meinem Vater war nicht zu spaßen. Der war hart wie Stein.*

Meine Mutter hieß Hudis, und sie war genau das Gegenteil von ihm, sanft und duldsam. Sie wurde 1896 in der polnischen Stadt Dobryzn geboren, aber wenn du da heute nachfragen würdest, würde sich niemand mehr an ihre Familie erinnern, weil alle Juden, die noch nicht weg waren, als Hitler in Polen einmarschierte, im Holocaust ums Leben kamen. Ihr Gesicht war hübsch. Dunkle Haare, hohe Wangenknochen, aber sie hatte Kinderlähmung gehabt. Ihre linke Seite war gelähmt, und danach wurde sie nie mehr richtig gesund. Sie konnte ihre linke Hand nicht benutzen. Sie war am Handgelenk umgeknickt, und meine Mutter hielt sie immer an die Brust gedrückt. Sie war auf dem linken Auge fast blind und hinkte stark beim Gehen, weil sie ihren linken Fuß hinterherzog. Sie war eine stille Frau, meine liebe Mame. So nannten wir sie, Mame. Sie ist diejenige auf dieser Welt, der ich wirklich Unrecht getan habe …

2

Das Fahrrad

Als ich vierzehn Jahre alt war, hatte meine Mutter plötzlich zwei neue Hobbys: Fahrradfahren und Klavierspielen. Das Klavier störte mich nicht weiter, aber das Fahrrad machte mich wahnsinnig. Es war eine riesige alte Klapperkiste, blau mit weißen Zierleisten und dicken fetten Reifen, riesig breiten Schutzblechen und einer batteriebetriebenen Hupe, die ins Gestell eingebaut war und per Knopfdruck betätigt wurde. Das Ding hätte heute einen Sammlerwert von mindestens fünftausend Dollar, aber damals hatte es mein Stiefvater einfach nur in Brooklyn auf der Straße gefunden und mit nach Hause geschleppt, ein paar Monate, bevor er starb.

Ich weiß nicht, ob es seine Entscheidung war, abzudanken, aber ich glaube es eigentlich nicht. Er starb mit 72 und war gut in Form, stark, gelassen, scheinbar unerschütterlich, und obwohl er mein Stiefvater war, nannte ich ihn immer Daddy. Er war ein ruhiger Mann, der leise sprach und altmodische Kleider trug, Samthüte, button-down Wollmäntel, Hosenträger, und er war immer ordentlich angezogen, egal wie schmutzig er sich bei der Arbeit machte. Er arbeitete immer langsam und bedächtig, aber unter seinem traktorhaften Tempo und seiner äußerlichen Sanftheit war er eine Mischung aus verschwiegenem Indianer und ländlichem Schwarzen: trittsicher, hart, kühn und schnell. Er ließ sich nicht zum Narren halten und hielt auch niemand zum Narren. Er heiratete meine Mutter, eine weiße Jüdin, als sie schon acht schwarze Mischlingskinder hatte, von denen ich als knapp Einjähriger das Jüngste war. Sie hatten zusammen noch vier weitere Kinder, um das Dutzend voll zu machen, und er sorgte für uns, wie für seine eigenen Kinder. »Ich hab genug für eine ganze Baseballmannschaft«, witzelte er. Es passierte von einem Tag auf den anderen – ein Schlaganfall, und weg war er.

Nachdem er gestorben war, fiel ich in allen Fächern durch und flog in hohem Bogen von der Schule. Ich brachte das Jahr damit zu, mit meinen Freunden in der 42nd Street am Times Square ins Kino zu gehen. »James macht gerade Revolution«, spotteten meine Geschwister. Dennoch waren meine Schwestern besorgt, meine älteren Brüder verärgert. Ich beachtete sie nicht. Ich und die Jungs, mit denen ich durch die Gegend zog, guckten uns jeden Film an. Wir rauchten jede Menge Gras. Ich klaute Handtaschen. Ich beging Ladendiebstähle. Ich raubte sogar mal einen Kleindealer aus. Und dann, nach einem Tag Schuleschwänzen, Kiffen, Rasiermesserschwenken und U-Bahnfahren, kam ich nachmittags nach Hause und erblickte meine Mutter auf ihrem blauen Fahrrad.

Sie fuhr immer in Zeitlupe unsere Straße entlang, die Murdoch Avenue in St. Albans, im Bezirk Queens, die einzige Weiße weit und breit, während die Autos einen großen Bogen um sie machten und schwarze Mopedfahrer diese merkwürdige weiße Frau mittleren Alters auf ihrem uralten Fahrrad begafften. Es war ihre Art zu trauern, obwohl mir das damals noch nicht klar war. Hunter Jordan, mein Stiefvater, war tot. Andrew McBride, mein biologischer Vater, war vierzehn Jahre zuvor gestorben, als sie gerade mit mir schwanger war. Es war klar, daß Mama kein Interesse mehr daran hatte, noch einmal zu heiraten, trotz der Bemühungen einiger örtlicher Priester mit ihren Cadillacs und ihrem breiten Grinsen, die genau wußten, daß Mama, das heißt wir alle, chronisch pleite waren. Mit 51 war sie noch immer schlank und hübsch, mit schwarzen Locken, dunklen Augen, einer großen Nase, einem strahlenden Lächeln und einem o-beinigen Gang, den man schon von weitem erkannte. Wir sagten dazu immer »Mamas wütender Gang«, denn wenn sie einem so entgegenkam, konnte man sicher sein, daß gleich die Hölle los war. Ich hatte schon manches Mal erlebt, wie sie auf einige ziemlich harte Typen zumarschiert war und ihnen ihre Faust vor der Nase hin- und hergeschüttelt hatte vor lauter Wut – aber das war noch, bevor Daddy starb. Jetzt schien sie es sich in den Kopf gesetzt zu haben, Klavier zu spielen, mit Geldeintreibern Versteck zu spielen, uns durch schiere Willensanstrengung auf die Universität zu schicken und mit dem Fahrrad kreuz und quer durch Queens zu fahren. Sie weigerte sich, Autofahren zu lernen. Daddys altes Auto stand wochenlang draußen am Straßenrand geparkt. Lautlos. Sauber. Glänzend. Jeden Tag fuhr sie mit dem Fahrrad daran vorbei und tat einfach, als sähe sie es nicht.

Ihr Anblick auf diesem Fahrrad faßte für mich ihre ganze Existenz zusammen. Ihre Andersartigkeit, ihr komplett fehlendes Bewußtsein dafür, was die Leute von ihr dachten, ihre Gelassenheit angesichts der, wie ich fand, ständigen Bedrohung sowohl durch Schwarze als auch Weiße, denen es nicht paßte, daß sie als Weiße unter Schwarzen lebte. Sie sah nichts davon. Sie fuhr so langsam, daß es von weitem so aussah, als bewegte sie sich gar nicht, das Bild erstarrte, zeichnete sich gegen den Frühlingshimmel ab, eine weiße Frau mittleren Alters auf einem uralten Fahrrad, an der schwarze Kinder auf Skateboards und Stingray-Rädern vorbeisausten und Kunststücke aufführten und sich Bälle zuwarfen, die an ihrem Kopf vorüberschwirrten, und Knallfrösche warfen, die neben ihr niedergingen. Sie kümmerte sich nicht im geringsten darum. Sie trug ein geblümtes Kleid und schwarze Halbschuhe, ihr Kopf schlackerte hin und her, während sie wacklig um die Ecke bog, an der ich mit meinen Freunden Baseball spielte, die Lewiston Avenue rauf, die Mayville Street bergab, wo ein hübscher Junge namens Roger bei einem Autounfall ums Leben gekommen war, die Murdock Street wieder bergauf, über die Schwelle zu unserer Einfahrt und bis vor unser Haus. »Puh!« sagte sie dann immer, während meine Geschwister, die draußen auf den Stufen saßen, um ein Auge auf sie zu haben, den Kopf schüttelten. Meine Schwester Dotty sagte dann immer: »Mir wär's wirklich lieber, du würdest diese Radfahrerei sein lassen, Mama«, und im stillen pflichtete ich ihr bei, aber vor allem, weil ich nicht wollte, daß meine

Freunde sahen, wie meine weiße Mutter auf einem Fahrrad durch die Gegend gurkte. Sie war ohnehin schon weiß, was schlimm genug war, aber ein altes Rad zu fahren, das schon seit hundert Jahren aus der Mode war? Und das auch noch als Erwachsene? Das war einfach zuviel für mich.

Schon als Junge fand ich meine Mutter immer sonderbar. Ihr lag nichts daran, sich mit den Nachbarn anzufreunden. Über ihre Vergangenheit sprach sie grundsätzlich nicht. Sie trank Tee aus einem Glas. Sie konnte Jiddisch. Sie hegte entschiedenes Mißtrauen gegenüber Autoritäten, und unser Privatleben war ihr heilig, was sie, und meine ganze Familie, für die anderen nur noch sonderbarer machte. Meine Familie war riesig, mit zwölf Kindern, und ganz anders als alle Familien, die ich je kennengelernt hatte. Wir waren so viele zu Hause, daß uns Mama manchmal rief, indem sie »He, James-Judy-Henry-Hunter-Kath – wie auch immer, komm doch mal eben.« Es war nicht so, daß sie vergessen hätte, wer wir waren, bloß waren wir so viele, daß oft keine Zeit blieb für so etwas Nebensächliches wie Namen. Bei uns zu Hause war sie der Kommandeur, weil mein Stiefvater nicht bei uns wohnte. Er wohnte bis kurz vor seinem Tod in Brooklyn, hielt sich von der Meute fern und kam nur an den Wochenenden nach Hause, mit Lebensmitteln und Dreirädern und dem Vorsatz, all die verschiedenen Dinge zu reparieren, die wir im Lauf der Woche kaputtgemacht hatten. Die Kleinarbeit, also unsere Erziehung, überließ er Mama, die zugleich Oberärztin (»Tu Jod drauf«), Kriegsministerin (»Wenn dich jemand schlägt, nimm deine Faust und *hau* ihm eine rein«), religiöser Wegweiser (»An erster Stelle kommt Gott«), Psychologin (»Denk einfach nicht dran«) und

Finanzberaterin war (»Was willst du mit Geld, wenn du nichts im Kopf hast?«). Fragen, die mit Hautfarbe oder Identität zusammenhingen, überging sie einfach.

Ich weiß noch, wie ich mir als Kind wünschte, zu der Familie in der Fernsehserie *Father Knows Best* zu gehören. Da kam der Vater abends im Anzug von der Arbeit nach Hause, und nie gab es mehr Kinder, als auf seinen Schoß paßten, anders bei uns, wo alle mit zerlöcherten Hosen und Turnschuhen herumliefen, die im John's Bargains-Laden 1 Dollar 99 kosteten, und die Eltern waren immer beschäftigt und nie bei der Sache, und einen Stiefvater hatten wir, der tauchte nur am Wochenende in Hemdsärmeln mit seinem Werkzeugkasten auf, und eine Mutter, die unablässig Windeln, Sicherheitsnadeln, Waschlappen, Ohrenstäbchen und auf jedem Arm ein Kind durch die Gegend schleppte, während ein drittes an ihrem Rock zerrte. Kaum hatte sie einem Kind den Hintern abgewischt, brüllte sich schon das nächste die Seele aus dem Leib. Damals in der Red Hook-Siedlung in Brooklyn, wo wir wohnten, bevor wir nach Queens ins relativ paradiesische St. Albans zogen, schliefen wir immer wie die Ölsardinen zu dritt oder viert in einem Bett, einer mit dem Kopf zum Kopfende, der nächste mit dem Kopf zum Fußende und immer so weiter. »Kopf oben, Zehen unten«, rief Mama, gab jedem von uns einen Gutenachtkuß und legte ihn in Position. Sobald sie aus dem Zimmer war, stritten wir darum, wer an der Wand liegen durfte. »Ich lieg an der Wand!« brüllte ich immer, und Richard, mein nächstälterer Bruder und somit überlegener Gegner, schüttelte dann immer den Kopf und sagte: »Nein, nein, nein. *David* schläft an der Wand. Ich geh in die Mitte. Du, Holzkopf, gehst nach außen.« Also mußte ich die ganze Nacht lang Davids Atem einatmen und hatte Richies Zehen im Gesicht, und wenn ich die Kombination aus Zehen und Atem nicht mehr aushielt, drehte ich mich rum und knallte auf den kalten Zementboden.

Friß oder stirb war bei uns die Devise, und Mama war Spezialistin auf dem Gebiet, immerhin hatte sie das System selbst eingeführt. Man war auf sich gestellt, oder so dachte man zumindest, bis man mit seinem Latein am Ende war, woraufhin sie dann einschritt und einen rettete. Ich hatte schreckliche Angst, als ich an der Reihe war, eingeschult zu werden. Obwohl die Public School Nr. 118 nur acht Blocks entfernt war, durfte ich nicht zusammen mit meinen Geschwistern hinlaufen, weil die Vorschulkinder den Schulbus nehmen mußten. An jenem schicksalsschweren Morgen jagte mich Mama durch die ganze Küche und versuchte, mich anzuziehen, während sich meine Geschwister über ihren völlig verängstigten Bruder kaputtlachten. »Der Bus ist gar nicht so schlecht«, bemerkte einer, »abgesehen von den Schlangen.« Und eine andere fügte hinzu: »Manchmal bringt einen der Bus nur nicht wieder nach Hause.« Allgemeines Hohngelächter.

»Seid still«, sagte Mama und inspizierte meine Schulkleidung. Meine Sachen waren zwar nicht neu, aber sauber. Die Hosen waren mal Billys gewesen, das Hemd war von David, den Mantel hatten vor mir Dennis, Billy, David und Richie getragen. Es war ein grauer Mantel mit Pelzkragen, in dem die Motten saßen. Mama bürstete ihn ab, stellte acht oder neun Schüsseln auf den Tisch, schüttete Haferflocken in jede Schüssel, gab dem Ältesten Anweisungen, den Rest zu füttern, und fuhr dann mit einem

Kamm durch meine Haare. Es fühlte sich an wie ein Mähdrescher. »Komm«, sagte sie zu mir, »ich bring dich zur Bushaltestelle.« Eine unerwartete Belohnung! Ich und Mama waren allein – soweit ich mich erinnere, war es das erste Mal überhaupt.

Es war immer der Höhepunkt des Tages, und die Erinnerung daran brannte sich mir ins Gedächtnis wie eine Tätowierung, wenn Mama mich zur Bushaltestelle brachte und dann am Nachmittag wieder abholte. Da stand sie, an der 114th Road Ecke New Mexico, in einem braunen Mantel und mit einem bunten Kopftuch um ihre schwarzen Haare, und beobachtete gemeinsam mit den anderen Eltern, wie der gelbe Schulbus um die Ecke bog und mit fauchenden Druckluftbremsen anhielt.

Während die Wochen vergingen und die Schule allmählich ihren Schrecken verlor, fiel mir an meiner Mutter immer deutlicher etwas auf: sie sah nämlich überhaupt nicht so aus wie die anderen Mütter. Eigentlich sah sie sogar eher aus wie meine Vorschullehrerin, Mrs. Alexander, die weiß war. Ich spähte aus dem Fenster, während der Bus um die Ecke bog und die Türen aufklappten, und ich bemerkte, daß Mama immer abseits stand und sich nur selten mit den anderen Müttern unterhielt. Sie stand hinter ihnen, wartete geduldig mit den Händen in den Manteltaschen, hielt nach mir Ausschau, dann lächelte sie und winkte, wenn ich ihr aus dem Fenster zurief. Schnell schnappte sie sich meine Hand, wenn ich aus dem Bus stieg, und zog mich davon, ohne sich um die Blicke der schwarzen Frauen zu kümmern.

Eines Nachmittags, auf dem Nachhauseweg von der Bushaltestelle, fragte ich Mama, warum sie nicht so aussehe wie die anderen Mütter.

»Weil ich nicht die anderen Mütter bin«, sagte sie.

»Wer bist du denn?« fragte ich.

»Ich bin deine Mutter.«

»Aber wieso siehst du dann nicht so aus wie Rodneys Mutter, oder Petes Mutter? Wieso siehst du nicht so aus wie ich?«

Sie seufzte und zuckte die Achseln. Offensichtlich kam ihr das bekannt vor. »Ich sehe doch so aus wie du. Ich bin deine Mutter. Du stellst zu viele Fragen. Bilde dich. Die Schule ist wichtig. Vergiß Rodney und Pete. Vergiß ihre Mütter. Denk an die Schule. Vergiß alles andere. Kümmer dich nicht um Rodney und Pete. Wenn sie in eine Richtung gehen, gehst du in die andere. Hörst du?«

»Ja.«

»Ich weiß, wovon ich rede. Laß die Finger von denen. Halte dich einfach an deine Brüder und Schwestern. Und behalte deine Angelegenheiten für dich.« Ende der Diskussion.

Ein paar Wochen später stieg ich aus dem Bus, und Mama war nicht da. Ich geriet in Panik. Irgendwo in meinem Hinterkopf schlummerten ihre warnenden Worte: »Du wirst lernen müssen, allein nach Hause zu laufen«, aber vor lauter Aufregung war mein Gedächtnis wie ausgeschaltet. Unser Haus war nur zwei Blocks entfernt, aber es hätten genausogut zehn Meilen sein können, denn ich hatte nicht die geringste Ahnung, wie man dorthin kam. Ich stand an der Ecke und gab mir alle Mühe, nicht in Tränen auszubrechen. Die anderen Eltern sahen mich mitleidig an und fragten nach meiner Adresse, aber ich hatte Angst, sie ihnen zu verraten. Mama hatte mich ja gewarnt, sie hatte es uns allen zwölfen eingebleut, seit wir laufen konnten: »Behaltet nur ja eure Angelegenheiten für euch«, und ich schüttelte den Kopf und sagte nein, meine Adresse wüßte ich nicht. Nach und nach gingen sie, bis nur noch einer übriggeblieben war, ein schwarzer Vater, der mit seinem Sohn vor mir stand und sagte: »Mach dir keine Sorgen, deine Mutter kommt bestimmt gleich.« Ich schenkte ihm keinerlei Beachtung. Er versperrte mir die Sicht, und Tränen stiegen mir in die Augen, während ich versuchte, hinter ihm den Block hinunterzuspähen, ob nicht doch der vertraute braune Mantel und das weiße Gesicht in der Ferne auftauchten. Aber nichts davon geschah. Niemand tauchte in der Ferne auf, abgesehen von ein paar Kindern, und die sahen bestimmt nicht aus wie Mama. Es war eine bunt zusammengewürfelte Gruppe von Jungen und Mädchen, zerlottert, schmuddelig, mit wilden Frisuren und löchrigen Jacken, die krähten und Krach machten, und erst als sie fast vor mir standen, erkannte ich die Gesichter meiner älteren Geschwister und das meiner kleinen Schwester Kathy, die hinter der Gruppe hertrödelte. Ich warf mich ihnen in die Arme und brach in Tränen aus, während sie mich umringten und lachten.

3
Koscher

Die Ehe meiner Eltern wurde durch einen row geschlossen, einen hochrangigen Rabbi, der zu den jeweiligen Eltern hingeht und die Mitgift aushandelt und den Ehevertrag entsprechend dem jüdischen Gesetz arrangiert, das heißt also, die Sache hatte mit Liebe nichts zu tun. Das war so: die Familie meiner Mutter hatte Stil und Geld. Tate, ich weiß nicht, woher seine Familie kam. Mame war seine Eintrittskarte nach Amerika, und kaum war er hier angekommen, war er fertig mit ihr. Er kam auf Empfehlung von Laurie her, der ältesten Schwester meiner Mutter, und von ihrem Mann, Paul Schiffman. Man konnte nicht einfach so in das Land reinspazieren. Es mußte einen jemand empfehlen, es mußte jemand sagen: »Ich bürge für diesen Menschen.« Zuerst traf er ein, und ein paar Monate später ließ er seine Familie nachkommen – also mich, Mame und meinen älteren Bruder Sam. Ich war zwei Jahre alt und

Sam war vier, als wir ankamen, darum erinnere ich mich überhaupt nicht mehr an unsere lange, gefahrvolle Reise nach Amerika. Das, was ich darüber weiß, weiß ich aus Kinofilmen. Ich hab ein Blatt Papier in dem Schuhkarton unter meinem Bett, auf dem steht, daß ich am 23. August 1923 hier angekommen bin, auf einem Dampfer namens Austergeist. *Ich habe dieses Dokument 23 Jahre lang immer mit mir rumgetragen. Das war mein Schutz, ich wollte nicht rausgeschmissen werden. Von wem? Egal wer … die Regierung, mein Vater, irgend jemand. Ich dachte, man könne aus Amerika rausgeschmissen werden wie aus einem Baseballspiel. Mein Vater sagte immer: »Ich bin Staatsbürger und du nicht. Ich kann dich jederzeit zurück nach Europa schicken.« Früher drohte er uns oft damit, daß er uns zurück nach Europa schicken würde, vor allem meiner Mutter, weil sie die letzte aus ihrer Familie war, die hierherkam, und einen Großteil ihres Lebens damit zugebracht hatte, vor russischen Soldaten in Polen zu fliehen. Sie redete früher oft über den Zaren oder den Kaiser, und wie die russischen Soldaten ins Dorf kamen und die Juden aufreihten und kaltblütig erschossen. »Ich mußte um mein Leben laufen«, sagte sie immer. »Beim Laufen hielt ich dich und deinen Bruder in meinen Armen.« Sie hatte schreckliche Angst vor Europa und war froh, in Amerika zu sein.*

Als wir vom Schiff runterkamen, wohnten wir erst bei meinen Großeltern Sejde und Babe in der 115th Street Ecke St. Nicholas in Manhattan. Obwohl ich noch ein kleines Kind war, erinnere ich mich gut an Sejde. Er hatte einen langen Bart und war lustig und trank immer seinen Tee aus einem Glas. Alle Männer in meiner Familie hatten lange Bärte. Sejde hatte auf seinem Schreibtisch ein Bild von sich und meiner Großmutter. Es war eine Aufnahme aus der Zeit, als sie noch in

Europa lebten. Sie standen nebeneinander, Sejde trug einen schwarzen Anzug, einen Hut und seinen Bart, und Babe trug eine Perücke, einen Scheitel, *wie es der Brauch vorschrieb. Ich glaube, unter ihrer Perücke hatte Babe eine Glatze. Deswegen mußten die Frauen auch ihre Köpfe bedecken, weil sie Glatzen hatten.*

Ich mochte meine Großeltern sehr. Sie waren warmherzig, und ich liebte sie so, wie jedes Enkelkind seine Großeltern liebt. Sie hatten eine schöne, aufgeräumte Wohnung mit schweren, dunklen Mahagonimöbeln. Auf dem Eßtisch lag immer eine blütenweiße Spitzentischdecke. Sie waren streng orthodox und aßen jeden Tag koscher. Du hast ja keine Ahnung, was das heißt. Bestimmt meinst du, koscher, das sei so was wie chalwa-Süßigkeiten. Du solltest lieber was darüber lesen, ich bin doch kein Fachmann. Es gibt Leute, die schreiben ganze Bücher darüber, such die mal und frag sie! Oder lies die Bibel! Verflixt noch mal! Wer bin ich denn schon! Ich kann doch nicht der ganzen Welt einfach irgendwas erzählen. Ich weiß doch kaum was! Bei uns war es jedenfalls so, daß man für jede Mahlzeit anderes Geschirr hatte, andere Tischdecken, andere Teller, Gabeln, Löffel, Messer, alles. Und man durfte das Essen nicht mischen. Statt dessen gab es Milchiges oder Fleischiges. Das heißt, man aß bei einer Mahlzeit nur Milchprodukte und bei der nächsten nur Fleisch. Nie gemischt. Auch kein Schweinefleisch – keine Koteletts mit Kartoffelsalat, kein Ei mit Speck, das kannst du vergessen. Man setzt sich auf seinen Hintern und ißt, was sie einem geben, und man macht, was sie einem sagen. Bei uns gab es ein besonderes Tischtuch für Milchiges, weil man das mit einem Lappen einfach abwischen konnte, anstatt es zu waschen. Dann mußte man jeden Freitag bei Sonnenuntergang die Kerzen anzünden und beten, und dann fing der Sabbat an. Der dauerte bis zum Sonnenuntergang am Samstag. Man durfte kein Licht an- oder ausmachen, kein Papier zerreißen, man durfte nicht Auto fahren oder ins Kino, noch nicht mal so was Einfaches wie den Herd anschalten durfte man. Man mußte stillsitzen und bei Kerzenschein lesen. Oder einfach stillsitzen. Das war für mich das Schwerste, das Stillsitzen. Schon als Mädchen rannte ich immer gern. Ich schlug die Haustür hinter mir zu und rannte einfach los. Das einzige, was ich am Sabbat durfte, war Romanhefte lesen. Das tat ich auch jahrelang.

Ich erinnere mich noch, wie Sejde in der Wohnung starb. Ich weiß nicht, wie er starb, ich weiß nur, daß er starb. Damals trödelte man nicht erst noch lange rum wie heutzutage, wo die Ärzte einem Schläuche in den Mund stecken und sich an einem dumm und dämlich verdienen. Sie starben einfach. Tot. Mach's gut. Der war jedenfalls tot, Schätzchen. Sie legten ihn aufs Bett und brachten uns Kinder in sein Schlafzimmer, damit wir ihn angucken konnten. Sie mußten mich und meinen Bruder Sam vom Boden hochheben, damit wir ihn sehen konnten. Sein Bart lag flach auf seiner Brust, und seine Hände waren gefaltet. Er trug eine kleine schwarze Krawatte. Er sah aus, als würde er schlafen. Ich weiß noch, wie ich zu mir sagte, der kann unmöglich tot sein, weil es noch gar nicht lange her schien, da hatte er noch gelebt und gescherzt und mit mir Unsinn gemacht, und jetzt lag er da, tot wie ein Stein. Sie beerdigten ihn am selben Tag, vor Sonnenuntergang, und wir saßen schiwe für ihn. Wir verhängten alle Spiegel in unserem Haus. Die Erwachsenen bedeckten ihre Köpfe. Alle saßen auf Kisten. Meine Großmutter trug noch lange danach schwarz. Aber weißt du, ich hatte die ganze Zeit das Gefühl, daß sie ihn zu früh begraben hatten. Ich hätte am liebsten gefragt: »Und was ist, wenn Sejde gar nicht wirklich tot ist? Vielleicht macht er nur Spaß, und dann wacht *er auf und stellt fest, daß er unter der Erde liegt!« Aber in meiner Familie stellte man als Kind keine Fragen. Man tat das, was einem gesagt wurde. Man gehorchte, Punktum.*

Das habe ich nie vergessen, und ich glaube, deshalb leide ich auch heute noch unter Klaustrophobie, weil ich nämlich nicht wußte, was der Tod ist. Weißt du, in meiner Familie sprach man nicht über den Tod. Man durfte das Wort nicht aussprechen. Die alten Juden spuckten immer auf den Boden, wenn sie das Wort »Tod« auf jiddisch sagten. Ich weiß nicht, vielleicht war das Aberglaube, jedenfalls wenn mein Vater »Tod« sagte, dann konnte man drauf wetten, daß ihm zwei Sekunden später die Spucke aus dem Mund schoß. Warum? Warum nicht! Er hätte in seinem Haus auf den Boden kotzen können, und keiner hätte irgendwas dagegen sagen können. Warum er spuckte, weiß ich nicht, aber als mein Großvater dahinging, fragte ich mich immer wieder: »Was ist, wenn Sejde gar nicht wirklich tot ist? Was dann? Er ist doch umzingelt von diesen vielen Toten. Was ist, wenn er noch lebt?« Lieber Gott ... immer, wenn es irgendwo zu eng ist, hab ich das Gefühl, daß ich keine Luft mehr kriege und daß ich sterben muß. Deswegen sag ich euch ja immer, achtet nur ja drauf, daß ich auch wirklich tot bin, wenn ich sterbe. Tretet mich und kneift mich und seht zu, daß ich wirklich hinüber bin, denn der Gedanke, lebendig begraben zu sein, ganz zusammengepfercht dazuliegen und zu ersticken und ringsum die vielen Toten und ich bin noch am Leben, lieber Gott, davor hab ich eine Todesangst.

4
Black Power

Als Junge fragte ich mich oft, wo meine Mutter herkam, wie sie auf diese Erde gekommen war. Wenn ich von ihr wissen wollte, woher sie kam, sagte sie immer: »Gott hat mich gemacht«, dann wechselte sie das Thema. Wenn ich sie fragte, ob sie weiß sei, sagte sie: »Nein. Ich bin hellhäutig«, und wechselte wieder das Thema. Biographische Fakten standen für Mama in keinem Zusammenhang mit den zwölf merkwürdigen, wilden, dunkelhäutigen Kindern, denen sie das Leben geschenkt hatte. Sie teilte Befehle aus, und ihr Wort war Gesetz. Da sie sich weigerte, Einzelheiten über sich selbst oder ihre Vergangenheit zu enthüllen, und mein Stiefvater meistens nicht für Fragen zu seiner oder Mamas Person zur Verfügung stand, erfuhr ich nur von meinen Geschwistern etwas über Mamas Vergangenheit. Wir tauschten Informationen über Mama aus wie andere Baseballkarten tauschten, und es waren immer nur Versatzstücke, die die Runde machten: teils Klatsch, teils Unsinn, teils wirkliche Einsichten und teils auch reine Albernheiten.

»Das kann dir doch egal sein«, spottete mein älterer Bruder Richie, als ich ihn nach unseren Großeltern fragte. »Du bist doch sowieso nur adoptiert.«

Meine Geschwister und ich brachten Stunden damit zu, einander hereinzulegen. Ich sagte Richie, daß ich ihm kein Wort glaubte.

»Mir doch egal, ob du mir glaubst oder nicht«, schnaubte er. »Mama ist nicht deine richtige Mutter. Deine richtige Mutter sitzt im Gefängnis.«

»Du lügst!«

»Du wirst schon sehen, wenn dich Mama nächste Woche zu deiner richtigen Mutter zurückbringt. Was meinst du, warum sie sonst die ganze Woche so nett zu dir war?«

Da fiel mir auf einmal auf, daß Mama wirklich die ganze Woche lang besonders nett zu mir gewesen war. Aber war sie nicht immer nett zu mir? Ich wußte es selbst nicht, auch weil ich, mit dem verwirrten Kopf eines 8jährigen, immer mehr Angst bekam, daß Richie vielleicht doch recht haben könnte. Immerhin sah Mama wirklich nicht aus wie ich. Genauer gesagt, sah sie weder aus wie Richie oder David noch wie ihre anderen Kinder. Wir alle waren nämlich unbestreitbar schwarz, wenn auch von unterschiedlichen Schattierungen: manche von uns waren hellbraun, manche mittelbraun, ein paar waren sehr hellhäutig, aber wir hatten alle die gleichen Locken. Mama hatte sich selbst als »hellhäutig« bezeichnet, und ihre Behauptung nahm ich anfangs für bare Münze, aber ab einem bestimmten Punkt wurde mir klar, daß es einfach nicht stimmen konnte. Die Mutter meines besten Freundes Billy Smith war so hell wie Mama und hatte dazu noch rote Haare, aber ich zweifelte keine Sekunde daran, daß Billys Mutter schwarz war. Je älter ich wurde, desto schmerzlicher wurde es mir bewußt und desto mehr beschäftigte es mich. Dabei weigerte sich Mama konsequent zuzugeben, daß sie weiß war. Warum sie sich weigerte, war nicht klar, wo es doch selbst meine Lehrer zu wissen schienen. Beim Elternabend stellten meine Lehrer immer wieder die Frage: »Ist James ein Adoptivkind?«, worauf Mama jedesmal empört reagierte.

Ich sagte zu Richie: »Wenn ich adoptiert bin, dann bist du auch adoptiert.«

»Stimmt nicht«, erwiderte Richie. »Nur du, und du mußt zurück zu deiner Mutter ins Gefängnis.«

»Dann lauf ich weg.«

»Das geht gar nicht. Wenn du das machst, kriegt Mama Ärger. Du willst doch nicht, daß Mama Ärger kriegt, oder? Ist doch nicht ihre Schuld, daß du adoptiert bist.«

Das saß. Ich spürte, wie Panik in mir aufstieg. »Aber ich will nicht zu meiner richtigen Mutter. Ich will hierbleiben, bei Mama …«

»Du mußt aber. Tut mir echt leid für dich, Mann.«

Und so ging das weiter, bis ich in Tränen aufgelöst war. Ich weiß noch, wie ich ganz außer mir durch die Wohnung lief, derweil sich Richie in dem Bewußtsein, mein Leben ruiniert zu haben, in den Schlaf kicherte. In jener Nacht lag ich hellwach im Bett und wartete, bis Mama um 2 Uhr morgens von der Arbeit kam. Wenig später saß ich in meiner ausgeleierten Fruit O' the Loom-Unterwäsche am

Küchentisch, und Mama deckte die ganze Lügengeschichte auf. »Du bist nicht adoptiert worden«, lachte sie.

»Dann bist du also meine richtige Mutter?«

»Natürlich bin ich das.« Großer Kuß.

»Aber wer sind dann meine Großeltern?«

»Dein Großvater Nash ist tot und deine Großmutter Etta auch.«

»Wer war das?«

»Das waren die Eltern deines Vaters.«

»Und wo kamen die her?«

»Unten aus dem Süden. Erinnerst du dich nicht mehr an sie?«

Ich erinnerte mich vage an meine Großmutter Etta, eine uralte schwarze Frau mit einem wunderschönen Gesicht, die immer sehr durcheinander wirkte, ein blaues Kleid trug und eine Angelrute, an der noch die Angelschnur samt Köder hing und zwischen ihren Füßen hin- und herbaumelte. Sie schien mir unwirklich.

»Kanntest du sie, Mama?«

»Ich kannte sie sehr, sehr gut.«

»Liebten sie dich?«

»Warum stellst du so viele Fragen?«

»Ich will es einfach nur wissen. Liebten sie dich? Ich meine, wenn dich deine eigenen Eltern schon nicht liebten –«

»Meine eigenen Eltern liebten mich sehr wohl!«

»Aber wo sind sie dann?«

Kurzes Schweigen. »Meine Mutter starb vor vielen, vielen Jahren«, sagte sie. »Mein Vater war ein Schlitzohr. Jetzt ist aber Schluß für heute mit Fragen. Willst du ein bißchen Napfkuchen?« Es war genug gesagt worden. Bei einer zwölfköpfigen Geschwisterschar galt es schon als Riesenerfolg, wenn Mama einem tagsüber nur fünf Minuten lang ihre ungeteilte Aufmerksamkeit schenkte. Noch etwas ganz anderes war es da natürlich, mitten in der Nacht allein mit ihr beim Essen zu sitzen. Ich hörte auf, Fragen zu stellen, und aß meinen Kuchen, was mich jedoch bestimmt nicht abhielt, mir weiter Gedanken zu machen. Ich konnte gar nicht anders, als ständig über Mama nachzudenken – einmal, weil ich mir immer stärker meiner selbst bewußt wurde, und dann auch aus Angst um sie, denn schon als Kind spürte ich deutlich, daß Schwarze und Weiße eigentlich nicht zueinander paßten, was sie, und uns alle, in eine ziemlich ungemütliche Lage brachte.

Im Jahr 1966, als ich neun Jahre alt war, hatte die Black Power-Bewegung selbst den hintersten Winkel meines Stadtviertels St. Albans, im Bezirk Queens, erreicht. Malcolm X war im Jahr zuvor getötet und als Figur dadurch nur noch wichtiger geworden. Alle trugen Afro-Look. Die Black Panthers hatten ziemlich großen Einfluß. Öffentliche Gebäude, Statuen und Denkmäler standen abends noch in ihren üblichen nichtssagenden Farben da, um schon am nächsten Morgen in den »Befreiungsfarben« rot, schwarz und grün zu leuchten. Kongaspieler trommelten nachts auf den Straßen, während sich Teenager versammelten, um über die Revolution zu diskutieren. Meine Geschwister marschierten ums Haus und rezitierten Gedichte der Last Poets, einer Art Rap-Gruppe, deren sehr offensive Texte von Kongas und grandiosem Hintergrundgesang begleitet wurden. Ihre Lieder hießen »Die Revolution kommt nicht ins Fernsehen« oder »In der U-Bahn«. Jeden Samstagmorgen radelten meine Freunde und ich zur

Dunkirk Street Ecke Illion Avenue, um in der Nähe der Softdrinkfabrik Sun Dew beim örtlichen Autorennen zuzugucken, bei dem es darum ging, wer mit der höchsten Geschwindigkeit durch eine Senke in der Straße fuhr, die selbst das langsamste Auto hoch in die Luft schleuderte. Mein Stiefvater fuhr einmal zum Spaß in seinem '64er Pontiac mit nur 50 km/h durch diese Senke, und da schleuderte es mich schon an die Decke. Diese Typen aber fuhren mit 130 Sachen, und ihre Wagen flogen wie Vögel, segelten durch die Luft und landeten fünf Meter weiter auf dem Boden, wo sie unkontrolliert dahinschlitterten und schließlich gegen die Wand der Sun Dew Fabrik knallten. Dann eierten sie davon, nur noch ein Haufen verbeultes Blech mit eingedrücktem Kühlergrill und Dellen in den Kotflügeln. Auf den Motorhauben der Wagen hatten sie Namen geschmiert wie »Smokin' Joe« und »Miko« und »Dream Machine«, aber unser Lieblingsauto war ein blankpolierter, schwarzer, frisierter GTO, auf dessen Motorhaube und Verdeck »Black Power« stand, in geschwungener weißer Schreibschrift. Das war das schnellste Auto, und der Fahrer war natürlich der Coolste von allen. Er fuhr wie ein Irrer, hängte zuerst irgendeine arme Corvette in einer Staubwolke ab, lenkte seinen Schlitten im Kreis, schleuderte den Wagen rum und drehte abschließend eine langsame Ehrenrunde, bei der er einen muskulösen Arm aus dem Fenster hängen und den Motor laut aufheulen ließ, während wir pfiffen und jubelten und die Fäuste gen Himmel reckten und »Black Power« brüllten. Dann lachte er und gab für uns Gummi, donnerte mit quietschenden Reifen davon, ein einziger Blitz aus glänzendem Metall und heißen Abgasen, und seine Rücklichter leuchteten auf, während er durch die schmalen Seitenstraßen verschwand, bevor die Polizei auch nur eine Chance gehabt hätte, ihn zu kriegen. Für uns war er ein Gott.

Aber gleichzeitig hatte ich auch Angst vor der Black Power-Bewegung, aus einem offensichtlichen Grund. Ich dachte, Black Power bedeutete das Ende für meine Mutter. Ich hatte die Propaganda von der Angst des weißen Mannes vor dem Schwarzen kritiklos geschluckt. Es begann damit, daß eines Tages ein stocknüchterner weißer Nachrichtensprecher in unserem Schwarzweißfernseher einen Bericht über eine Demo der Black Panther ankündigte, die von Bobby Seale oder Huey Newton oder einer jener anderen militanten jungen Schwarzen angeführt wurde, der vor Tausenden wütender afroamerikanischer Studenten stand und »Black Power! Black Power!« skandierte, während die Menge tobte. Mir schlotterten die Knie. *Diese Leute werden Mama umbringen*, dachte ich. Mama jedoch zeigte sich unbesorgt. Ihr Motto war: »Wenn es nichts mit Schule oder Kirche zu tun hat, ist es mir völlig egal, und meine Antwort heißt nein, ganz gleich, worum es geht.«

Unser Privatleben und gute Noten waren für sie das Wichtigste, und sie traute keinem Außenstehenden, egal, welche Hautfarbe er hatte. Immer wieder ermahnte sie uns, niemals einer fremden Autorität, das heißt Lehrern, Sozialarbeitern, Polizisten, Ladenbesitzern, nicht einmal Freunden irgendwelche Einzelheiten über unser Familienleben zu verraten. Wir hatten gelernt, prinzipiell mit »Weiß ich nicht« zu antworten, wenn irgend jemand etwas über unser Leben wissen wollte, und jahrelang praktizierte ich das auch. Unser Zuhause war eine Welt für sich. Mama ernannte das jeweils älteste Kind zum »König« oder zur »Königin«, und dieses Kind hatte dann während ihrer Abwesenheit im Haus das Sagen. Da wir meistens auf uns gestellt waren, ernannten wir einander zusätzlich zu Hofnarren, Sklaven, Musikanten, Dichtern und Nesthäkchen. Normalerweise ließ Mama uns nicht gern auf der Straße spielen, aber wenn es einem doch gelang, aus dem Haus zu schlüpfen, warnte sie: »Bevor's dunkel wird, bist du gefälligst zu Hause«, und diese Vorschrift setzte sie mit aller Härte durch. Oft jedoch strapazierte ich das Gesetz bis an seine Grenze, schlich mich in der Abenddämmerung ins Haus, wenn der letzte Sonnenstrahl noch eben über den westlichen Horizont lugte, und schloß leise die Tür, in der Hoffnung, daß Mama schon zur Arbeit gegangen war. Kaum aber hatte ich mich umgedreht, stand sie vor mir, die Hände in die Hüften gestützt, den Gürtel in der Hand, die Augen verärgert zwischen dem Fenster und mir hin- und herfliegend. Mit geschürzten Lippen sah sie mir direkt in die Augen und versuchte zu entscheiden, ob es nun noch hell oder schon dunkel war. »Es ist noch hell«, schlug ich mit unsicherer Stimme vor, während sich meine Geschwister hinter ihr versammelten, um dem drohenden Gemetzel beizuwohnen.

»Das nennst du hell?« fuhr sie mich an und wies zum Fenster.

»Sieht ziemlich dunkel aus«, zirpten meine Geschwister hinter ihr. »Es ist ganz sicher dunkel, Mama«, riefen sie und versuchten dabei, ihr Kichern zu unterdrücken. Wenn ich Glück hatte, fing irgendwo im anderen Zimmer ein Baby an zu schreien, und sie ließ von mir ab, indem sie den Gürtel beim Gehen über den Türknauf hängte. »Mach das nicht noch mal«, sagte sie noch warnend über die Schulter, und ich war ein freier Mann.

Aber selbst wenn sie ein Interesse für die Black Power-Bewegung gezeigt hätte, wäre ihr keine Zeit geblieben, darüber zu reden. Sie machte die Abendschicht als Schreibkraft bei der Chase Manhattan Bank, verließ also um drei Uhr nachmittags das Haus und kam gegen zwei Uhr morgens wieder, so daß kaum Zeit für Spielereien, geschweige denn Identitätskrisen blieb. Sie und mein Vater hatten eine merkwürdige Mischung aus jüdisch-europäischem und afroamerikanischem Mißtrauen und Verfolgungswahn ins Haus gebracht. Mein Vater, Andrew McBride, ein baptistischer Geistlicher, hatte wohl seine Zweifel gehabt, daß die Welt seine gemischte Familie akzeptieren würde. Er sorgte immer dafür, daß seine Kinder nicht in Schwierigkeiten gerieten und daß genug Geld im Haus war – den Rest überließ er dem Herrgott. Nachdem er gestorben war und Mama wieder heiratete, schien es, als ob Hunter Jordan genau da weitermachen würde, wo mein Vater aufgehört hatte, denn er legte nicht weniger Wert auf Schulbildung und Kirche. Mama ihrerseits hatte kein Vorbild, nach dem sie uns erzog, bloß die Erfahrung ihrer eigenen jüdisch-orthodoxen Familie, die trotz ihrer offensichtlichen Schwächen – Strenge, Streitbarkeit, Gewinnsucht, Feindseligkeit gegenüber Fremden, vom tyrannischen Vater einmal ganz abgesehen – eine im Guten wie im Schlechten typische Einwanderermentalität besessen hatte: Sie arbeiteten hart, duldeten keine Albernheiten und waren von Ehrgeiz, Mißtrauen gegenüber Autoritäten und einem tiefen Glauben an Gott und eine gute Schulbildung durchdrungen. Meine Eltern waren keine Materialisten.

Sie waren überzeugt, daß Geld ohne Wissen nutzlos und Amerika ein Land sei, in dem jeder mit Bildung und einer ordentlichen Portion Religiosität einen Weg aus der Armut finden könne, und mit den Jahren sollten sie recht behalten.

Mit Widersprüchen zu leben war für uns normal, der Widerspruch stand uns ja geradezu ins Gesicht geschrieben, und um zu erfahren, wie man als fleischgewordener Widerspruch das Leben meisterte, mußten wir bloß unsere Mutter ansehen. Mamas Widersprüche knallten und krachten gegeneinander wie die Autoscooter im Vergnügungspark auf Coney Island. Die Weißen, fand sie, waren grundsätzlich Feinde der Schwarzen, und dennoch schickte sie uns auf weiße Schulen, weil wir da die bessere Ausbildung bekamen. Schwarzen konnte man eher trauen, aber dennoch war alles, was irgendwie mit Schwarzen zu tun hatte, immer ein bißchen unter Niveau. Sie mochte Leute nicht, die Geld hatten, und dennoch brauchte sie ständig welches. Für Rassisten gleich welcher Hautfarbe hatte sie nicht das geringste übrig, ebensowenig wie für die bürgerlichen Schwarzen, die die Weißen zu imitieren versuchten, sich wichtig machten und unsinnige Angewohnheiten hatten, wie »auf Plastiksofas sitzen und mit abgespreiztem kleinem Finger die Teetasse halten«. »Was für Idioten!« zischte sie dann. Eltern, die mit den schulischen Leistungen ihrer Kinder prahlten, ließ sie links liegen, aber gleichzeitig ermunterte sie uns ununterbrochen, die anerkanntesten Berufe anzustreben. Sie sprach sich immer gegen Sozialhilfe aus und beantragte sie nie, obwohl wir sie gebraucht hätten, unterstützte aber jeden, der davon Gebrauch machte. Sie haßte Restaurants und hätte niemals eins betreten, selbst wenn sie ein Essen umsonst bekommen hätte. In Wirklichkeit zog sie es vor, mitten unter den Armen zu sein, unter den Armen der Arbeiterklasse in der Red Hook-Siedlung in Brooklyn, unter den Zementmischern, Bäckern, Großmüttern und aus den Südstaaten eingewanderten Gemeindemitgliedern, mit denen sie ihr ganzes Leben lang befreundet war. Für diese Leute gründeten Mama und mein Vater auch die New Brown Memorial Church, eine kleine Baptistenkirche in einem Ladenlokal, die heute noch immer in Red Hook steht. Mama liebt diese Kirche, und sie liebt auch heute noch Red Hook, eine der gefährlichsten und am meisten verwahrlosten Siedlungen in ganz New York. Manchmal steht sie einfach morgens auf, nimmt in Ewing, New Jersey, wo sie wohnt, den Zug, fährt nach Manhattan, nimmt die U-Bahn nach Brooklyn und spaziert dann zwischen den Wohnblocks umher, als sei sie der Papst persönlich, die einzige Weiße weit und breit. Sie winkt Bekannten zu, steigt über die Drogensüchtigen und lächelt die jungen Mütter an, die ihre Kinderwagen schieben, ehe sie schließlich im schummrigen Hausflur der Dwight Street 80 verschwindet. Die jungen Typen in Kapuzenshirts, die dort herumlungern, starren dieser seltsamen, o-beinigen, alten, weißen Frau in Nike-Turnschuhen und rotem Sweatshirt feindselig hinterher, die langsam mit ihren arthritischen Knien die drei Stockwerke hinauf durch das dunkle, nach Urin stinkende Treppenhaus humpelt, um ihre beste Freundin, Mrs. Ingram im Apartment 3G zu besuchen.

Als Junge wunderte ich mich oft darüber, wie gelassen Mama in ihrem Umgang mit Schwarzen war. Die meisten Weißen, die ich kannte, hatten offensichtlich große Angst vor Schwarzen. Schon als ich noch sehr klein war, fiel mir das auf. Ich las es in der Zeitung, zwischen den Zeilen meiner Lieblingskolumnisten im Sportteil der *New York Post* und der alten *Long Island Press*, wenn sie sich weigerten, Cassius Clay Muhammad Ali zu nennen, in ihrer Darstellung Floyd Pattersons als »guter katholischer Neger« und ihrer harschen Kritik an schwarzen Sportlern wie Bob Gibson von den St. Louis Cardinals, den ich verehrte. In Wirklichkeit aber brauchte ich nicht mal die Zeitung aufzuschlagen, um darauf zu stoßen. Ich konnte es in den Gesichtern der Weißen lesen, die mich und Mama und meine Geschwister in der U-Bahn anstarrten, und über uns lachten, und mit dem Finger auf uns zeigten und sagten: »Guckt mal, die Frau mit den vielen kleinen Niggern.« Ich weiß noch, wie ein Mann Mama einen wütenden Stoß versetzte, während sie dabei war, ein paar von uns auf eine Rolltreppe zu verfrachten, aber sie beachtete ihn einfach nicht. Zwei schwarze Frauen zeigten mal auf uns und sagten: »Guck dir die weiße Schlampe an«, und irgendwo in Manhattan wurde Mama von einem Mann angebrüllt und als »Negerhure« beschimpft. Mama kümmerte sich nicht darum, außer wenn die Beleidigungen gegen ihre Kinder gingen, dann nämlich drehte sie sich um, fauchte wie eine Straßenkatze wütend zurück und hatte überhaupt keine Angst. Sie blieb immer gelassen und wich Beleidigungen, die sich auf ihre Hautfarbe bezogen, so geschickt aus wie ein erfahrener Boxer den Schlägen des Gegners. Als Malcolm X, den die Weißen dämonisierten, getötet wurde, fragte ich sie, wer er gewesen sei, und sie sagte: »Er war ein Mann, der seiner Zeit voraus war.« Sie mochte Malcolm X nämlich. Sie ordnete ihn fast derselben Kategorie zu wie ihre anderen Bürgerrechtshelden, Paul Robeson, Jackie Robinson, Eleanor Roosevelt, A. Philip Randolph, Martin Luther King Jr. und sämtliche Kennedys. Wenn Malcolm X vom »weißen Teufel« sprach, fühlte sich Mama einfach nicht angesprochen. Sie betrachtete den Erfolg der Schwarzen, sich die Bürgerrechte erkämpft zu haben, mit Stolz, fast als wäre sie daran beteiligt gewesen. Und gelegentlich sprach sie sogar in der dritten Person über den »weißen Mann«, als hätte sie gar nichts mit ihm zu tun, und das hatte sie auch wirklich nicht, denn ihr Freundes- und Bekanntenkreis bestand größtenteils aus den schwarzen Frauen von der Kirche. »Was ist nur los mit diesen Weißen?« überlegte sie vor sich hin, wenn sie wieder über irgendeinen Wahnsinn in der *New York Daily Times* gelesen hatte. »Streiten die sich doch um das Geld dieses Mannes, jetzt wo er tot ist. Als er noch lebte, wollte keiner was mit ihm zu tun haben, und jetzt guck sie dir an. Vergiß es, Schätzchen« – sagte Mama zu ihrer Zeitung – »dein Mann ist tot, kapier das mal! Tot – fertig. Du hast deine Chance gehabt. Vom Geld wird er auch nicht wieder lebendig. Vergiß es einfach.« Dann drehte sie sich immer zu uns um und hielt uns den unvermeidlichen Vortrag: »Man braucht kein Geld. Was nützt einem alles Geld in der Welt, wenn man nichts im Kopf hat! Bildet euch! Ist die Welt verrückt, oder bin ich verrückt? Wahrscheinlich bin ich's.«

In der Tat war es wohl so – das dachte ich zumindest.

Ich kannte keine andere Frau, die jeden Tag um ein Uhr morgens in Manhattan in die U-Bahn stieg und einschlief, bis sie 45 Minuten später an ihrer Haltestelle in Queens ankam. Oft konnte ich nicht einschlafen, bis ich ihren

Schlüssel in der Tür hörte. Ihre fehlende Angst um ihre Sicherheit – vor allem unter Schwarzen, wo sie meistens nicht zu übersehen war und somit die ideale Zielscheibe für Straßenräuber zu sein schien – versetzte mich immer wieder in Erstaunen. Als Erwachsener verstehe ich sie jetzt, ich verstehe, wie die Religion ihr geholfen hat, ihr Leben zu meistern, aber als Junge war mein eigener Glaube noch nicht genügend entwickelt. Einmal nahm mich Mama mit nach Harlem, um meine Stiefschwester Jacqueline zu besuchen, die wir Jack nannten. Sie stammte aus der ersten Ehe meines Vaters und war für mich immer mehr wie eine Tante als eine Schwester. Die beiden saßen in Jacks Küche und unterhielten sich den ganzen Abend lang, während Jack große Mengen *Soul food* kochte, Makkaroni-und-Käse, süße Kartoffelküchlein und Brötchen. »Nimm das mit nach Hause für die Kinder, Ruth«, sagte Jack zu Mama. Wir packten das Essen in Einkaufstüten und nahmen die Tüten mit in die U-Bahn, ohne daß irgend etwas vorgefallen wäre, aber als wir in St. Albans in der Nähe unseres Hauses aus dem Bus stiegen, kamen zwei schwarze Männer von hinten angerannt, und einer von den beiden griff nach Mamas Handtasche. Die Einkaufstasche voller Makkaroni-und-Käse und süßer Kartoffelküchlein riß auseinander, und das Essen flog überall hin, während Mama ihre Tasche umklammert hielt, sich mit dem Straßenräuber auf ganz absonderliche Weise schweigend im Kreis drehte, während beide verzweifelt an der Handtasche zerrten, bis sie schließlich vom Gehsteig auf die dunkle menschenleere Straße hinunterwirbelten wie zwei Ballerinen beim Todestanz. Ich war wie gelähmt und konnte nur tatenlos zusehen. Schließlich riß der Mann die Handtasche an sich und lief davon, während ihn sein Kumpel auslachte, und Mama fiel zu Boden.

Sie stand auf, nahm ruhig meine Hand und setzte den Nachhauseweg fort.

»Alles in Ordnung?« fragte sie mich kurz danach.

Ich nickte. Ich hatte so viel Angst, daß ich nicht sprechen konnte. Das ganze Essen, das Jack für uns gekocht hatte, lag auf der Erde verstreut und war nicht mehr zu retten. »Warum hast du nicht geschrien?« fragte ich, als ich endlich wieder sprechen konnte.

»Es ist nur eine Handtasche«, sagte sie. »Mach dir keine Sorgen darum. Laß uns einfach schnell nach Hause gehen.«

Der Vorfall bestätigte mich in meiner Besorgnis, daß Mama immer in Gefahr war. Jeden Sommer gehörten wir zu den armen Stadtkindern, die von der sozialen Einrichtung »Fresh Air Fund« kostenlos zu Gastfamilien oder ins Ferienlager aufs Land geschickt wurden. Wer von meinen Geschwistern Glück hatte, kam zu einer Gastfamilie, aber ich mußte jedesmal wieder ins Ferienlager, wo zehn Mann zwei Wochen lang in einer Hütte hausten. Mir kam das manchmal eher vor wie Gefängnis oder Arbeitslager. Die Kinder lieferten sich die ganze Zeit Schlägereien. Das Essen war grauenvoll. Auch ich mußte mich ständig prügeln. Die Kinder verpaßten mir den Spitznamen Cochise, weil ich helle Haut und Locken hatte. Aber trotz allem liebte ich das Ferienlager. Als ich zum ersten Mal dorthin fuhr, brachte mich Mama zum Treffpunkt, einem Gemeindezentrum in Far Rockaway, einer Gegend, in der früher vor allem Weiße aus der Mittelschicht und Juden wie der Bühnenautor Neil Simon gewohnt hatten, in der jetzt aber nur Schwarze lebten, und es schien mal wieder, als sei meine Mutter die einzige Weiße weit und breit. Die Organisatoren des Ferienlagers stellten im Gebäude einen Untersuchungstisch auf, zogen uns Hemd und Schuhe aus und inspizierten unsere Zehen, stellten fest, daß wir weder Fußpilz noch Masern noch Windpocken hatten und schickten uns dann nach draußen, wo wir in einen gelben Schulbus stiegen, um die lange Reise in den Norden des Bundesstaates New York anzutreten. Als ich im Bus saß und aus dem Fenster nach Mama sah, ein einzelnes weißes Gesicht umringt von lauter schwarzen, kam ein schwarzer Mann mit seinem Sohn angelaufen. Er hatte einen Schnauzer und einen Spitzbart und trug schwarze Lederhosen, eine schwarze Lederjacke, tonnenweise Schmuck und ein schwarzes Barett. Er wirkte wahnsinnig cool. Sein Junge war sehr hübsch, gut angezogen, irgendwie kultiviert. Der Vater brachte das Gepäck seines Sohnes unter, und als der Junge in den Bus stieg, umarmten sich die beiden nicht. Statt dessen reichte der Vater seinem Sohn die Hand, und die beiden vollführten einen großartigen, verschlungenen Black Power-Handschlag, der ewig dauerte und bei dem sich die Finger ineinander verhakten, Daumen nach unten, Daumen nach oben, Zeigefinger nach unten und Handgelenke zusammen, daß die Armbänder klimperten. Es schien unglaublich hip. Der ganze Bus guckte zu. Endlich kletterte der Junge aufgeregt an Bord und setzte sich auf den Platz hinter mir, tippte mit dem Finger an die Scheibe und winkte seinem Vater, der jetzt neben Mama stand und zurückwinkte.

»Wo hast'n du den Handschlag her?« wollte jemand von dem Jungen wissen.

»Hat mir mein Vater beigebracht«, sagte er stolz. »Er ist bei den Black Panthers.«

Der Busfahrer ließ den Motor aufheulen, und ich spürte, wie Panik in mir aufstieg. Ein Black Panther? Neben Mama? Mein schlimmster Alptraum war Wirklichkeit geworden. Ich hatte keine Ahnung, wer die Panther eigentlich waren. Ich hatte das Bild, das die Medien über sie verbreiteten, völlig verinnerlicht.

Der Fahrer legte den Gang ein. Ich stand auf, um mein Fenster zu öffnen. Ich wollte Mama warnen. Was ist, wenn sie Mama umbringen wollten? Das Fenster klemmte. Ich versuchte es beim nächsten. Ein Betreuer packte mich am Arm und setzte mich zurück auf meinen Platz. Ich sagte: »Ich muß meiner Mutter unbedingt was sagen.«

»Dann schreib ihr einen Brief«, sagte er.

Ich sprang auf den Sitzplatz hinter mir, neben den Sohn des Black Panther – sein Fenster war offen. Der Betreuer setzte mich ein zweites Mal zurück.

»Mama! Mama!« brüllte ich gegen die geschlossene Scheibe. Mama winkte. Der Bus fuhr los.

Ich brüllte: »Sei vorsichtig wegen dem Mann!«, aber wir waren schon zu weit weg, und mein Fenster war zu. Sie konnte mich nicht hören.

Ich sah, wie der Black Panther seinem Sohn winkte. Mama winkte mir zu. Die beiden schienen sich gegenseitig nicht weiter zu beachten.

Als sie außer Sichtweite waren, drehte ich mich zu dem Jungen hinter mir um und schlug ihm geradewegs mit der Faust ins Gesicht. Der Junge hielt sich den Kiefer und starrte mich erschrocken an, bis seine Gesichtszüge nachgaben und er ungläubig zu weinen begann.

5
Das Alte Testament

Mein Vater war Wanderprediger. Er war genau wie alle anderen Prediger, außer daß er ein Rabbi war. Er unterschied sich nicht von diesen Schurken, die man heute im Fernsehen sieht, außer daß er in Synagogen predigte und nicht so aalglatt daherreden konnte. Er war hart wie Stein, und es dauerte nicht lange, da wußte die jüdische Gemeinde über ihn Bescheid und schickte ihn los, also reisten wir viel durch die Gegend, als ich ein kleines Mädchen war. Damals durfte jeder orthodoxe Jude, der behauptete, ein Rabbi zu sein, durch die Gegend fahren und predigen und singen wie ein Kantor und so. Viele Juden damals konnten auch gar nichts anderes als rumreisen und predigen und singen. Damals gab's nicht überall Arbeit, wie man das heute kennt. Leben. Das war die Arbeit, die man hatte. Überleben. Das Alte Testament lesen und hoffen, daß es einem irgendwas zu essen einbrachte, so machte man das damals.

Die orthodoxen Juden, verstehst du, die müssen immer Verträge schließen. Oder zumindest war das bei meiner Familie so. Der Ehevertrag. Der Vertrag, um zu predigen. Der Vertrag für was auch immer. Geld war ein Teil ihres Lebens, denn sonst hatten sie ja nichts, kein richtiges Zuhause. Wir hatten jedenfalls keins. Tate schloß einen Vertrag mit der Synagoge, aber nach einem Jahr wollte die Synagoge den Vertrag nicht verlängern, also packten wir unsere Sachen und zogen in den nächsten Ort. Wir wohnten an so vielen verschiedenen Orten, daß ich mich an manche kaum erinnere. Glens Falls, New York; Belleville, New Jersey; Port Jervis, New York; Springfield, Massachusetts; *eine Stadt, die* Dover *hieß. Ich erinnere mich an* Belleville, *weil mir da immer irgend jemand seine abgetragenen Kleider schenkte. So bezahlten uns die Gemeinden normalerweise, mit Essen und einem Platz zum Wohnen und ihren Altkleidern. Ich erinnere mich an* Springfield, Massachusetts, *weil meine Schwester* Gladys *dort geboren wurde. Wir nannten sie* Dee-Dee. *Sie war vier Jahre jünger als ich.* Dee-Dee *erblickte das Licht dieser Welt um* 1924 *rum. Ob sie noch heute auf dieser Welt lebt, weiß ich nicht. Wenn ja, wäre sie das letzte Kind meiner Mutter, das noch am Leben ist, abgesehen von mir.*

Wir karrten alles, was wir hatten, mit dem Bus von einem Ort zum nächsten – Kleider, Bücher, Hüte und diese riesigen Bettdecken, die meine Mutter aus Europa mitgebracht hatte. Die waren mit Gänsefedern gefüllt. Auf jiddisch heißen sie piezyna. *Sie waren so warm wie ein Haus.* Meine Schwester *und ich schliefen immer unter diesen Decken.* Unterwegs *zogen wir die Blicke der Leute auf uns, weil wir arm waren und Juden, und weil meine Mutter behindert war. Ich schämte mich wegen meiner Mutter, aber andere zu lieben war mir nicht in die Wiege gelegt worden. Das kam erst, als ich Christin wurde.*

Eine Zeitlang wohnten wir über einem jüdischen Geschäft in Glens Falls, im Norden des Staates New York, und die netten Leute, denen das Geschäft gehörte, buken Fleischpasteten für uns und gaben uns Äpfel. Wir gingen Schlittenfahren, und die ganze Familie unternahm öfter etwas zusammen, und meine Eltern schienen sich gut zu verstehen. Es war wirklich gar nicht so übel da oben, aber wie immer wurde Tates Vertrag nicht verlängert, und wir mußten wieder weg. Schließlich bekam er ein Angebot, in Suffolk, Virginia, eine Synagoge zu leiten. Er sagte zu Mame: »Wir ziehen in den Süden.« Mame wollte nicht. Sie sagte: »Vielleicht finden wir ja hier oben was«, weil ihre Schwester und ihre Mutter in New York waren, aber mit ihm redete man wie gegen die Wand da drüben. Er sagte: »Wir ziehen um«, also zogen wir nach Suffolk, Virginia, ungefähr 1929 war das. Zu der Zeit war ich acht oder neun Jahre alt.

Ich erinnere mich noch ganz genau an den Geruch des Südens. Es roch überall nach Azaleen. Und nach Blättern. Und nach Erdnüssen. Überall gab's Erdnüsse. Die Erdnußfirma Planters hatte ihren Hauptsitz in Suffolk. Der Leiter der Fabrik hieß Mr. Obici. Er war furchtbar wichtig in dem Ort. Der große Erdnußmann. Er schenkte vielen Leuten Geld. Er baute ein Krankenhaus. In Suffolk konnte man praktisch umsonst pfundweise Erdnüsse kriegen. Es gab Farmer, die Erdnüsse anpflanzten, Erdnüsse ernteten, Erdnüsse zu Erdnußöl oder Erdnußbutter oder sogar Erdnußseife verarbeiteten. Das Jahrbuch an der Highschool hieß Die Erdnuß. Sie veranstalteten sogar mal einen Wettbewerb, bei dem es darum ging, sich für die Erdnußfirma Planters ein Logo auszudenken. Irgendeine Frau hat gewonnen. Sie kriegte 25 Dollar, das war damals ein Haufen Geld.

Damals war Suffolk ein winziges Nest mit einer großen Hauptstraße, zwei Kinos – eins für Weiße, eins für Schwarze –, ein paar Läden, ringsum ein paar Bauernhöfe, und den Eisenbahnschienen, die den schwarzen Stadtteil vom weißen trennten. Das größte Ereignis, das Suffolk seit langem gesehen hatte, war eine Wanderausstellung, die per Zug in die Stadt kam, mit einem ausgestopften Wal in einem Güterwagen. Die Leute waren begeistert. Sie waren von allem begeistert, das anders war, das neu war, das von außerhalb der Stadt kam – abgesehen von den Juden. In der Schule nannten sie mich »Christusmörder« und »Judenbaby.« Den Namen schleppte ich noch lange mit mir rum. »Judenbaby«. Es ist so einfach, einem Kind weh zu tun, weißt du.

Tate arbeitete in der örtlichen Synagoge, aber er hatte ein Auge auf ein riesiges, altes, scheunenähnliches Gebäude geworfen, das gegenüber der Bahnstrecke auf der sogenannten farbigen Seite der Stadt lag, und es schwebte ihm vor, dort einen Kaufmannsladen zu eröffnen. Na ja, das mißfiel einigen Leuten von der Synagoge. Sie wollten nicht, daß ihr heiliger Rabbi Geschäfte machte – und dazu auch noch mit Niggern! –, aber Tate sagte: »Wir ziehen nicht mehr um. Ich hab genug vom Umziehen.« Er wußte, daß sie ihn loswerden wollten – seien wir mal ehrlich, er war ein miserabler Rabbi. In der Stadt hatte er einen jüdischen Freund namens Israel Levy, der ein Papier unterschrieb, das Tate erlaubte, sich das alte Gebäude einzuverleiben. Tate zog eine Theke und ein paar Regale hoch, stellte eine alte Registrierkasse auf und nagelte draußen ein Schild ran, auf dem stand »Shilskys Kaufmannsladen« oder irgendwas in dieser Art, und schon waren wir im Geschäft. Die Schwarzen sagten dazu »der Laden vom alten Shilsky«. Der alte Shilsky, so nannten sie ihn. Sie lachten immer über ihn und seinen zusammengeschusterten Laden, aber durch sie wurde der alte Shilsky über die Jahre hinweg reich, und irgendwann lachte niemand mehr über ihn.

Unser Laden befand sich in einem wackligen, komischen, riesigen Holzhaus, das so aussah, als wäre es aus Brettern und Zahnstochern und Leim gebaut. Es lag am äußersten Rand der Stadt, in der Nähe des örtlichen Gefängnisses und mit Blick auf den Kai. Im Erdgeschoß war der Laden, ein Lagerraum, ein Eiskeller, eine Küche mit einem Kerosinofen, und hinten der Hof. Wir schliefen oben. Oben gab es kein Wohnzimmer, kein Eßzimmer, es gab nur Zimmer. Ich und Dee-Dee schliefen in einem Zimmer unter unseren großen Bettdecken. Oft schlief Mame im selben Zimmer wie wir, und mein Bruder Sam und Tate schliefen im anderen Zimmer. Meine Eltern hatten kein freundschaftliches Verhältnis wie die meisten Eltern. Mame war eine sehr gute Ehefrau und Mutter. Trotz ihres schlechten Gesundheitszustandes – mit dem einen Auge konnte sie kaum sehen, und sie hatte Magenschmerzen, die mit den Jahren immer schlimmer wurden – konnte sie mit einer einzigen Hand mehr machen als ich mit zweien. Sie kochte Mazzen, Kneidlech, Gefilte Fisch, Kugl, gehackte Leber und noch viele andere koschere Gerichte. Sie stopfte Socken. Sie brachte mir bei, wie man Fisch, Fleisch und Gemüse auf einem Hackbrett schneidet. Sie hielt sich an die religiösen Traditionen einer jüdischen Hausfrau und war ihrem Ehemann treu, aber Tate liebte sie kein bißchen. Er hatte alle möglichen Schimpfnamen für sie und machte sich über ihre Behinderungen lustig. Er sagte immer: »Bei deinem Anblick wird mir schlecht«, und: »Warum machst du dir Mühe, hübsch aussehen zu wollen?« Seine Ehe war für ihn nichts als ein Geschäft. Er war nur auf das Geld aus. Das und Amerikaner werden. Das waren die zwei Dinge, die er wollte, und die kriegte er auch, aber sie kosteten ihn seine Familie, die richtete er nämlich zugrunde.

Ein Familienleben hatten wir nicht. Der Laden war unser

Leben. Von morgens bis abends arbeiteten wir in dem Laden, außer wenn wir in der Schule waren. Tate hatte uns richtig auf Arbeiten gedrillt. Um Punkt drei Uhr nachmittags stand er immer schon mitten auf der Straße vorm Laden, hatte die Hände in die Hüften gestützt und hielt Ausschau nach mir und Sam und später auch nach Dee-Dee, während wir die sechs Blocks von der Schule nach Hause rannten. Und wir mußten sofort an die Arbeit. Schulaufgaben machte man zwischendurch. Wir waren der einzige Laden in der ganzen Stadt, der sonntags geöffnet hatte, weil wir von Freitagabend bis Samstagabend Sabbat feierten, und wir machten sonntags immer ein Bombengeschäft, weil außer unseren normalen Kunden auch die Weißen bei uns zum Einkaufen kamen.

Wir verkauften alles in dem Laden: Zigaretten, päckchenweise oder einzeln – Camel, Lucky Strike, Chesterfield für einen Cent pro Stück, oder Wings, zwei für einen Cent; wir verkauften Kohle, Bauholz, Brennholz, Kerosin, Süßigkeiten, Coca-Cola, BC Pulver, Milch, Sahne, Obst, Butter, Konserven, Fleisch. Eis wurde gern gekauft. Es wurde in der großen hölzernen Eiskiste im hinteren Teil des Ladens aufbewahrt, und wir verkauften es im Block oder in kleinen Stücken für 15 Cents. Die Eiskiste war so groß, daß man darin stehen konnte, aber das war nichts für mich. Alles, was hinter mir zufallen konnte, oder wo ich hätte eingesperrt werden können, mochte ich nicht. Ich leide an Klaustrophobie. Es macht mich verrückt, wenn ich irgendwo festsitze und mich nicht bewegen kann. Ich bewege mich gern. Schon als ganz kleines Mädchen ging mir das so. Hobbys? Hatte ich keine. Rennen. Das war mein Hobby. Wenn Tate nicht zu Hause war, schlug ich manchmal die Ladentür hinter mir zu und rannte los. Einfach drauflos. Ich lief die hinteren Gassen runter, wo die Schwarzen wohnten, und über die Bahngleise, wo die Weißen wohnten. Ich sprintete für mein Leben gern, einfach nur den Wind im Gesicht spüren und Sachen sehen und nicht zu Hause sein. Ich gehörte schon immer zu den Leuten, die gern rennen.

Natürlich rannte ich vor etwas weg. Mein Vater machte Dinge mit mir, als ich ein junges Mädchen war, die ich niemandem erzählen durfte. Er legte sich zum Beispiel zu mir ins Bett und machte sexuelle Dinge, die ich niemandem erzählen durfte. Wenn wir in Portsmouth am Strand waren, ging er immer mit mir ins Wasser, wohl um mir das Schwimmen beizubringen, und hielt meinen Körper ganz nah an seine Geschlechtsteile, und dann hatte er eine Erektion. Wenn wir dann wieder am Strand waren, fragte mich Mame immer: »Und, klappt's schon besser mit dem Schwimmen?«, und ich sagte immer: »Ja, Mame«, während er dabeistand und mich böse ansah. Gott, was hatte ich eine Angst vor ihm.

Wann immer er die Möglichkeit hatte, versuchte er, sich mir zu nähern und zu mir ins Bett zu kriechen und mich zu belästigen. Ich hatte Angst vor Tate und empfand überhaupt nichts für ihn. Ich fürchtete ihn und war jedesmal froh, wenn er das Haus verließ. Aber das, was er mit mir machte, ging nicht spurlos an mir vorüber. Ich hatte nur wenig Selbstachtung als Kind und auch noch viele, viele Jahre danach; und selbst jetzt hab ich nicht gerne jemanden in meiner Nähe, der autoritär ist oder mich rumkommandieren will, weil mich das nervös macht. Ich erzähl dir das nur, weil du mein Sohn bist und weil ich will, daß du die Wahrheit erfährst und nichts weniger als das. Ich hatte wirklich wenig Selbstachtung als Kind. Ich fühlte mich wertlos.

Genau das wollen die Leute doch hören, oder? Dann sagen sie: »Ach so, sie fühlte sich wertlos, also hat sie einen Nigger geheiratet.« Mir ist das jedenfalls egal. Dein Vater veränderte mein Leben. Er brachte mir bei, daß es einen Gott gab, der mich wieder aufrichtete und mir vergab und einen neuen Menschen aus mir machte. Es war ein Glück, daß ich ihn kennenlernte, sonst wär ich Prostituierte geworden oder gestorben. Wer weiß, was aus mir geworden wäre. Ich wurde in Christus wiedergeboren. Mußte ich auch, nach all dem, was ich durchgemacht hatte. Natürlich war es nicht rund um die Uhr eine Qual, jüdisch zu sein. Wir hatten auch gute Zeiten, vor allem mit meiner Mutter zusammen. Zum Beispiel beim Passahfest, wenn man das Haus tipptopp saubermachen mußte. Man durfte nirgends auch nur einen einzigen Krümel Gesäuertes finden. Die Vorbereitungen liebten wir besonders. Man mußte Passah-Geschirr benutzen, und bei uns gab es einen großen Seder-Abend, bei dem die Familie am Tisch saß, der gedeckt war mit Mazo und Petersilie, gekochten Eiern und anderen traditionellen Gerichten. Wir stellten einen leeren Stuhl dazu, für das Kommen des Propheten Elia – verstehst du, die Juden glauben, daß der richtige Messias noch nicht da war. Die Haggadah wurde gelesen, und Tate stellte uns Kindern Fragen, zum Beispiel, warum wir das Passahfest feierten. Na ja, wie du dir denken kannst, war es uns lieber, ihm die richtige Antwort zu geben als von ihm eine gewischt zu kriegen, aber ehrlich gesagt sah ich den leeren Stuhl an, den wir für den Propheten Elia an den Tisch gestellt hatten, und wünschte mir, da zu sein, wo der Prophet Elia war, irgendwo anders am Tisch zu sitzen, wo es keinen Vater gab, der nachts zu einem ins Bett gekrochen kam, mitten im Traum, so daß man nicht wußte, ob er es wirklich war oder ob das nur derselbe Alptraum ist, der immer und immer wiederkehrt.

6

Das Neue Testament

Mama liebte Gott. Sie ging jeden Sonntag in die Kirche, die einzige Weiße weit und breit, und schmetterte die schönen Kirchenlieder mit einer Singstimme, die eine Mischung war aus einem kalten Motor, der an einem Oktobermorgen angekurbelt wird, und einer heulenden Maytag-Waschmaschine. Meine Geschwister und ich mußten immer unser Lachen unterdrücken, wenn Mama mit Inbrunst ihre Kirchenlieder anstimmte. Hinauf, hinauf, immer größere Höhen erklomm sie mit ihrer schrillen Stimme und erinnerte uns dabei an Curly von den *Three Stooges*. Es klang so schrecklich, daß ich oft dachte, Pfarrer Owens würde von seinem Stuhl aufstehen und das Lied für beendet erklären. Er saß immer hinter seiner Kanzel, in spiritueller Entrückung, mit geschlossenen Augen, in einem langen, blauen Gewand mit weißem Schal und bauschigen Ärmeln, als ob er vorgehabt hätte, gleich hinauf in den Himmel zu schweben, bis ihn einer von Mamas grobschlächtigen Tönen aus seiner Verzückung weckte. Mit einem Ruck sprang eines seiner Augen auf, als ob ihm gerade jemand kaltes Wasser über den Rücken gegossen hätte. Gelassen ließ er das Auge im Halbkreis wandern, betrachtete die Versammlung der ungefähr 40 Gemeindemitglieder, um festzustellen, woher das Brummen kam. Wenn sein Auge auf Mama fiel, nickte er, als ob er damit sagen wollte: »Ach so, es ist nur Schwester Jordan«, und versank dann wieder in Trance.

Im richtigen Leben hieß Mama »Mrs. McBride« oder »Mrs. Jordan«, je nach dem, ob sie den Namen meines Vaters oder den meines Stiefvaters benutzte, aber in Pfarrer Owens' Kirche nannte man sie immer nur Schwester Jordan. »Schwester Jordan hat heute aber viele Kinder mitgebracht«, staunte Pfarrer Owens, wenn Mama mit sechs von uns im Schlepptau in die Kirche marschierte. »*Ziemlich* viele.« Wir fanden ihn zum Totlachen. Er unterrichtete uns in der Sonntagsschule, und als örtlicher Barbier schnitt er uns außerdem einmal im Monat die Haare, zumindest als wir älter waren und uns gegen Mamas Bemühungen in dieser Richtung wehren konnten – sie setzte einem nämlich buchstäblich einen Topf auf und schnitt am Rand entlang. Pfarrer Owens war ein dünner Mann, der Anzüge aus Polyester trug und seine Haare auf altmodische Weise mit Brillantine zu kräuselnden Wellen frisierte. Er konnte nicht besonders gut lesen – schon mit 12 konnte ich besser lesen als er. Er stellte sich immer mit seinem Taschentuch in der Hand auf die Kanzel und plagte sich wie ein Besessener mit der Bibel ab. Stets begann er mit den Worten: »Unser heutiger Bibelvers ist ... ahh, mmm, ahh ...«, und blätterte in seiner Bibel, bis er endlich den richtigen Vers gefunden hatte. Er legte den Finger an die Stelle und man hörte die Uhr *tick tack tick tack* machen, während er mit den Wörtern kämpfte und dabei lautlos die Lippen bewegte. Die ganze Kirche wartete gespannt, und meine Schwester Helen, die Kirchenpianistin, erstickte ein Kichern, worauf Mama ihr einen wütenden Blick zuwarf, die Faust nach ihr schüttelte und vermutlich Rache schwor.

Pfarrer Owens' Predigten begannen wie eine Spielzeugeisenbahn und endeten wie eine donnernde Lokomotive. Er fing in schleppendem Ton an, wurde dann langsam warm und zerrte am Thema herum wie ein wildgewordener Stotterer: »Wir ... [Schweigen] ... wissen ... heute ... aaah ... emmm ... Ich sage WIIIR wissen ... daß ... [Schweigen] ... aahhh ... JESUS DER HERR [Gemeinde: »Amen!«] ... aaah ... AUF DIE ERDE KAM ... [»Ja! Amen!«] ich sage AUF DIE EEERDE KAM [»O ja!«] er kam AUF-DIE-ERDE-UND-FÜHRTE-DIE-MENSCHEN-VON-JERU-SALEM-AMEN!« Daraufhin verlegte er sich auf ein schnelles Brabbeln des Wortes »Amen«, bis die Wörter schließlich aus seinem Mund geschossen kamen wie aus einem Maschinengewehr. »Es ist so gut AMEN Gott zu kennen AMEN und ich sage Euch AMEN wenn Ihr nur selbst AMEN zu Gott kommt AMEN dann wird es AMEN kein Zurück mehr geben AMEN AMEN AMEN. Gebt mir ein AMEN! »AMEN!««

Und so saßen wir da, in der fünften Reihe, mit einer schmunzelnden Schwester Jordan in Sonntagshut und blauem Kleid, die hin und wieder wie die anderen mit den Händen in der Luft herumwedelte. Mama liebte die Kirche. Egal welche Kirche. Sie liebte sogar die Baptistenkirche von Pfarrer Owens, obwohl Pfarrer Owens nicht ihr Lieblingsgeistlicher war, weil er seine Frau verlassen hatte, oder umgekehrt – das haben wir nie rausgekriegt. Mama war Spezialistin auf dem Gebiet der Geistlichen; sie verstand etwas von ihnen, ähnlich wie ein Weinkenner zwischen einem Beaujolais und einem Vouvray zu unterscheiden weiß. Trotz seiner talentierten Predigten rangierte er auf ihrer Liste noch nicht mal unter den ersten fünf. Zu jenen handverlesenen Kandidaten zählte mein verstorbener Vater, der verstorbene Pfarrer W. Abner Brown von der Metropolitan Baptist Church in Harlem, ein Freund unserer Familie, Pfarrer Edward Belton, und ein paar andere, allesamt schwarz und, mit Ausnahme Pfarrer Beltons, ziemlich tot. Sie betrachtete sie als alte Herren, würdige und dienstbeflissene Männer, die aus dem Süden kamen und noch wußten, wie es früher einmal gewesen war. Sie wußten, wie man auf die bewährte Art Leben in eine Kirche bringt, ohne Politik und Schimpftiraden und Weltuntergangsstimmung, sondern mit echtem Bezug zu Gott und mit aufrichtigem Interesse an der Gemeinde. »Dein Vater«, sinnierte sie oft, »der hätte jedem seinen letzten Groschen gegeben.« Sie hatte weder etwas übrig für große Kirchen mit politischen Predigern noch für die Kirchen der Pfingstbewegung mit ihren furiosen Gottesdiensten. Aber trotz ihrer leichten Abneigung gegen Pfarrer Owens und seinen sonderbaren Stil respektierte sie ihn, weil sie sich bei ihm an ihre »Heimatkirche«, die New Brown Memorial Church, erinnert fühlte. Anders als die New Brown Memorial Church jedoch befand sich Pfarrer Owens' Kirche nicht in einer Ladenfront. Sie war in einem winzigen Backsteinhaus untergebracht, das ungefähr fünf Meter vom Bürgersteig weg isoliert dastand und ein Schild über der Tür hatte, bei dem der Maler einfach drauflosgepinselt hatte, ohne mit dem Platz hauszuhalten, weswegen JEDERMANNS BAPTISTENKIRCHE darauf zu lesen stand.

Ich habe – Gott sei Dank – nie erlebt, daß Mama in Jedermanns Baptistenkirche »glücklich wurde«, das heißt den Heiligen Geist in sich spürte und die Beherrschung verlor. Ich konnte das nicht mit ansehen, wenn die Leute glücklich wurden. Meistens waren es Frauen, dicke Mammis, die ich kannte und sehr gern hatte, aber wenn ihnen der liebe Herrgott in die Knochen fuhr und sie hochnahm und Erlösung versprach, dann schossen diese liebenswürdigen, sanften Frauen, die mir die Haare zausten und mich auf die Wange küßten und mir Münzen zusteckten, aus den Sitzreihen wie ein Footballspieler bei den Pittsburgh Steelers. »O jaaaa!« riefen sie dann mit ausgebreiteten Armen und tanzten im Mittelschiff, wanden sich hin und her, geschmeidig wie der rosarote Panther, bis sie heftig anfingen zu zittern und die Handtasche in die eine Richtung, der Hut in die andere flog, während irgendein armer, alter, nüchtern dreinblickender Diakon erbittert versuchte, sie festzuhalten, damit sie sich nicht verletzten, nur um sogleich wieder abgeschüttelt zu werden wie eine Fliege. Manchmal mußten sogar zwei oder drei Leute die geisterfüllte Frau festhalten, um das Schlimmste zu verhindern, während wir ehrfürchtig das Spektakel verfolgten und mit ansahen, wie die Frau zuckte und »Jesus! Jesus! Ja!« schmetterte und Pfarrer Owens sein feuriges »AMEN« und »o ja« hinzufügte. Ich begriff damals nie, warum Gott mit solchem Eifer in diese Leute hineinfuhr, bis ich erwachsen wurde und den Glauben besser verstehen lernte. Ich wußte allerdings schon als Junge um Mamas Gottergebenheit, weil sie hin und wieder in der Kirche etwas tat, was ich sie nie zu Hause habe tun sehen: an irgendeinem Punkt während des Gottesdienstes, meistens, wenn die Gemeinde eines ihrer Lieblingslieder sang, beugte sie ihren Kopf nach vorne und weinte. Sonst sah ich sie nie weinen. »Wieso weinst du in der Kirche?« fragte ich sie eines Nachmittags nach dem Gottesdienst.

»Weil Gott mich glücklich macht.«

»Aber wieso weinst du dann?«

»Ich weine, weil ich glücklich bin. Ist das vielleicht verboten?«

»Nein«, sagte ich, aber irgend etwas störte mich doch daran, weil glückliche Menschen eigentlich nicht so weinten, wie sie es tat. Mamas Tränen schienen von irgendwo anders herzukommen, von irgendwo weit weg, von tief in ihr, und selbst als Junge hatte ich das Gefühl, daß es mit diesen Tränen etwas auf sich hatte. Ich dachte damals, es sei deshalb, weil sie schwarz sein wollte, wie alle anderen in der Kirche, weil Gott vielleicht schwarze Menschen lieber hatte, und eines Nachmittags nach der Kirche fragte ich sie, ob Gott schwarz oder weiß sei.

Ein tiefer Seufzer. »Ach je ... Gott ist nicht schwarz. Er ist nicht weiß. Er ist ein Geist.«

»Mag er schwarze oder weiße Menschen lieber?«

»Er liebt alle Menschen. Er ist ein Geist.«

»Was ist ein Geist?«

»Ein Geist ist ein Geist.«

»Welche Farbe hat der Geist von Gott?«

»Er hat keine Farbe«, sagte sie. »Gott hat die Farbe von Wasser. Wasser hat keine Farbe.«

Das nahm ich ihr ab, und selbst als ich älter wurde, nahm ich es ihr noch ab, aber Richie, der mein nächstälterer Bruder war und derjenige, von dem ich am meisten lernte, nahm es ihr nicht mehr ab. Mit 14 hatte er sich von einer gackernden Nervensäge in einen ziemlich gutaussehenden Highschool-Schüler verwandelt, der außerdem noch ein hervorragender Tenorsaxophonist war. Er wurde an der Musikhochschule in Manhattan angenommen, und zu dem Zeitpunkt war Jazz sein ein und alles. Er fing an, wie der legendäre Tenorsaxophonist Lester Young Lederjacke und Filzhut zu tragen, schloß sich einer Rhythm-and-Blues-Band in unserem Stadtviertel an, und Mama mußte immer mehr aufpassen, daß er nicht die Schule schwänzte. Die Jungs in unserer Nachbarschaft nannten ihn »Hatt« und hatte großen Respekt vor ihm. Sämtliche Mädchen waren hinter ihm her. Er platzte geradezu vor Kreativität und Talent und hatten ständig neue Ideen, die er sofort in die Tat umsetzte, unabhängig davon, ob Mama ihre Zustimmung gab, falls sie überhaupt davon wußte. Ein paar Blocks von unserem Haus entfernt stand ein drei Meter hoher Stein mit einer Tafel zum Gedenken an irgendein historisches Ereignis, und eines Morgens, auf dem Weg zum Einkaufen, bemerkte Mama, daß der Stein in den Farben der schwarzen Befreiungsbewegung, rot, schwarz und grün, angemalt worden war. »Wer das wohl wieder war«, sagte sie. Ich wußte es, aber ich konnte es ihr nicht sagen. Es war Richie gewesen.

Alle meine Geschwister, einschließlich mir selbst, waren irgendwann in ihrer Kindheit verunsichert wegen ihrer Hautfarbe, aber Richie ging damit auf einmalige Weise um. Als Junge glaubte er, weder schwarz noch weiß, sondern grün zu sein wie die Comicfigur The Hulk. Er dachte sich dazu Spiele aus und integrierte die Figur komplett in seinen Alltag: Wenn er mich gerade in ein Käsesandwich beißen sah, sagte er: »Ich bin Dr. Bruce Banner. Ich brauche ein Stück von deinem Sandwich. Gib mir bitte jetzt ein Stück davon, oder ich werde böse. Ich muß es haben! Bring mich nicht in Rage. Gib mir das Sandwich! GIB MIR – o nein! Warte … AAAAAHHHHHRRGG!«, und dabei wurde er zum Hulk, und wenn ich bis dahin mein Sandwich noch immer nicht aufgegessen hatte, dann, na ja, kriegte es eben Hulk.

Eines Morgens in der Sonntagsschule meldete sich Richie und fragte Pfarrer Owens: »Ist Jesus weiß?«

Pfarrer Owens verneinte das.

»Wieso ist er dann auf diesem Bild weiß?« sagte Richie und hielt die Bibel hoch, die wir in der Sonntagsschule immer benutzten.

Pfarrer Owens sagte: »Jesus hat alle Farben.«

»Warum ist er dann weiß? Das hier sieht mir ganz nach einem weißen Mann aus.« Richie hielt das Bild so hoch, damit es die ganze Klasse sehen konnte. »Findet ihr nicht auch, daß er weiß aussieht?« Niemand sagte etwas.

Pfarrer Owens war in einer Sackgasse. Er stand da, betupfte sich mit seinem Taschentuch die Stirn und gab dieselben Geräusche von sich wie bei seinen Predigten. »Nuunnn … aaah. Nuunnn … aaah.«

Mir war das peinlich. Der Rest der Klasse starrte Richie an, als ob er verrückt geworden sei. »Vergiß es, Richie«, murmelte ich.

»Wieso? Wenn sie hier ein Bild von Jesus reintun, und wenn er nicht weiß ist, und wenn er nicht schwarz ist, dann sollten sie ihn grau machen. Ich finde, Jesus sollte grau sein.«

Danach ging Richie nicht mehr in die Sonntagsschule, obwohl er nie aufhörte, an Gott zu glauben. Mama versuchte ihr Bestes, ihn zu überreden, doch wieder hinzugehen, aber er weigerte sich.

Mama war sehr stolz auf unser Verhältnis zu Gott. Jedes Jahr zu Ostern mußten wir in der New Brown Memorial Church auftreten und vor der versammelten Gemeinde auf unseren Instrumenten spielen oder eine Geschichte aus der Bibel vortragen. Mama freute sich immer sehr auf diesen Tag, während ihn meine Geschwister und ich haßten wie die Pest und immer bis zum Morgen des großen Tages warteten, um die entsprechende Bibelstelle auswendig zu lernen. Ich hatte nie Probleme mit dem Auswendiglernen, aber mein älterer Bruder Billy, dessen Gedächtnis ihm später beim Medizinstudium an der Universität von Yale noch gute Dienste leisten würde, marschierte einmal vor die Gemeinde und begann mit den Worten: »Als Jesus schließlich nach ...« – und hatte einen totalen Blackout. Er stand da und zuckte nervös und war völlig aufgeschmissen, während meine Geschwister und ich den Atem anhielten und versuchten, nicht zu lachen.

»Ach, das macht doch nichts ...«, murmelte mein Patenonkel, Diakon McNair, der neben dem Pfarrer vor dem Altar saß, während Mama nervös auf ihrem Platz hin- und herrutschte, Billy beobachtete und rot anlief. »Fang noch mal von vorne an«, sagte er.

»Na gut«, sagte Billy und schluckte. »Als Jesus schließlich nach ... Wartet ... Emm. Jerusalem war ... Moment.« Er stand da, wußte nicht weiter, guckte zur Decke, kaute auf seiner Unterlippe und versuchte verzweifelt, sich an die Geschichte zu erinnern, die er gerade noch vor einer halben Stunde auswendig gelernt hatte, während die Kirche »ach, das macht doch nichts ... versuch's einfach noch mal von vorne« murmelte und Mama ihn wütend anfunkelte.

Es verstrichen noch ein paar weitere peinliche Sekunden. Endlich sagte Diakon McNair: »Du mußt uns doch gar keine Bibelgeschichte erzählen. Zitiere einfach einen Bibelvers.«

»Irgendeinen Vers?« fragte Billy.

»Welchen Vers du auch immer möchtest.«

»Na gut.« Billy drehte sich wieder zur Gemeinde hin. Alle sahen ihn an, und keiner sagte ein Wort.

»Jesus weinte«, sagte er. Und setzte sich.

Totenstille.

»Amen«, sagte Diakon McNair.

Nach dem Gottesdienst folgten wir Mama hinaus, und mein Patenonkel hielt sie an der Tür auf. »Das ist schon in Ordnung, Ruth«, sagte er schmunzelnd.

»Nein, ist es nicht«, sagte Mama.

Als wir nach Hause kamen, versohlte Mama Billy den Hintern.

7
Sam

Unser Laden befand sich an einer Kreuzung am Rande der Stadt an einem Hang. Wenn man vor dem Laden stand und nach rechts guckte, sah man die Stadt – die Bahnschienen, die Warenhäuser wie Leggets und Woolworth. Wenn man geradeaus guckte, sah man das Gerichtsgebäude, das Gefängnis, das Büro des Bezirksverwalters und die Straße nach Norfolk. Links war Jaffes Schlachthaus und der Kai, wo sich die Main Street Brücke über den Fluß Nansemond zog. Der Kai war riesig und dunkel. Schiffe von überall auf der Welt gingen da für eine Weile vor Anker, auch um Reparaturen machen zu lassen, und oft kamen die Matrosen in den Laden und forderten mich und meine Schwester Dee-Dee auf, mitzukommen und ihre Schiffe anzugucken. »Nein danke«, sagte meine Mutter dann immer. Sie verstand kein einziges Wort, aber sobald die Matrosen »kommt doch mit« sagten, sprang sie von ihrem Stuhl auf und stellte sich vor diesen großen Matrosen hin und schüttelte den Kopf. »Nein, nein, geht weg. Sagt ihnen, sie sollen weggehen«, sagte sie auf jiddisch. Sie ließ sie keine Sekunde aus den Augen.

Wir waren genau an der Kreuzung, wo die Straßen aus Norfolk und Portsmouth in Suffolk zusammenliefen. An der Kreuzung war immer eine ganze Menge Verkehr. Ich meine nicht Verkehr, wie man das heute kennt. Damals waren zwei oder drei Autos schon Verkehr. Oder Leute, die zu Fuß gingen. Oder Farmer, die Maultiere mit Karren voller Erdnüsse zogen. Oder Soldaten in LKWs, die aus den Kasernen von Norfolk kamen. Oder Sträflingskolonnen. Es gab damals alle möglichen Arten, sich fortzubewegen.

Eines Nachmittags saß ich hinter der Ladentheke, und ein Auto fuhr vorbei, in dem Männer in weißen Laken saßen. Sie trugen weiße Hüte, die ihre Gesichter bedeckten, mit zwei ausgeschnittenen Löchern für die Augen. Sie fuhren diese alten schwarzen Autos, so ähnlich wie die Tin Lizzies, oder das Ford-Modell A, mit zwei Männern vorne im offenen Teil und zwei auf der Rückbank. Ein Auto nach dem anderen fuhr vorbei, wie bei einer Parade. Wir kamen hinter der Ladentheke hervor und stellten uns nach draußen, um ihnen zuzusehen. »Was soll das denn sein?« fragte Dee-Dee. »Keine Ahnung«, sagte ich.

Es war der Ku-Klux-Klan, der vorbeifuhr.

Ich hätte den Ku-Klux-Klan nicht von einer Tüte Popkorn unterscheiden können, aber unsere schwarzen Kunden schlüpften aus der Tür und rannten in ihre Häuser, sobald sie sie sahen. Sie versteckten sich und gaben keinen Mucks von sich, wenn der Klan auftauchte, keinen Mucks. Der Klan fuhr mitten am Tag mitten durch die Main Street, und kein Mensch unternahm etwas dagegen. Mir schien es, als ob in Norfolk immer der Tod lauerte. Ich hörte ständig, daß sie wieder jemanden ge-

funden hatten, der erhängt worden war, oder daß sie jemanden aus dem Hafen gefischt hatten. Und besonders wohl war uns dabei auch nicht, meiner Familie, weil es im Süden immer jede Menge Schnaps und Trinkgelage gab und weil Juden nicht besonders beliebt waren. Tate hatte immer eine geladene Pistole unter der Theke, neben der Registrierkasse. Er machte die Pistole öfter sauber als seine eigenen Hosen, und sie lag für jeden bereit, der es irgendwie auf Tates Geld abgesehen hatte. Er traute niemandem. Er glaubte ständig, die Schwarzen wollten ihn beklauen. Er setzte meine Mutter neben die Tür und sagte auf jiddisch: »Behalt die Schwarzen im Auge.« Dabei war er es, der die Schwarzen beklaute, indem er die Preise seiner Billigwaren um hundert Prozent erhöhte, und da machte er sich Sorgen, daß sie bei ihm klauen könnten!

Ich hatte immer Angst, daß Tates Pistole beim Saubermachen losging und daß er sich aus Versehen umbrachte. Obwohl ich Angst vor ihm hatte, wollte ich nicht, daß ihm etwas zustieß. Wir hatten eine Nachbarin, Mrs. Brown, eine weiße Frau, die wegen irgendeiner Infektion einen geschwollenen Mittelfinger hatte – damals bekamen die Leute Infektionen und verloren ihre Finger und Zähne wie nix. Meine Mutter und mein Vater hatten sogar beide ein Gebiß. Zuerst meine Mutter, dann Tate, der sich eines Tages davonschlich, um sich eins zu besorgen. Eines Tages befahl er mir mal wieder irgendwas wie »Heb mal da die Seifenstücke auf«, und ich guckte in seinen Mund und entdeckte ein nagelneues Paar blitzblanker Beißer. Ich sagte zu mir: Dachte ich's mir doch, daß er sich komisch anhört. Jedenfalls gehörte Mrs. Brown zu den wenigen Weißen in Suffolk, die nett zu mir waren. Sie hatte eine Tochter namens Marilyn und einen Sohn namens Simon. Simon war Alkoholiker und kam jede Nacht nach Hause getorkelt. Eines Nachts kletterte ein Betrun-

kener auf seine Veranda und jagte ihm ein Messer in den Hals. Marilyn arbeitete in der Stadt, und eines Tages machte ihr Chef im Büro seine Pistole sauber und erschoß sich dabei aus Versehen, und Marilyn mußte über ihn drüberklettern, um da rauszukommen. Sie hatte danach einen ziemlichen Schock, und ich auch, weil ja Tate auch ständig seine Pistole saubermachte, und wenn sie losging und er sich aus Versehen erschoß, würde ich sicher nicht über ihn drüberklettern, um rauszukommen. Ich würde aus dem Fenster springen, und er würde solange daliegen, bis die Fliegen kamen und sich jemand drum kümmerte. Ich habe mir nie was aus Toten gemacht, und auch nicht aus Waffen. Deswegen habe ich auch meine Kinder nie mit Spielzeugpistolen spielen lassen.

Aber damals benutzten die Leute Gewehre, um zu jagen und zu überleben. Das waren die dreißiger Jahre, die Weltwirtschaftskrise, und die Leute waren arm und brauchten Gewehre und Angelruten, um zu überleben. Wenn man krank wurde, dann helfe einem Gott, weil man einfach starb. Tuberkulose und Lungenentzündung grassierten damals, und Mame hatte schreckliche Angst, daß sich eines ihrer Kinder anstecken würde, weil einer ihrer Brüder damals in Europa während einer Grippeepidemie gestorben war. Aber als der Laden richtig lief, machten wir Geld und konnten uns einen Doktor leisten. Die Schwarzen, unsere Kunden, kamen immer in den Laden und kauften BC Pulver, und zwar reichlich davon, denn das war ihr Doktor. Das war dieses Pulver, das man früher kaufen konnte und wie Aspirin schluckte. BC Pulver war der Markenname. Es war in einem blauweißen Tütchen und kostete 25 Cents. Die Leute sagten, daß sie sich damit besser fühlten, daß es sie munter machte. Natürlich war damals Kokain drin, aber die Leute wußten das nicht. BC Pulver war ihr Allheilmittel. Und wenn einer in den Laden kam und zuviel davon für seine Frau oder sein Kind kaufte, dann machte man sich Sorgen, weil jemand, der zuviel BC Pulver nahm, ganz schön krank sein mußte und wahrscheinlich bald sterben würde. Die Leute wurden damals krank und starben wie die Fliegen. Rums. Die fielen einfach tot um.

Ich wünschte, ein paar von diesen schwarzen Kindern könnten heute sehen, wie die Schwarzen damals in Suffolk gelebt haben. Du würdest es nicht glauben. Hütten ohne fließendes Wasser, keine Fundamente, kein Badezimmer, Plumpsklos. Keine geteerten Straßen, kein Strom. Manchmal liefen Mame und ich die unbefestigten Straßen hinter dem Laden entlang. Viele der Straßen endeten einfach als Sackgasse im Wald. So war das Leben für die Schwarzen damals. Eine Sackgasse.

Aber sie beklagten sich nicht. Bei wem hätten sie sich auch beklagen sollen? Bei der Polizei? Die verirrte sich nicht in den Stadtteil, was glaubst du denn? Denen schlotterten die Knie, oder sie hatten andere Gründe. An den Schwarzen ist mir immer aufgefallen, daß sie sich jeden Sonntag, wenn sie zur Kirche gingen, so ordentlich anzogen, daß ich sie gar nicht wiedererkannte. Das gefiel mir. Wenn Sonntag war, schien ihr Leben plötzlich einen Sinn zu haben. Ihre Familien waren zusammen, und auch wenn sie arm waren, schienen sie glücklich. Tate haßte die Schwarzen. Er beschimpfte die kleinen Kinder auf jiddisch und spottete über ihre Eltern. »Guck dir das an, wie sie lachen«, sagte er immer auf jiddisch. »Keinen Pfennig in der Tasche, und trotzdem immer am Lachen.« Aber er hatte reichlich Geld, und wir waren alle unglücklich. Mein Bruder Sam hielt das irgendwann nicht mehr aus, und sobald er alt genug wurde, lief er davon.

Sam war wie ein Schatten. Er war klein und stämmig, mit ei-

nem dichten Haarschopf, dicken Augenbrauen und muskulösen Armen und Beinen. Weil er zwei Jahre älter war als ich, hätte er mich und Dee-Dee immer rumkommandieren können, aber er nutzte seinen Status als älterer Bruder nie aus. Er war still und unterwürfig. Mame verwöhnte ihn, aber Tate bleute ihm Gottesfurcht ein. Jeden Abend nach dem Essen zwang uns Tate, dazusitzen und das Alte Testament zu lernen. Dee-Dee war noch zu klein, aber ich und Sam nicht. Er las uns Sätze vor, und wir mußten sie wiederholen. Die Prediger hatte Tate am liebsten. »Da sprach ich in meinem Herzen: Gott wird richten den Gerechten und den Gottlosen; denn alles Vorhaben und alles Tun hat seine Zeit.« Das ist aus den Predigern. Ich kenn diese Verse noch immer auswendig, aber gelernt hab ich sie nur aus … nicht aus Liebe zu Gott, sondern aus … was eigentlich? Ich weiß es nicht. Aus Pflicht. Mein Vater war immerhin ein Rabbi. Seine Kinder mußten doch das Alte Testament kennen! Wir haßten diese Sitzungen. Tate hatte keine Geduld, und oft unterbrach er einen mitten im Vers, um mit einem zu schimpfen oder einem eine Ohrfeige zu verpassen, falls man nicht eifrig genug dabei war. Manchmal kam einem das Schimpfen viel schlimmer vor als das Schlagen. »Du bist blöde. Du bist nichts als ein Dummkopf. Du bist ein Sünder. Gott wird dich niemals erlösen«, sagte er immer. Meistens war Sam seine Zielscheibe. Oft zwang er Sam, stundenlang in der Ecke zu sitzen und Hebräisch zu lesen. Er hatte nicht das geringste übrig für seinen Sohn.

Und dann, weißt du, mußten wir jeden Rabbi, der in die Stadt kam, bei uns unterbringen und durchfüttern. Tate sagte dann immer: »Geht ihr mal und führt So-und-So ein bißchen in der Stadt rum«, und wir mußten diesen alten Rabbi, irgendeine alte Krücke, rumführen und uns von ihm rumkommandieren lassen. Das haßten wir. Natürlich gab es keine Alternative, außer sich von Tate mit seinem Gürtel windelweich prügeln zu lassen.

Als wir klein waren, spielte ich mit Sam gerne Domino, aber als er größer wurde, hatte er dazu keine Zeit mehr. Tate zwang Sam, härter zu arbeiten als ich und Dee-Dee. Sam arbeitete schon als Junge wie ein Mann. Um sieben Uhr morgens machten wir den Laden auf, und Sam mußte Bauholz zersägen, Eis zerhacken, Fleisch abhängen, Regale auffüllen, die Kuh hinten im Hof füttern, und alles, bevor wir zur Schule losmußten. Wenn er sich davor drücken wollte, im Laden zu arbeiten, dann tauchte er einfach nach der Schule nicht auf, bis es fast dunkel war, aber dann beschimpfte ihn Tate und bestrafte ihn, indem er ihn zwang, nur noch länger zu arbeiten. Sam hatte schlechte Zensuren in der Schule und wenig Selbstachtung, weil er zu Hause so schlecht behandelt wurde. Er hatte kaum Freunde, weil er schüchtern war, und wenn er sich mit jemandem anfreundete, war es verboten, awejre, *weil wir keine Freunde haben durften, die Christen waren.*

Mit 13 hatte er seine Bar-Mizwa. Es gab ein Bild von ihm und Tate in der Zeitung, und Mame war ganz stolz auf ihn. Soweit ich weiß, war es das einzige Mal, daß er je gelächelt hat, weil er doch seine Mutter so glücklich gemacht hatte. Dann, ein paar Jahre später, lief er davon. Das war ungefähr 1934. Er lief einfach von zu Hause weg und kam nie wieder. Er war ungefähr 15 damals. Er ging nach Chicago und schrieb Mame von dort aus einen Brief. Der Brief war auf englisch, obwohl Mame weder Englisch lesen noch sprechen konnte, also las ich ihr den Brief vor. Darin stand: »Mir geht es gut. Ich habe eine Arbeit gefunden als Verkäufer in einem Geschäft.« Er arbeitete bei Montgomery Ward oder J. C. Penney, einem dieser Warenhäu-

ser. Er kannte in Chicago keine Menschenseele und schaffte es ganz alleine. Mame war völlig außer sich, als der Brief kam. »Schreib ihm zurück«, sagte sie zu mir. »Schreib ihm zurück und sag ihm, er soll wieder nach Hause kommen.« Das tat ich auch. Ich schrieb Sam einen Brief und sagte ihm, er solle wieder nach Hause kommen, aber er kam nicht nach Hause und ich sah ihn nie wieder.

Er ging zur Armee und fiel im Zweiten Weltkrieg, mein Bruder Sam. Ich erfuhr erst lange Zeit danach, was mit ihm passiert war. Das war, als dein Daddy 1957 starb. Ich hatte sieben Kinder und war mit dir schwanger, und ich rief eine meiner Tanten an, um zu fragen, ob sie nicht kommen könnte, um mir zu helfen, und sie sagte: »Halte dich raus aus unserem Leben. Du bist weggegangen. Jetzt bleib auch weg.« Und sie legte den Hörer auf, also konnte ich nur noch beten für Sam.

8

Brüder und Schwestern

Mamas Haus war ein einziges, organisiertes Chaos, und als achtes von zwölf Kindern ging ich sozusagen in der Menge unter. Ich war weder das hübscheste Kind, noch das jüngste, noch das klügste. In einem Haus, in dem es wenig Geld und wenig zu essen gab, erlangte nur derjenige eine Machtposition, der andere herumscheuchte. Ich war einer der »Kleinen«, wie Mama immer sagte, einer von fünf winzigen, mikroskopisch kleinen Punkten im Machtgefüge des Haushalts und deshalb ein ideales Opfer. Ich wurde geknebelt, gequält, gekitzelt, gefoltert, ignoriert und herumgeschubst. Ich mußte alle möglichen Demütigungen durch die »Großen« über mich ergehen lassen, die weder früh ins Bett mußten noch an Märchen glaubten und die von Mama zu Machthabern ernannt worden waren, wobei Mama letztlich natürlich selbst das Zepter schwang.

Meine Brüder und Schwestern waren meine besten Freunde, aber wenn es ums Essen ging, wurden sie zu meinen schlimmsten Feinden. Wir waren so viele, daß wir ununterbrochen Hunger hatten und ständig den leeren Kühlschrank und die Küchenschränke nach Eßbarem durchstöberten. Wir gewöhnten uns an, Essen voreinander zu verstecken, und hamsterten kostbare Sandwichs mit gegrilltem Käse oder gebratener Mortadella, aber jeder kannte sämtliche Verstecke und durchwühlte sie, und meistens wurde das kostbare Nahrungsmittel entdeckt und verzehrt, noch bevor es kalt war. Ganze Schlachtpläne wurden zum Thema Futterklau ersonnen, einschließlich Doppelspionage, Angriffe aus dem Hinterhalt, Intrigen, regelrechter Raubüberfälle und verschlungener Beweisstücke. Damals, als wir noch in Red Hook wohnten, bevor wir nach Queens zogen, verschwand Mama morgens und kam später mit riesigen Gläsern Erdnußbutter zurück, die irgendeine Wohltätigkeitsorganisation in einem Keller der Wohnsiedlung ausgeteilt hatte. Wir versammelten uns um die Gläser, öffneten sie und löffelten kichernd die Erdnußbutter aus wie Suppe, während das zähe Zeug unsere Münder verklebte. Wenn Mama losmußte zur Arbeit, tauchten wir zum Mittagessen Weißbrot in Sirup oder aßen braunen Zucker einfach aus der Packung, was gut war gegen Hunger. Wir besaßen einen Toaster, von dem man jedesmal, wenn man ihn berührte, einen elektrischen Schlag bekam; wir nannten unser Toastbrot *Schlag*toast und holten uns so oft einen Schlag, daß uns die Haare vom Kopf abstanden wie bei Buckwheat. Mama beklagte oft die Tatsache, daß sie es sich nicht leisten könne, Obst für uns zu kaufen, und manchmal aßen wir wochenlang keins, aber das machte uns nichts aus. Wir gaben jeden Cent, den wir hatten, für Süßigkeiten aus. »Euch fallen noch mal die Zähne aus von diesem Zeug«, warnte uns Mama. Wir hörten nicht auf sie. »Wenn ihr Kaugummi kaut und das Kaugummi runterschluckt, klebt euch der Hintern zu«, sagte sie. Wir hörten auf sie und schluckten niemals unser Kaugummi hinunter. Wir lernten, im Stehen, im Sitzen, im Liegen und im Halbschlaf zu essen, weil es nie genug Platz für alle gleichzeitig am Tisch gab, und wenn Mama um zwei Uhr morgens nach Hause kam, stürzten sich immer alle auf ihre Handtasche. In der Cafeteria der Chase Manhattan Bank, wo sie arbeitete, gab es für die Angestellten ein kostenloses Abendessen, also belud sie sich mit Mortadellasandwichs, Käse, Kuchen, was auch immer sie erbeuten konnte, und brachte das Essen nach Hause, wo es von der Meute verschlungen wurde. Wenn man der erste war, der sich ihre Handtasche griff, sobald sie nach Hause kam, aß man. Wenn man es nicht schaffte, na dann, gute Nacht.

Das Essen, das sie von der Arbeit mit nach Hause brachte, war köstlich, besonders im Vergleich zu dem, was sie kochte. Mama konnte ums Verrecken nicht kochen. Ihre Grütze schmeckte wie ein Gemisch aus Sand und Butter und hatte dicke Klumpen, die sich zwischen den Zähnen verfingen und am Gaumen klebten. In ihren Pfannkuchen waren weißes Glibberzeug und Eierschalen. Wenn es Eintopf gab, drehte sich mein kleiner Bruder Henry immer auf dem Absatz um, so angewidert war er. »Gefängnisfraß«, sagte er dann verächtlich, aber kam doch immer zurück an den Tisch und bediente sich, ehe die Meute darüber herfiel. Mama hatte ohnehin wenig Zeit zum Kochen. Wenn sie von der Arbeit nach Hause kam, war sie erschöpft.

Morgens kamen wir hinunter und stellten fest, daß sie vollständig bekleidet am Küchentisch eingeschlafen war, mit dem Kopf auf irgendein Schulheft gebettet und einer Tasse kaltem Kaffee daneben. Ihre Geschicklichkeit bei der Hausarbeit konnte mit ihren Kochkünsten durchaus mithalten. »Ich bin die schlechteste Hausfrau, die ich kenne«, verkündete sie, und das war nicht gelogen. Unser Haus sah aus, als hätte eine Bombe eingeschlagen. Bücher, Zettel, Schuhe, Footballhelme, Baseballschläger, Puppen, Spielzeugautos, Fahrräder, Instrumente lagen überall herum und wurden von jedem benutzt. Alle Jungs schliefen in einem Zimmer, alle Mädchen im anderen, aber die Etiketten »Jungenzimmer« und »Mädchenzimmer« hatten nichts zu bedeuten. Wir schlichen uns nachts ins jeweils andere Zimmer, um Geheimnisse auszutauschen, zu streiten, einander zu trösten, zu belauschen und angefangene Schachpartien oder Monopolyrunden fortzusetzen, die wir Tage vorher begonnen hatten. Vier von uns spielten dieselbe Klarinette, und wenn wir sie in der Schule im Gang einander weiterreichten, sah das immer aus wie beim Staffellauf. Dasselbe galt für Mäntel, Mützen, Turnschuhe, saubere Socken und Sportkleidung. Alle benutzten ein und denselben Waschlappen. Eine einzige Zahnbürste deckte den Bedarf von fünf Paar Zähnen und Gaumen. Jeder war sich sicher, die Zahnbürste gehöre ihm allein. Unsere Inneneinrichtung bestand aus zwei wunderschönen Schaukelstühlen, die Mama bei Macy's gekauft hatte, weil sie einmal im Fernsehen gesehen hatte, wie ihr Held, John F. Kennedy, mit seinen Kindern in einem solchen Stuhl gesessen und geschaukelt hatte. Dann gab es eine Wohnzimmercouch, verschiedene Stühle, Tische, Kleiderschränke und Betten. Der alte Schwarzweißfernseher funktionierte – manchmal. Er stand nicht an erster Stelle auf der Liste der Dinge, die repariert werden mußten. Sie nannte ihn »die Glotze« und erlaubte uns nur selten, fernzusehen. Wir brauchten ihn auch gar nicht.

Unser Haus war eine Mischung aus einem Zirkus mit drei Manegen und einem Zoo: es gab ununterbrochen Darbietungen mit wagemutigen Kunststücken, Musik und Tieren. Über die Jahre sammelte sich ein ganzer Stall voller Tiere an, und unser Haus war der reinste Streichelzoo: Wir hatten Hamster, Mäuse, Hunde, Katzen, Kaninchen, Fische, Vögel, Schildkröten und Frösche, die uns abwechselnd abschleckten und bissen und geheimnisvolle Krankheiten verbreiteten, die durch unser Haus fegten, als seien wir ein Dritte-Welt-Land. Das hatte zur Folge, daß wir von Mama auf Gesundheitsämter geschleppt wurden, wo uns gelangweilte Ärzte Spritzen in den Hintern jagten, daß man sich vorkam wie bei General Motors auf dem Fließband. Zu Ostern brachte Mama einmal ein Küken mit nach Hause, das immer größer und größer wurde, bis sie eines Nachts von der Arbeit kam, die Tür aufmachte und mit ansehen mußte, wie acht ihrer Kinder einen ausgewachsenen Hahn durchs Wohnzimmer jagten. »Raus damit!« schrie sie. Also wurde er abgeschafft und bald darauf durch einen grimmigen Schäferhund namens Abe ersetzt, der uns alle biß und gelegentlich einen Haufen in die Wohnzimmerecke setzte. Danach knurrte er und machte es uns völlig unmöglich, ihn dafür zu bestrafen. Der Haufen blieb meist unangetastet liegen. Nach einem Tag verflog der Geruch, und wir machten einen Bogen um den Haufen, bis er ganz austrocknete und hart wie Stein war, woraufhin ein unerschrockenes Familienmitglied den anstößigen Gegenstand mit dem Fuß unter den Heizkörper schob, wo er sich langsam zum Fossil entwickelte, dann zu Staub, dann vergessen oder auch gefunden wurde.

Bei solchen Fragen konsultierten wir nie unsere Mutter. Nur kompliziertere Sachverhalte verdienten es, ihre Zeit in Anspruch zu nehmen, etwa bei Fragen wie: »In der Küche steht das Wasser einen halben Meter hoch. Was sollen wir jetzt machen?« Wenn es jedoch um die Schule ging, nahm sie sich immer Zeit für uns. Ausreden wegen ungemachter Hausaufgaben wurden nicht akzeptiert und zogen Prügel nach sich. Fluchen war nicht erlaubt. Wir durften nicht einmal das Wort »Lüge« benutzen, sondern mußten »Geschichte« sagen. »Macht eure Hausaufgaben und erzählt keine Geschichten, dann werdet ihr vielleicht wie euer Bruder Dennis«, ermahnte uns Mama. »Seht euch doch nur mal an, wie gut er ist. Bildet euch wie euer Bruder *Dennis*.«

Dennis.

Wenn sie nur seinen Namen erwähnte, gingen hörbar die Seufzer durchs Haus. Es klang wie eine Lokomotive der Long Island Rail Road, die ein paar Blocks von unserem Haus entfernt vorbeifuhr.

Dennis war das älteste Kind und der Pionier der Familie. Er war Künstler und malte Bilder, die unglaubliche Geschichten erzählten über Orte, die er besucht, und Menschen, die er kennengelernt hatte. Er hatte Geld in der Tasche, richtige Dollarscheine und Kleingeld. Er überragte uns Kinder und warf einen riesigen, langen Schatten, der über uns schwebte wie das Lincoln Memorial, das er mit eigenen Augen gesehen hatte – sogar zweimal. Seine großen

Erfolge, über die man in seiner Abwesenheit sprach, weil er nur an Feiertagen nach Hause kam, wurden eifrig nacherzählt, auseinandergedröselt, mit Gerüchten angereichert, ausgeschmückt und gerühmt. Die Höhen, die er erklommen hatte, Höhen, von denen wir armen Sterblichen nur träumen konnten, wurden von Mama ständig und überall im Haus herumposaunt. Dennis hatte studiert. Dennis war nach Europa gefahren. Und jetzt, zur Krönung, strebte Dennis, der ruhmreiche Dennis, der mächtige Dennis – Dennis! *Dennis*! – nach dem höchsten, wunderbarsten, unglaublichsten Ziel, das man sich nur vorstellen konnte.

Dennis wollte Arzt werden.

Das war einfach nicht zu überbieten. Wenn Mommy allerdings gewußt hätte, was Dennis wirklich in der Schule so trieb, außer den Musterschüler zu spielen, wäre sie vielleicht mit ihrer Begeisterung ein bißchen zurückhaltender gewesen. Dennis war nämlich einer der aktivsten Studenten in der Bürgerrechtsbewegung, den die Universität von Pennsylvania je gesehen hatte. Er demonstrierte in Washington D. C. Er organisierte eine Krankenhausgewerkschaft. Er nahm an Sit-ins teil. Er wurde von Polizisten mit Tränengas besprüht und von Wasserwerfern getroffen. Er führte Krieg gegen das System, aber solange er damit nicht nach Hause kam und weiterhin brav Medizin studierte, fand Mama das in Ordnung. Bei meiner Schwester Helen hingegen war das anders. Helen führte Krieg gegen den weißen Mann, und sie brachte alles mit nach Hause und legte es Mama vor die Füße.

Helen war die zweitälteste meiner Schwestern, die allesamt sanftmütig, naiv, redselig und neugierig waren, weswegen Mama sie auch grundsätzlich von der Straße und von Männern fernhielt. Sie waren alle hübsch, Helen mit ihrer dunkelbraunen Haut bis hin zu Kathy mit ihrer sehr hellen, fast weißen Haut, und allesamt hatten sie lange Arme, Sommersprossen und dunkle Locken. Jeder Junge in der Nachbarschaft kannte meine fünf Schwestern mit Namen. Oft lief ich die Straße entlang und wurde auf einmal von irgendeinem Typen, den ich noch nie in meinem Leben gesehen hatte, angesprochen: »Yo. Wie geht's Kathy?« Darauf zuckte ich immer nur mit den Schultern und sagte: »Gut.« Wegen Kathy hätten mir ein paar Jungs fast schon mal das Nasenbein gebrochen. Es gibt nichts Schlimmeres, als seine blöde Schwester verteidigen zu müssen, hinter der die halbe Nachbarschaft her ist. Das war ein echtes Problem.

Helen war künstlerisch begabt, mehr als meine anderen Schwestern. Sie war schlank, trug einen schwarzen Dutt, Jeans und eine Jeansjacke mit Friedenssymbolen, Anti-Vietnamkriegs-Buttons und rot-schwarz-grünen Aufnähern. Jungs aller Farben liefen ihr nach – Schwarze, Weiße, Asiaten und Latinos. Sie ging auf die Highschool für Kunst und Musik und spielte für unseren Kirchenchor Klavier, bis an einem Sonntagmorgen meine jüngere Schwester Judy, die neun Jahre alt war und auch Klavier spielte, den Dienst übernehmen mußte. Helen gab an jenem Morgen den Job in der Kirche einfach auf. Als Mama sie nach dem Grund fragte, sagte Helen: »Ich will nicht mehr«, und das war's. Solche knappen Antworten duldete Mama normalerweise nicht. Wir sahen ehrfürchtig zu, wie Helen standhaft blieb, ihren Entschluß wiederholte, nicht länger für den Kirchenchor spielen zu wollen, und ohne mit der Wimper zu zucken eine Tracht Prügel mit Mamas Gürtel über sich ergehen ließ. Als Mama mit ihr fertig war, zuckte sie nur mit den Schultern.

Nicht lange danach rief der Dekan der Highschool für Kunst und Musik bei uns zu Hause an und fragte Mama, was mit Helen los sei. »Sie machen wohl Witze«, sagte Mama. »Alle meine Kinder sind hervorragende Schüler.«

»Dieses wohl nicht«, sagte der Dekan. »Schon seit zwei Wochen kommt sie nicht mehr zum Unterricht. Eine Schande ist das.«

Diesmal schlug Mama fester zu und redete dann stundenlang auf Helen ein. Helen weinte nach der Prügel, versprach nach der Unterredung, sich zu bessern, zuckte aber dann gleichgültig mit den Schultern und schwänzte wieder die Schule. Mama meldete sie bei zwei anderen Schulen an, aber sie ging zu beiden irgendwann nicht mehr hin und verkündete: »Das Bildungssystem des weißen Mannes ist nicht für mich gemacht.« Vor unseren erstaunten Augen verwandelte sie sich komplett in einen Hippie, trug Perlenketten und ein Barett und süßlich duftende ätherische Öle, die einem, wie sie sagte, magische Kräfte verliehen. Ein Folkgitarrist namens Eric Bibb wich ihr nicht mehr von der Seite. Wir konnten es nicht fassen. Mama rief nach Unterstützung – Pfarrer, Freunde, meinen Stiefvater –, aber Helen schenkte ihnen einfach keine Beachtung. Sie saß bis tief in die Nacht mit meinen älteren Geschwistern da und redete vom Kampf gegen den weißen Mann, während wir Kleinen oben schliefen. Meine kleine Schwester Kathy und ich krochen manchmal in Unterwäsche zum Treppenabsatz und horchten, wie die Großen angeregte Gespräche führten, in denen es darum ging, »das System zu verändern«, um »Revolution«, und wo Martin Luther King recht hatte und Malcolm X unrecht und umgekehrt, während im Hintergrund die Platten von den Last Poets liefen. Helen, die früher bei diesen Diskussionen nur Randfigur gewesen war, trat jetzt ins Epizentrum, wurde auf einmal Anstifterin und Protagonistin. »Wir müssen das System bekämpfen!« brüllte sie dann. »Kampf dem weißen Mann!«

Daraufhin wurde Helen von meinen Geschwistern, die alt und weise waren und das Leben kannten, erst ausgelacht. Der Nonsens endete aber meistens in ernsthaften Diskussionen über die Bürgerrechtsbewegung, und sie dauerten oft so lange, bis Mama von der Arbeit nach Hause kam.

Eines Nachts, als Kathy und ich oben lagen und so taten, als würden wir schlafen – oft schlich ich mich in ihr Zimmer oder umgekehrt –, hörten wir einen irrsinnigen Knall, gefolgt von Flüchen. Wir sprangen beide aus dem Bett. Unten prügelten sich Helen und Rosetta.

Es kam nicht oft vor, daß meine Geschwister handgreiflich wurden, aber wenn es mal dazu kam, waren es regelrechte Faustkämpfe, und Helen hatte sich ausgerechnet die unerbittlichste Gegnerin ausgesucht. Rosetta war meine älteste Schwester und war die Klügste von uns allen. Sie thronte hoch oben auf ihrem Bett – das sie übrigens mit niemandem teilte –, im Schneidersitz auf ihrem Kopfkissen, hörte Radio, ihren Lieblingssender WBAI, und erteilte Befehle. Sie verlangte danach, Eiswasser in einem hohen Glas serviert zu bekommen, schickte uns zum Süßigkeitenladen, wo wir eiligst Schokoladengebäck und Montclair Zigaretten für sie besorgten und ihr die Waren schließlich mit der nötigen Demut offerierten. Sie schlief mit dem Radio und dem Licht an. Während sie ihr Mittagsschläfchen machte, schlichen wir auf Zehenspitzen an ihrem Bett vorbei, vor lauter Angst, die schlummernde Gebieterin zu wecken. Niemand traute sich, es mit ihr aufzunehmen. Meine älteren Brüder waren hartgesotten und redeten ständig über hartgesottene Sportler wie Jim Brown und Muhammad Ali, aber nicht mal der Mutigste unter ihnen, nicht einmal mein Bruder Dennis, vor dem wir alle Respekt hatten, legte sich mit Rosetta an. Rosetta war die unbestrittene Königin in unserem Haus.

Ich hörte das Zerreißen von Stoff.

»Du Sau!« schrie Helen. Ich hörte, wie Faustschläge auf nackte Haut knallten. Rosetta brüllte.

Kathy fing an zu weinen. »Sei still«, sagte ich. Schimpfwörter waren bei uns verboten. Schimpfwörter waren gänzlich undenkbar. Schimpfwörter bedeuteten, daß etwas außer Kontrolle geraten war.

Noch mehr Krach. Ich hörte, wie die Jungs unten sagten: »Okay, jetzt ist's aber gut, hört mal auf. Halt sie fest, Billy, warte –« Rumms! Die Jungs lachten, während Rosetta laut aufschrie. »Warte nur, jetzt bist du dran!« Wumm! Ein Schrei von Helen. Noch mehr Gerangel. Ein Möbelstück fiel um. Ein Schrei von David. Eine Lampe ging klirrend zu Bruch. Mehr Gelächter und Flüche … Dann ein heftiges Wortgefecht, und ich hörte, wie Helen sagte, sie würde jetzt gehen. Plötzlich wurden die Jungs ernst.

»Warte doch mal!«

»Halt! Halt!«

»Das ist doch verrückt!«

»Faßt mich nicht an«, sagte Helen. »Faßt mich nur ja nicht an. Ihr seid doch zum Kotzen. Alle miteinander.«

Leises Kichern und Gackern.

»Ich hab's satt in diesem Haus!«

Schweigen. Ein Schluchzer. Dann richtiges Heulen.

»Komm jetzt ... Helen ...«

Ich hörte, wie die Tür aufging und wieder ins Schloß fiel.

Später in jener Nacht, als Mama von der Arbeit nach Hause gekommen war und feststellen mußte, daß noch immer alle Lichter an waren und wir uns alle, einschließlich der Kleinen, unten in der Küche versammelt hatten und auf sie warteten, wußte sie sofort, daß es Ärger gegeben hatte. »Wo ist Helen?« fragte sie mit leiser Panik in der Stimme.

»Weg«, sagte jemand.

»Warum habt ihr sie gehen lassen?« fragte sie.

»Sie wollte nicht dableiben, Mama. Wir wollten sie dazu zwingen, aber sie wollte nicht.«

»Herrgott ...«, stöhnte Mama, schlug sich gegen die Stirn und ballte dann die Fäuste. »Warum habt ihr nicht dafür gesorgt, daß sie hierbleibt? Warum?« Schweigen. Wir blinzelten und schluckten und merkten, wie eine dunkle Gewitterwolke heraufzog und Schuldgefühle über uns ausschüttete.

Helen kam in jener Nacht nicht nach Hause. Auch nicht am nächsten Tag. Auch nicht am übernächsten. Sie war 15 Jahre alt. Am zweiten Tag rief Mama die Polizei. Die Polizei kam und nahm alles zu Protokoll. Sie suchte die Nachbarschaft ab, konnte Helen aber nicht finden. Mama rief Helens sämtliche Freundinnen an. Keine Spur von Helen. In der darauffolgenden Woche rief meine Tante Jack aus Harlem an. Helen hatte Jack sehr gern. Alle hatten Jack sehr gern. Man konnte mit Jack über alles reden. »Ruth, sie ist bei mir«, sagte Jack. »Sie will dich nicht sehen, aber mach dir mal keine Sorgen. Das geht vorbei.

Verschreck sie nicht.« Aber Mama konnte es nicht abwarten. Sie legte den Hörer auf, rief meinen Bruder Richie zu sich in die Küche, gab ihm Geld für die U-Bahn und eindeutige Instruktionen: Sag Helen, es ist alles vergeben. Sie soll nur nach Hause kommen.

Pflichtbewußt zog Richie seine Lederjacke über, stülpte seinen Filzhut auf den Kopf und machte sich auf den Weg nach Harlem, während Mama nervös auf und ab lief. Er kam erst spätabends wieder und hatte sich die Mütze aus der Stirn geschoben. »Sie kommt nicht nach Hause, Mama«, sagte er.

Kurz darauf verließ Helen endgültig Jacks Wohnung und verschwand.

Mama war außer sich. Sie brachte ganze Nächte damit zu, auf und ab zu laufen. Sie besuchte Pfarrer und Freunde aus der Gemeinde und meinen Stiefvater, der ein paarmal gegen seine Gewohnheit mitten in der Woche vorbeischaute. Man diskutierte und suchte nach anderen Lösungen. Man betete. Man bedauerte die ganze Geschichte. Man machte sich Vorwürfe. Aber Helen tauchte nicht wieder auf. »Sie kommt bestimmt zurück«, sagte Daddy. »Das wird schon wieder.« Er hatte nicht die geringste Ahnung, was man wegen Helen hätte unternehmen sollen. Sie und er hatten sich nichts zu sagen. Er war aus einer anderen Zeit und sprach eine andere Sprache. Er hatte den Süden und seine rassistischen Gesetze verlassen, und für ihn war Bildung, egal welche Art von Bildung, ein Privileg. Darüber war Helen längst hinaus.

Wochen und Monate vergingen, und Helen kam nicht wieder.

Schließlich rief Jack an. »Ich hab sie gefunden. Sie wohnt

bei irgendeiner Verrückten«, sagte Jack. Sie sagte Mama, daß sie nicht viel wisse über die Frau, außer, daß sie viele Tücher trug und in ihrer Wohnung offenbar immer Räucherstäbchen brannten. Mama besorgte sich die Adresse und fuhr selbst hin.

Es war eine heruntergekommene Wohnsiedlung in der Nähe der St. Nicholas Avenue, mit Junkies und Pennern vor dem Eingang. Mama ging an ihnen vorbei und durch Rauchschwaden von Joints hindurch und nahm den Fahrstuhl bis hinauf in den achten Stock. Sie ging zur Wohnungstür und horchte. Musik aus einer Stereoanlage drang durch die Tür, und drinnen telefonierte jemand. Sie klopfte an die Tür. Die Anlage wurde leiser gedreht. »Wer ist da?« fragte jemand. Es klang wie Helen.

»Ich bin hier wegen Helen«, sagte Mama.

Schweigen.

»Ich weiß, daß du da drin bist, Helen«, sagte Mama.

Schweigen.

»Helen. Ich will, daß du nach Hause kommst. Was auch immer es ist, wir machen das schon. Vergiß einfach alles und komm mit mir nach Hause.« Am anderen Ende des Korridors öffnete sich eine Wohnungstür und eine schwarze Frau beobachtete schweigend, wie die dunkelhaarige, o-beinige weiße Frau gegen die geschlossene Tür anredete.

»Komm bitte nach Hause, Helen.«

Die Tür war mit einem Spion ausgestattet. Der Spion wurde geöffnet und ein großes schwarzes Auge spähte hindurch.

»Komm bitte nach Hause, Helen. Hier kannst du doch nicht leben. Komm einfach nach Hause.«

Der Spion wurde zugeklappt.

9
Schul

In Suffolk gab es eine Schule für Weiße und eine Schule für Schwarze und eine jüdische Schule. Auf jiddisch nannte man die Schule Schul. Es war keine richtige Schule. Es war eigentlich nur die Synagoge, wo Tate Hebräisch unterrichtete und Bibelstunden für die Kinder abhielt und den Jungen das Singen beibrachte und solche Dinge. Damals übte er manchmal zu Hause Singen, dann sang er »do-re-mi-fa-sol«, und so weiter. Weißt du, sie erlaubten ihm auch, Kinder zu beschneiden. Das gehörte zu seiner Arbeit als Rabbi, zu den Leuten nach Hause zu gehen und ihre Kinder zu beschneiden. Dafür hatte er spezielle Messer. Er schlachtete auch Kühe, auf koschere Weise, für die Juden in der Stadt, und oft hielten wir eine Kuh hinten bei uns im Hof. Wir führten die Kuh die Straße runter zu Jaffes Schlachthaus, und die Schlächter hängten die Kuh an den Hinterbeinen von der Decke. Dann öffnete Tate seine Tasche mit *den Messern – er hatte eine spezielle samtgefütterte Tasche mit Messern, nur für diesen Zweck – und suchte vorsichtig eins dieser großen, blitzenden Messer aus. Dann sprach er ein schnelles Gebet und stieß die Messerklinge in den Hals der Kuh. Daraufhin begann die Kuh heftig zu zittern, Blut spritzte ihren Hals hinab und durch ihre Nase in einen Abfluß im Zementfußboden, und dann starb sie. Die Schlachter nahmen sie sich dann vor und schlitzten ihr den Bauch auf und rupften ihr die Innereien aus, Herz, Leber und Gedärme.*

Bis ich fast erwachsen war, konnte ich kein Fleisch essen. Der Anblick meines Vaters, wie er das Messer in diese Kuh stieß, ist schuld daran, daß ich immer einen großen Bogen um Fleisch gemacht habe. Ich hatte schreckliche Angst vor meinem Vater. Er brachte mir Gottesfurcht bei.

Die Weißen nahmen die jüdische Schule nicht richtig ernst, also ging ich auf die weiße Schule, die Thomas Jefferson Grundschule. Wenn es nach Tate gegangen wäre, hätte er mich überhaupt nicht zur Schule gehen lassen. »In dieser christlichen Schule lernt ihr doch überhaupt nichts fürs Leben«, sagte er verächtlich. Er bezahlte andere Leute, damit sie uns Nähen, Stricken und Buchhaltung beibrachten. Er war knauserig mit seinem Geld, aber wenn es um solche Dinge ging, geizte er nicht, das muß man ihm lassen. Er zahlte lieber für unsere Privatstunden, als uns mit Christen in die Schule zu schicken, aber Gesetz war Gesetz, und so mußte ich mit den Weißen zur Schule gehen. Vom ersten Moment an war das ein Problem, weil die weißen Kinder an meiner Schule die Juden haßten. »He, Ruth, seit wann bist du eine dreckige Jüdin?« fragten sie. Ich konnte es nicht ausstehen, wenn sich andere über mich lustig machten. Ich änderte sogar meinen Namen, um mich anzupassen. Mein richtiger Name war Rachel, auf jiddisch Ruckla, so hatten mich meine Eltern genannt, aber in der Nähe der Weißen benutzte ich den Namen Ruth, weil er nicht so jüdisch klang. Aber er hielt die anderen Kinder nicht davon ab, mich zu hänseln.

Niemand mochte mich. Zumindest kam es mir immer so vor als Kind. Ich weiß, wie es sich anfühlt, wenn einen die Leute auslachen, wenn man auf der Straße vorbeiläuft, oder wie sie kichern, wenn sie einen Jiddisch reden hören, oder wie sie einen nur haßerfüllt angucken. Weißt du, als Jude damals, zu meiner Zeit in Suffolk, konnte man ganz schön einsam sein, selbst wenn noch fünfzehn andere Juden im selben Zimmer standen. Ich weiß auch nicht, warum; so ging es mir jedenfalls damals im Süden. Man war anders als alle anderen, und die wenigsten mochten einen. In Suffolk gab es weiße Stadtteile, zum Beispiel Riverview, wo Juden keine eigenen Grundstücke besitzen durften. Das stand so auf den Verträgen, jeder konnte es lesen. Da stand »nur für weiße angelsächsische Protestanten«. Das war das Gesetz dort, und sie meinten es ernst. Die Juden in Suffolk hielten zwar zusammen, aber selbst unter den Juden galt meine Familie nicht viel, weil wir Geschäfte mit den Schwarzen machten. Also hatte ich auch kaum jüdische Freunde.

Als ich in der vierten Klasse war, kam ein Mädchen auf dem Schulhof zu mir und sagte: »Du hast aber schöne Haare. Laß uns Freundinnen sein.« Ich sagte: »Gut.« War ich froh, daß jemand meine Freundin sein wollte! Sie hieß Frances. Ich werde Frances niemals vergessen, solange ich lebe. Sie war dünn, mit hellbraunen Haaren und blauen Augen. Sie war ruhig und sanft. Ich durfte eigentlich nicht mit ihr spielen, weil sie Christin war, aber ich besuchte sie trotzdem heimlich zu Hause, und sie besuchte mich heimlich. Aber eigentlich mußte ich Frances gar nicht heimlich besuchen, weil ich dort immer willkommen war. Sie wohnte in einem Holzhaus, bei dem man immer durch die

Hintertür hineinging, auf der anderen Seite der Stadt, am Friedhof vorbei. Es schien, als ob es bei Frances immer gerade Essen gab. Ihre Mutter servierte das Essen auf Tellern, die sie aus einem hölzernen Geschirrschrank nahm: Schinken, Hühnchen, Kartoffeln, Mais, grüne Bohnen, Tomaten in Scheiben, dicke Bohnen, Weißbrot und heiße Brötchen mit viel Butter – und ich durfte überhaupt nichts davon essen. Es war trejfe, *nicht koscher für Juden. Das erste Mal, als mir ihre Mutter etwas zu essen gab, sagte ich: »Ich kann das nicht essen«, und mir war es peinlich, bis Frances rief: »Ich mag dieses Essen auch nicht. Mein Lieblingsessen ist Mayonnaise auf Weißbrot.« So war sie eben. Sie gab mir durch Kleinigkeiten zu verstehen, daß sie auf meiner Seite war. Es störte sie überhaupt nicht, daß ich Jüdin war, und wenn sie dabei war, machte sich auch niemand über mich lustig.*

Ich klaute Centstücke aus der Registrierkasse in unserem Laden, damit Frances und ich ins Chadwick-Lichtspielhaus gehen konnten – das kostete nur zehn Cents. Oder wir nahmen auf dem Nachhauseweg von der Schule die Abkürzung durch den städtischen Friedhof, damit uns Tate nicht sah; wir verbrachten viele Nachmittage auf den Grabsteinen und unterhielten uns. Du weißt ja, daß es mich vor Toten gruselt. Noch heute kriegen mich keine zehn Pferde auf einen Friedhof. Aber mit Frances zusammen störte es mich überhaupt nicht. Es schien wie das Einfachste und Natürlichste der Welt, im kühlenden Schatten eines Baumes auf dem Grabstein irgendeines Menschen zu sitzen und zu plaudern. Wir blieben immer bis zur letzten Minute, und wenn es Zeit war zu gehen, dann mußten wir in verschiedene Richtungen davonlaufen, also sah ich erst zu, wie sie weglief, um sicherzugehen, daß keine Geister hinter ihr her waren. Sie lief ein paar Schritte rückwärts und fragte mich währenddessen:

»Und, sind irgendwelche Geister hinter mir her, Ruth? Ist die Bahn frei?« Und ich rief dann immer: »Bahn frei!«

Dann drehte sie sich um und huschte davon, sprang an den Gräbern vorbei und rief über ihre Schulter: »Guckst du auch immer noch, Ruth? Paßt du auch auf?«

»Ich paß auf! Keine Geister!« brüllte ich. Ein paar Sekunden später rief ich dann: »Ich fang an zu zählen!« Und ich zählte bis zehn, und zwar so: »Eins zwei drei vier fünf ... zehn!« – und raste nach Hause. Raste über den Friedhof.

Die Familie von Frances war nicht reich. Ihnen ging es so wie vielen Weißen damals. Ihre Eltern waren Farmer, arme Leute. Nicht so arm wie die Leute heutzutage. Damals war Armut was anderes. Es war eine bessere Art Armut, aber trotzdem Armut. Was ich damit meine ist, man brauchte nicht viel Geld, aber man hatte auch nicht viel Geld. Fast jeder, den ich kannte, war arm. Viele unserer Kunden waren so arm, daß es nicht mehr komisch war. Schwarze und Weiße waren arm. Sie holten ihr Essen aus dem Fluß, dem Nansemond River, am Fuß des Hügels, auf dem sich unser Laden befand. Unten am Kai fingen die Männer Fische und Krebse und riesige Schildkröten, die sie mit nach Hause nahmen und aus denen sie Suppe und Eintopf machten. Es gab einen Mann, der den ganzen Tag nur Schildkröten an Land zog. Er ging mit einer riesigen Schildkröte unter dem Arm nach Hause, so, wie man ein Schulbuch trägt, und ich und Dee-Dee glotzten ihm immer hinterher. Manchmal kam er auch in den Laden und kaufte verschiedene Zutaten für seine Schildkrötensuppe, verschiedene Gewürze und Kräuter. Die Schildkröte lebte immer noch, strampelte mit den Beinen und versuchte, sich zu befreien, während der Mann im Laden stand und das Gemüse betrachtete und Knoblauch und Peperonis kaufte, um die Schildkröte darin zu kochen. Mir taten die

Schildkröten immer leid. Ich hätte sie am liebsten wieder zurück ins Wasser geworfen, aber das sagte ich nicht laut. Man hätte mich ja für verrückt erklärt! Der hätte sie nie im Leben wieder ins Wasser zurückgeworfen. Sie waren schließlich sein Mittagessen.

Die Leute waren arm, und sie hungerten. Und ich muß zugeben, daß ich nie hungern mußte wie andere Leute. Ich mußte nie Krebse und Schildkröten aus dem Hafen angeln und essen. Erst als ich verheiratet war, mußte ich hungern. Aber ich hungerte nach etwas anderem. Ich hungerte nach Liebe und Zuneigung. Davon kriegte ich nämlich nichts.

10

Schule

Damals in den 60ern nahm uns Mama, wenn sie Geld hatte, und sie hatte nur selten welches, runter zur Delancey Street in die Lower East Side von Manhattan, um Schulkleidung einzukaufen. »Man muß hingehen, wo die Schnäppchen sind«, sagte sie. »Die Schnäppchen kommen nämlich nicht von allein zu einem.«

»Wo gibt's die Schnäppchen?« fragten wir.

»Die Schnäppchen gibt's bei den Juden.«

Ich dachte, Juden gäbe es nur in der Bibel. Ich hatte in der Sonntagsschule schon mal von ihnen gehört, im Zusammenhang mit Jesus und so. Ich sagte Mama, mir wäre gar nicht klar, daß es sie noch immer gab.

»Die gibt's schon noch«, sagte sie. Dabei hatte sie einen seltsamen Gesichtsausdruck.

Die chassidischen jüdischen Kaufleute in ihren schwarzen *jarmelkes* starrten Mama entgeistert an, wenn sie, gefolgt von fünf oder sechs Kindern, durch die Ladentür kam. Sobald sie sich soweit erholt hatten, um mit uns zu verhandeln, redete Mama sie an die Wand, feilschte endlos mit ihnen und redete dabei, wenn es hart auf hart ging, auf einmal Jiddisch. »Ich seh doch, was hier gespielt wird! Ich seh doch, was hier gespielt wird!« bellte sie, als die Kaufleute beim Verhandeln um ein Paar Schuhe ins Jiddische verfielen. Verärgert ließ sie irgendeinen Spruch vom Stapel, und die Kaufleute glotzten noch ungläubiger als vorher. Wir Kinder konnten es allerdings ebensowenig fassen.

Als wir das zum ersten Mal erlebten, fragten wir: »Mama, woher kannst du so reden?«

»Kümmert euch um euren eigenen Kram«, sagte sie. »Stellt keine Fragen, sonst wird euer Gehirn zu Stein. Manche dieser Juden können euch nicht ausstehen.«

Rückblickend wird mir klar, daß ich nie irgendeine Verbindung zu Juden hatte. Wir waren ausgeschlossen aus ihrer Welt und aus jeder anderen Welt außer unserer eigenen. Und dennoch begriff ich, daß Juden ein bißchen anders waren als die übrigen Weißen. Das erfuhr ich zum Teil durch Mama, die bewußt oder unbewußt einen Hang zum Jüdischen hatte, und vor allem durch meine älteren Geschwister. Die Studiengebühren für Rosettas Ausbildung an der Howard University, wo es ausschließlich schwarze Studenten gab, wurden komplett von der Joseph L. Fisher Stiftung übernommen, einer Organisation der Stephen Wise Free Synagogue in Manhattan. Außerdem erzählte mein ältester Bruder Dennis, der immerhin die Weisheit gepachtet hatte und derjenige war, der uns mit Neuigkeiten aus der Welt der 60er Jahre versorgte, von den jüdischen Freunden, die er am College kennen- und schätzengelernt hatte. »Sie unterstützen die Bürgerrechtsbewegung«, teilte er uns mit. Mama befürwortete alles, was unserer Bildung und unserer Lage zugute kam, und wenn sie auch schnell dabei war, einem klarzumachen, daß einen »manche Juden nicht ausstehen können«, vermittelte sie uns doch gleichzeitig in ihrer verrückten, widersprüchlichen Art, daß wir im Zweifelsfall damit rechnen konnten, von einem jüdischen Lehrer, Polizisten oder Kaufmann besser behandelt zu werden, als von den anderen Weißen. Jüdische Menschen bezeichnete sie nie als Weiße. Sie bezeichnete sie als Juden, und dadurch waren sie irgendwie anders. Das Gefühl, daß Juden anders waren als Weiße, begleitete jeden einzelnen von uns bis ins Erwachsenenleben. Später, wenn ich als Erwachsener die Leute über die Haßliebe zwischen Juden und Schwarzen reden hörte, verstand ich durch und durch, worum es ging, und zwar nicht, weil ich irgendwelche soziologischen Studien betrieben hätte, sondern aufgrund meiner eigenen Erfahrungen mit jüdischen Lehrern und Klassenkameraden – von denen manche wirklich herzlich, aufrichtig und sensibel waren, wohingegen andere aus ihrer Verachtung für meine Hautfarbe keinen Hehl machten. Das alles waren Leute, die ich kennenlernte, als ich mit der jüdischen Welt in Berühung kam, denn Mama sorgte stillschweigend dafür, daß wir öffentliche Schulen mit einem überwiegenden Anteil jüdischer Schüler besuchten.

Vor allem in ihrem Bildungsverständnis vermittelte uns Mama ihre Affinität zu den Juden. Sie bewunderte die Art und Weise, wie jüdische Eltern ihre Kinder zu akademischen Überfliegern erzogen, indem sie sie dadurch vor dem potentiell schädlichen und gefährlichen öffentlichen Schulsystem schützten, daß sie sich in bestimmten Gemeinden ansiedelten, in denen ihre Kinder bestimmte Schulen besuchen und von bestimmten Lehrern unterrichtet werden konnten, die auf Disziplin und gute Leistungen Wert legten – und das praktizierte auch Mama. Während des Schuljahres gab sie uns strenge Anweisungen, jeden einzelnen Zettel mit nach Hause zu bringen, den die Lehrer in der Schule austeilten, vor allem im Januar, und wenn man diesen Anweisungen nicht Folge leistete, konnte man sich auf eine Tracht Prügel gefaßt machen. Wenn wir pflichtbewußt mit den Zetteln nach Hause kamen, brütete sie angestrengt über ihnen, bis sie »ich hab's!« rief, sich den kleinen Bogen vornahm und ihn ausfüllte. Jedes Jahr spuckte nämlich der mächtige bürokratische Dinosaurier namens Öffentliche Schulen der Stadt New York eine winzige Perle aus: Sie gaben Eltern den Hinweis, daß sie die Gelegenheit hätten, auf Wunsch ihre Kinder in Schulen anderer Bezirke anzumelden; die Anmeldefrist war jedoch äußerst knapp. Mama paßte auf wie ein Luchs, um diese Gelegenheit nicht zu verpassen, und dann wählte sie ausnahmslos jüdische öffentliche Schulen: Public School Nr. 138 in Rosedale, Junior Highschool 231 in Springfield Gardens und die Schulen Benjamin Cardozo, Francis Lewis, Forest Hills und die Highschool für Kunst und Musik. Jeden Morgen um halb sieben gingen wir aus der Tür, schwärmten in der ganzen Stadt aus wie die Soldaten, bewaffnet mit Büchern, Linealen, Musikinstrumenten, einer Schülerkarte, mit der man für fünf Cents Busse und U-Bahnen benutzen durfte, und einem Gutschein für ein kostenloses Mittagessen in der Schule. Selbst der allerkleinste von uns kannte den Bus- und U-Bahnfahrplan sowie die Routen in unserer Gegend auswendig. *Die Nr. 3 hält an der Ecke, aber die 3A biegt in die Straße ein, deshalb muß man vorher raus …* Mit zwölf Jahren fuhr ich jeden Tag ganz alleine anderthalb Stunden zu meiner Highschool und mußte sowohl auf dem Hinweg als auch auf dem Rückweg einmal umsteigen. Meine Klassenlehrerin, Miss Allison, ein junge weiße Frau mit einer Brille, die mir normalerweise wenig Beachtung schenkte, zuckte immer nur mit den Schultern, wenn ich mal wieder zehn Minuten zu spät kam und mich wegen eines verspäteten Busses entschuldigte. Die weißen Kinder starrten mich in der Cafeteria an, während ich das gräßliche Schulessen in mich hineinschlang. Aber wen kümmerte das schon. Ich hatte nichts anderes zu essen.

In der Prä-Schulbuszeit unterschieden sich meine Geschwister und ich von den meisten Kindern in unserer Nachbarschaft, weil wir meilenweit in größtenteils weiße, jüdische Bezirke fuhren, um da zur Schule zu gehen, während unsere Freunde einfach zu Fuß zu der Schule gingen, die in der Gegend lag. Wir gewöhnten uns daran, die einzigen Schwarzen auf der ganzen Schule zu sein, und wir waren Musterschüler, ordentlich und mit guten Manieren, trotz der rassistischen Haltung vieler unserer Lehrer, die unsere Zensuren oft wegen der kleinsten Flüchtigkeitsfehler nach unten drückten. Der Quotenschwarze zu sein war etwas, womit ich mich nie wirklich abfinden konnte. In der Public School Nr. 138, die in der weißen Enklave Rosedale im Bezirk Queens lag, war ich in der fünften Klasse der einzige schwarze Schüler, und eines Nachmittags, als die Lehrerin pflichtbewußt die einzige Seite in unserem Geschichtsbuch über »die Neger in den Vereinigten

Staaten« laut vorlas, flüsterte jemand in den letzten Bankreihen »James ist ein Nigger!«, woraufhin ein Kichern durch die Klasse ging. Die Lehrerin rief ihn zur Ordnung und sah verärgert in die Runde, aber der Schaden war nicht mehr rückgängig zu machen. Ich spürte, wie mir das Blut in den Kopf schoß, und ich sank tiefer in meinen Stuhl und schäumte innerlich vor Wut, dennoch unternahm ich nichts. Ich überlegte, wie wohl meine Geschwister reagiert hätten. Sie wären fuchsteufelswild geworden. Sie hätten sich den Kerl vorgeknöpft und ihm eine geknallt. Sie hätten sich niemals von irgend jemandem »Nigger« nennen lassen. Aber ich war nicht wie sie. Ich war schüchtern und passiv und still, und erst Jahre später brach die Wut wie aus einem Hochofen aus mir heraus, daß ich mich selbst nicht mehr wiedererkannte.

Zu diesem Zeitpunkt trat die Musik in mein Leben, und Bücher. Ich verschwand in den Welten von *Gullivers Reisen*, *Shane* und Büchern von Beverly Cleary. In der Schule nahm ich Klavier- und Klarinettenunterricht, verkroch mich mit meiner Klarinette zum Üben in irgendeine Ecke, versank in Stücken von Tschaikowski oder Philip de Sousa, versuchte, wie der Jazzsaxophonist James Moody zu improvisieren, nur um eine oder zwei Stunden später wieder in der Wirklichkeit aufzutauchen. Um der schmerzlichen Realität zu entkommen, schuf ich mir eine imaginäre Welt. Eine Zeitlang glaubte ich, mein wahres Ich sei ein Junge, der im Spiegel wohnte. Ich schloß mich im Badezimmer ein und redete stundenlang mit dem Jungen im Spiegel. Er sah genauso aus wie ich. Ich starrte ihn an. Ich küßte ihn. Ich schnitt Grimassen vor ihm und kommandierte ihn herum. Anders als meine Geschwister hatte er keine Meinung.

Er hörte mir zu. »Wenn ich hier bin und du bist ich, wie kannst *du* zur gleichen Zeit da sein wie ich?« fragte ich ihn. Er zuckte mit den Schultern und lächelte. Ich schrie ihn an, beschimpfte ihn. »Antworte mir!« Ich knurrte ihn an. Ich wandte mich zum Gehen, aber wenn ich noch mal herumwirbelte, war er immer noch da und wartete auf mich. Irgend etwas quälte mich, ich war unruhig, aber ich wußte nicht warum. Den Jungen im Spiegel hingegen schien nichts zu quälen. Er war frei. Er hatte nie Hunger, er hatte wahrscheinlich sogar ein eigenes Bett, und seine Mutter war nicht weiß. Ich haßte ihn. »Verschwinde!« rief ich. »Los, hau ab!«, aber er blieb. Meine Geschwister horchten an der Badezimmertür und lachten, während ich mit mir selber sprach. »Du bist vielleicht 'n Spinner«, spottete mein Bruder Richie.

Auch wenn mich meine Geschwister »Großkopf« nannten, weil ich einen großen Kopf und einen dünnen Körper hatte, stand ich von außen betrachtet wahrscheinlich auf der Liste derjenigen, die es mal zu was bringen würden. Ich war schlau. Ich las viel. Ich spielte verschiedene Instrumente. Ich ging regelmäßig zur Kirche. Ich war mit »gutem Haar« ausgestattet, wie es die Schwarzen nannten, weil ich Locken hatte statt einer Krause. Meine Hautfarbe war hell, und trotz meiner Schüchternheit fanden mich die Mädchen süß. Doch ich selbst hatte keine Ahnung, wer ich war, ich liebte meine Mutter, sah ihr aber überhaupt nicht ähnlich. Ich hatte auch keine Ähnlichkeit mit meinen anderen Vorbildern – mit meinem Stiefvater, meinem Patenonkel und meiner Patentante, anderen Verwandten –, die allesamt schwarz waren. Und *die* wiederum sahen den Helden nicht im geringsten ähnlich, die ich von der Kinoleinwand her kannte: weiße Männer wie Steve McQueen und Paul Newman, die über die Bösen siegten und am Ende das hübsche Mädchen bekamen – das zufälligerweise immer weiß war.

Eines Nachmittags kam ich von der Schule nach Hause und stellte Mama zur Rede. »Mama, was ist ein tragischer Mulatte?« fragte ich.

Blitzartig verfinsterte sich ihr Gesicht, und ihre Nase, die, wenn sie wütend war, dazu neigte, rot anzuschwellen, blähte sich wie ein Luftballon. »Wo hast du das denn her?«

»Ich hab's in einem Buch gelesen«, sagte ich.

»Herrgott noch mal, du bist doch kein tragischer Mu– Welches Buch war das?«

»Irgendein Buch halt.«

»Hör auf, dieses Buch zu lesen.« Sie holte Luft durch die Zähne. »Tragischer Mulatte? So was Blödes, jemanden so zu nennen. Hat dich jemand so genannt?«

»Nein.«

»Nimm dieses Wort nie wieder in den Mund.«

»Bin ich schwarz oder weiß?«

»Du bist ein Mensch«, schnappte sie. »Bilde dich, oder du bleibst ein Niemand.«

»Werde ich ein schwarzer Niemand oder nur ein Niemand?«

»Wenn du ein Niemand bist«, sagte sie trocken, »ist es egal, welche Hautfarbe du hast.«

»Das versteh ich nicht«, sagte ich.

Sie seufzte und setzte sich hin.

»Du bist ein Mensch und ein Dummkopf obendrein.« Und damit stand sie auf und widmete sich wieder ihren Kochtöpfen, während ich verwirrt davonschlenderte.

Ich war so durcheinander, daß ich hätte platzen können, also ging ich mit meiner Frage zu meinen älteren Geschwistern. Obwohl sie alle mit Mamas verquerer Logik gefüttert worden waren, schien niemand von ihnen meine Verwirrung zu teilen. »Sind wir schwarz oder weiß?« fragte ich eines Tages meinen Bruder David.

»Ich bin jedenfalls schwarz«, sagte David, der seit kurzem einen überdimensionalen Afro-Look trug. »Du bist vielleicht ein Neger. Ich würde an deiner Stelle mal Billy fragen.«

Ich ging zu Billy, aber noch ehe ich meinen Mund aufmachen konnte, fragte er: »Soll ich dir mal was zeigen?«

»Klar«, sagte ich.

Ich folgte ihm durch das ganze Haus, vorbei an Mama, die mit Windelnwechseln beschäftigt war, vorbei an dem heillosen Durcheinander aus Stühlen, Büchern, Notenständern und Instrumenten, das insgesamt unser Wohnzimmer bildete, die Treppe hinauf und hinein ins Jungenschlafzimmer und an einen Schrank, der buchstäblich von oben bis unten mit Kram vollgestopft war. Er steckte seinen Kopf in den Schrank, deutete hinein und sagte: »Guck dir das an.« Als ich den Kopf hineinsteckte, gab er mir von hinten einen Stoß, knallte die Schranktür zu und warf sich dagegen. »He, Mann! Ich kann nichts sehen!« schrie ich, während ich mit den Fäusten von innen gegen die Tür trommelte und versuchte, die Angst in meiner Stimme zu verbergen. Plötzlich merkte ich im Dunkeln, wie mich jemand packte und mir ins Ohr brüllte. Aus meiner Panik wurde regelrechte Todesangst, und wie ein Wilder hämmerte ich mit aller Macht gegen die Schranktür und kreischte verzweifelt: »BILLLLYYYYYYYY!« Er riß die

Tür wieder auf, und ich stürzte mich kopfüber aus dem Schrank, und hinter mir purzelte mein Bruder David heraus. Meine beiden Brüder kugelten sich auf dem Boden vor Lachen, während ich völlig außer mir durchs Haus fegte, von einem Zimmer ins nächste, und nach Mama rief.

Die Frage der Hautfarbe war bei uns zu Hause so etwas Ähnliches wie die Kraft des Mondes. Sie brachte die Flüsse zum Fließen, ließ den Ozean anschwellen und verursachte den Gezeitenwechsel, aber sie war eine unsichtbare Kraft, unfaßbar, unbesiegbar, unbezweifelbar und somit völlig zu vernachlässigen. Mama hielt uns dermaßen auf Trab, daß wir gar keine Zeit hatten, uns mit dem Problem zu beschäftigen. Wir ernährten uns von Gedanken, Büchern, Musik und Kunst, denn das war es, was sie uns anstelle von Essen gab. Bei jeder Gelegenheit verfrachtete sie fünf oder sechs von uns in die U-Bahn, wobei sie eine Fahrt bezahlte und uns alle gleichzeitig durchs Drehkreuz schob, während die U-Bahn-Angestellten ein säuerliches Gesicht machten und die anderen Passagiere nur gafften, um uns zu jeder kostenlosen Veranstaltung zu schleppen, die New York zu bieten hatte: Festivals, der Zoo, Paraden, Nachbarschaftsfeste, Bibliotheken, Konzerte. Stundenlang spazierten wir kreuz und quer durch die Stadt und durchstreiften dabei ganze Stadtviertel, ohne irgend etwas zu kaufen oder ein einziges Wort mit jemandem zu wechseln. Zweimal im Jahr marschierte sie mit uns zur kostenlosen Behandlung in die Guggenheim Zahnklinik in Manhattan, wo ausländische Studenten der Zahnmedizin in weißen Gewändern und mit Bohrern und anderen Gerätschaften – nur nicht Betäubungsmittel – bewaffnet über eine Reihe von Zahnarztstühlen herrschten und jeden von uns in ein schreiendes

Häuflein Elend verwandelten, während die anderen, die noch nicht an der Reihe waren, mit schreckgeweiteten Augen zusahen. Wie die Irren zogen sie Zähne und blafften uns in ihrer jeweiligen Muttersprache an, während sie unsere Köpfe hin- und herzerrten, als seien wir Stoffpuppen. Einmal zogen sie meinem Bruder Billy einen Zahn und schickten ihn zurück zu Mama ins Wartezimmer, woraufhin sie ihm in den Mund sah, der voller Verbandsmull und Blut war, nur um festzustellen, daß sie den falschen Zahn erwischt hatten. Sie marschierte wieder hinein und hatte einen Tobsuchtsanfall. Im Sommer spielte sie den Rattenfänger von Hameln und führte die ganze Meute ins öffentliche Schwimmbad, wo sie die Kleider ablegte, bis ihr einteiliger Badeanzug zum Vorschein kam, und ins Wasser stürzte wie ein Walroß, woraufhin wir Kinder wie die Seehunde hinterhersprangen und verschreckt planschten und keuchten, während sie sich durch die Fluten kämpfte, da sie anscheinend selber kaum schwimmen konnte, bis einer von uns hustete und nach Luft rang und sie zurückgeschossen kam, um das entsprechende Kind zu packen, es aus dem Wasser zu ziehen und ihm lachend auf den Rücken zu klopfen. Wir hielten uns selber nie für arm oder unterprivilegiert oder bedauernswert, weil uns als Kindern die Außenwelt bedeutungslos vorkam. Aber als wir älter und als Teenager und Studenten selbständiger wurden, brachten wir die Außenwelt mit nach Hause, und die Welt, die Mama mit so viel Mühe erschaffen hatte, begann auseinanderzufallen.

Die 60er Jahre rauschten über unser Zuhause hinweg wie eine Flutwelle. Das erste Anzeichen heraufziehenden Unheils war, daß meine Schwester Helen sich entschloß, mit

15 von der Schule zu gehen und wegzulaufen, auch wenn sie fünf Jahre später mit einem Diplom als Krankenpflegerin und einer kleinen Tochter nach Hause zurückkam. Aber auch meine anderen Geschwister begannen trotzig zu werden, und der Sinn für Gerechtigkeit und Gleichberechtigung, den uns Mama und mein Vater vermittelt hatten, schien auf einmal groteske Formen anzunehmen. Die lieben, sanftmütigen Kinder aus der Sonntagsschule, denen man beigebracht hatte, mit Stolz »Ich bin ein Schwarzer« zu sagen und der Heldentaten Jackie Robinsons und Paul Robesons zu gedenken, ließen sich jetzt von Malcolm X und H. Rap Brown und Martin Luther King inspirieren. Was die Black Power-Bewegung betraf, hatte Mama schlicht und ergreifend die falsche Hautfarbe – und das hätte beinahe meine Familie auseinandergebracht.

Nacheinander begannen meine älteren Geschwister, Mamas Regeln zu mißachten und statt dessen die Früchte ihrer Verwirrung mit nach Hause zu bringen; im Scherz nannten wir das »ihre Revolution«. Einer meiner älteren Brüder verschwand nach Europa. Eine andere Schwester hatte auf dem College eine Affäre und kam mit einem unehelichen Kind nach Hause, was für damalige Zeiten ein mittlerer Skandal war. Mein Bruder Richie heiratete gegen Mamas Willen mit 18, ließ sich scheiden, ging dann aufs College und wurde, als er in den Sommersemesterferien zu Hause war, von zwei Polizisten angehalten, während er mit einem Freund die Straße hinunterlief. Eine Gruppe von Jungs, die ungefähr zehn Meter vor Richie und seinem Freund hergegangen war, hatte, als das Polizeiauto auf sie zukam, ein Tütchen weggeworfen, in dem sich angeblich Heroin befand. Die Polizisten nahmen sich gleich alle

Jungs vor, befahlen ihnen, sich gegen einen Zaun zu stellen, und fragten sie, wer von ihnen das Tütchen weggeworfen hatte, das, wie sich später herausstellen sollte, nicht mit Heroin, sondern Chinin gefüllt war. Alle stritten es ab, also wurden sie gefilzt, und die Polizei fand 90 Dollar in Richies Tasche, Geld von seinem Collegestipendium. Als die Polizisten wissen wollten, woher er das Geld habe, sagte Richie, das sei sein Collegegeld, und er habe vergessen, daß er es in seiner Hosentasche mit sich herumtrage. Wenn man Richie kennt, dann nickt man und sagt »was sonst«, weil es ihm ähnlich sieht, einfach 90 Dollar in seiner Tasche zu vergessen, was damals eine riesige Menge Geld war. Als er klein war, nannten wir ihn immer den zerstreuten Professor. Mit seinem Chemiebaukasten hätte er ein paarmal fast das Haus in die Luft gesprengt, denn immer, wenn er sich auf die Suche nach Eßbarem machte, ließ er seine Experimente weiterblubbern und vergaß sie einfach. Er konnte sich die schwierigsten Matheformeln merken und hatte als Musiker das absolute Gehör, aber er vergaß buchstäblich, morgens seine Hosen anzuziehen. Er spielte manchmal stundenlang auf seinem Saxophon John Coltrane-Solos, trug dabei aber Winterjacke und Turnhosen. Als Junge war er sehr klug, aber immer völlig verträumt. Später wurde er Chemiker. Aber für die Polizei war er nur einer von vielen schwarzen Verbrechern mit einer Geschichte, die ihm keiner abnahm, und er wurde verhaftet und ins Gefängnis gesteckt.

Mama lief die ganze Nacht im Haus hin und her, als die Nachricht sie erreichte. Am nächsten Tag tauchte sie schon sehr früh zur Anklageerhebung auf und setzte sich direkt hinter den Platz des Verteidigers. Als sie ihn hereinführten, war er in Handschellen und schmutzig von der Nacht auf der Wache, und bei seinem Anblick konnte sie sich nicht mehr zurückhalten und begann, wie eine Verrückte vor sich hin zu murmeln und die Hände zu ringen. Irgendwie bekam sie mit, wie sich der Pflichtverteidiger zu Richie hinüberbeugte und ihm einen knappen juristischen Rat gab: »Bekennen Sie sich schuldig.« Da sprang sie auf und schrie: »Warten Sie!« Sie schoß an den Gerichtsbeamten vorbei und rief dem Richter zu, daß das ein Versehen sei, daß keines ihrer Kinder jemals mit dem Gesetz in Konflikt geraten sei, daß ihr Sohn Student sei und so weiter. Der weiße Richter, der schon festgestellt hatte, daß Mama fast die einzige Weiße im ganzen Gerichtssaal war, überließ Richie schließlich ihrer Obhut, und später wurde die Anklage fallengelassen.

Diese Erfahrung veranlaßte Mama jedoch, auf die Jüngeren wie mich noch stärker einzuwirken. Rückblickend muß ich sagen, daß sie die Kunst der Manipulation wirklich perfekt beherrschte. Sie verließ sich weitgehend auf das König/Königin-System, das sie schon lange vor meiner Geburt zu Hause eingeführt hatte: der älteste Bruder bzw. die älteste Schwester war König bzw. Königin, und man durfte sich ihnen nicht widersetzen, weil man schließlich nur Sklave war. Wenn der oder die Älteste aus dem Haus ging, rückte der oder die nächste auf den Thron. Das König/Königin-System gab uns das Gefühl von Ordnung, Rang und Identität. Die Älteren hatten das Gefühl, über uns bestimmen zu dürfen, wobei es in Wirklichkeit natürlich Mama war, die die Welt regierte. Das System gemahnte auch an ihre eigene orthodoxe jüdische Kindheit, wo eine einzige dominante Figur mit strengen Regeln und Vorschriften herrschte. Trotz des organisierten Chaos bei uns zu Hause gab es jeden Tag zu einer bestimmten Uhrzeit Essen. Wir machten jeden Tag zu einer bestimmten Uhrzeit Hausaufgaben und gingen jeden Tag zu einer bestimmten Uhrzeit schlafen. Mama verbündete sich auch mit allen möglichen Verwandten oder Freunden, die ihr Interesse an einem der Kinder bekundeten, und so schickte sie immer mal wieder einen von uns für einige Zeit zu Leuten, die versprachen, uns wieder geradezubiegen, und oftmals klappte das sogar. Die schwarze Verwandtschaft war Mamas Joker, und sie spielte ihn aus, wann immer es notwendig war, denn ihre eigene Familie stand ihr ja nicht zur Verfügung. Als ich schon älter war, fiel mir auf, daß es wohl einige Verwandte geben mußte, die ich noch nie gesehen hatte. »Wieso gibt's eigentlich von deiner Seite aus gar keine Tanten und Onkel?« fragte ich sie eines Tages.

»Ich hatte einen Bruder, der ist aber tot. Und meine Schwester … ich weiß nicht, wo sie ist«, sagte Mama.

»Wieso nicht?«

»Wir wurden getrennt.«

»Wieso das denn?«

»Ich bin ausgeschlossen worden aus meiner Familie.«

»Ausgeschlossen?«

»Ausgeschlossen. Gestorben.«

»Was heißt das, gestorben?«

»Ich bin für sie gestorben. Wahrscheinlich sind sie mittlerweile auch gestorben. Aber was macht das schon für einen Unterschied? Sie wollten nicht, daß ich einen Schwarzen heirate.«

»Aber wie konnten sie was dagegen haben, wenn du selber schwarz bist?«

So. Jetzt hatte ich sie. Aber sie ging einfach darüber hinweg. »Hör auf mit deiner Fragerei.«

Auch mein Stiefvater zeigte sich als potentielle Informationsquelle bezüglich ihrer Herkunft wenig hilfreich. »Ja, deine Mutter, hör nur gut auf sie«, brummte er auf meine Frage hin. Er liebte sie. Offenbar hatte er keine Probleme damit, daß sie weiß war, was ich wiederum merkwürdig fand bei zwei so verschiedenen Menschen. Während er eine eher gelassene und aufgeschlossene Haltung zum Leben hatte, war sie argwöhnisch, entschieden und unzugänglich. Jedesmal, wenn sie mit uns das Haus verließ, trat sie in einen anderen Bewußtseinszustand, in dem ihre ganze Aufmerksamkeit nur noch den fünf Kindern galt, die hinter ihr herzockelten, und dem bißchen Geld, das sie fest in ihrer geballten Faust hielt und immer gründlich durchzählte. Sie hatte absolut kein Interesse an einer Welt, die sich derart über unser Dasein aufregte. Die Blicke, Bemerkungen und Spötteleien, die uns begleiteten, wohin wir auch gingen, prallten einfach an ihr ab – anders als bei mir. Mit zehn Jahren begann ich langsam, mehr über mich selbst und mein bevorstehendes Erwachsenenleben zu begreifen, und mit Mama unterwegs zu sein – was für mich als 5jährigen Jungen noch eine große Ehre gewesen war –, wurde mir immer unangenehmer. Es kam so weit, daß ich mich meiner weißen Mutter schämte und um jeden Preis verhindern wollte, daß sie von anderen gesehen wurde. Wenn ich mit meinen Freunden unterwegs war, sagte ich ihr nicht mehr Bescheid, wo wir spielen würden, damit sie bloß nicht auf die Idee kam, mich im Park abzuholen. Ich wurde verschlossen, vorsichtig, passiv, wütend und ängstlich und hatte ständig Angst, daß sie von den übelsten

Jungs in unserer Straße als Weiße beschimpft würde und ich sie verteidigen und demzufolge natürlich einen auf die Rübe kriegen mußte. »Komm doch mit zum Einkaufen«, sagte sie eines Nachmittags.

»Ich geh auch alleine«, sagte ich, weil ich nicht mit meiner weißen Mutter auf der Straße gesehen werden wollte.

»Na gut«, sagte sie. Meine neue Unabhängigkeit schien sie nicht weiter zu stören. Erleichtert machte ich mich auf den Weg zu einem Lebensmittelladen bei uns in der Nähe. Der Ladenbesitzer war ein unfreundlicher Weißer, den, wie viele andere Weiße auch, in St. Albans eigentlich nichts mehr hielt, seitdem die Schwarzen angefangen hatten, diesen Stadtteil zu besiedeln. Er schien von schwarzen Kindern nicht begeistert zu sein, und für mich im speziellen schien er weder Sympathie noch Interesse zu hegen. Als ich nach Hause kam, nahm Mama die Milchtüte, die er mir verkauft hatte, stellte sie auf den Tisch, öffnete sie, und im Zimmer breitete sich der Geruch von saurer Milch aus. Sie schloß die Tüte wieder und gab sie mir. »Geh und laß dir das Geld zurückgeben.«

»Muß das sein?«

»Los.« Das war ein Befehl. Bei uns zu Hause war ich einer der »Kleinen«, kein »Großer«, der seine Meinung äußern durfte und die Möglichkeit hatte, das Oberhaupt umzustimmen. Ich mußte gehorchen.

Ich schleppte mich zurück zum Laden. Mir graute schon vor dem unvermeidlichen Eklat. Der Besitzer sah mich wütend an, als ich durch die Tür kam. »Ich muß das hier zurückbringen«, sagte ich.

»Geht nicht«, sagte er. »Die Tüte ist ja offen. Die nehm ich nicht zurück.«

Ich ging wieder nach Hause. Zehn Minuten später marschierte Mama mit ihrem wütenden, o-beinigen Gang, der bedeutete, daß gleich ein schreckliches Gewitter losbrechen würde, in den Laden – ihr Oberkörper war vornübergebeugt, das Kinn vorgestreckt, die Hände zu Fäusten geballt, die Nase knallrot, und bei ihrem Gestampfe mußte ich unwillkürlich an Cab Calloway und die Billy Eckstein Band denken. Verlegen dackelte ich hinterher, und mir war natürlich sonnenklar, daß ich mir mit dem Plan, allein den Einkauf zu besorgen und meine Mutter da rauszuhalten, ein prächtiges Eigentor geschossen hatte.

Wütend stellte sie die Milchtüte auf die Theke. Der Verkäufer sah erst sie an, dann mich. Dann wieder sie. Dann wieder mich. Die Verblüffung, die in seinem Gesicht geschrieben stand, verwandelte sich in Wut und Abscheu, und das überraschte mich komplett. Ich hatte mir vorgestellt, der Mann würde Mama ansehen, registrieren, daß sie beide etwas gemein hatten, ihr die Kohle geben, und wir könnten abhauen. »Diese Milch nehm ich nicht wieder zurück«, sagte er.

»Riechen Sie dran«, sagte Ma. »Sie ist sauer.«

»Verkauft ist verkauft.«

Und dann gingen sie sich an die Kehle, aber gnadenlos. Prompt versammelte sich eine Gruppe schwarzer Jungs und Mädchen und beobachtete gebannt, wie sich meine Mutter mit diesem weißen Mann ein Gefecht lieferte. Ich wäre am liebsten im Erdboden versunken. »Laß doch, Mama …«, sagte ich. Sie ignorierte mich. Ich wußte ja, wenn es um Geld ging, von dem wir wenig hatten, war es sinnlos. Sie war richtig in Fahrt – »Was glauben Sie eigentlich, wer Sie sind? Idiot, Sie!« –, und ihre Wörter gerieten alle durcheinander, während die Kinder von unserem Block johlten, bellten und sich köstlich amüsierten.

Nach einer Weile war es offensichtlich, daß der Mann ihr das Geld nicht zurückgeben würde, also schnappte sie sich meine Hand und drehte sich zur Tür. Aber da machte er eine Bemerkung, die ich nicht mitbekam, die er so leise vor sich hin murmelte, daß ich ihn nicht verstand, aber den versammelten Zuschauern entfuhr ein »ooohhh«. Mama wurde ganz steif. Noch immer mit der Milchtüte in der rechten Hand, drehte sie sich um und schleuderte sie ihm wie einen Football entgegen. Er duckte sich, und die Milchtüte segelte über ihn hinweg und knallte in das Zigarettenschränkchen hinter ihm, woraufhin die Milch überall hinspritzte und Zigaretten durch die Gegend flogen.

Ich konnte diese Wut einfach nicht verstehen. Mir war völlig schleierhaft, warum sie die Sache mit der Milch nicht einfach vergessen konnte. Warum so einen Aufstand machen? dachte ich. Mir war die Geschichte so peinlich, daß ich darüber alles andere vergaß. Als ich an Mamas Hand nach Hause lief, während sie noch immer vor Wut schäumte, dachte ich, wie einfach doch alles wäre, wenn wir alle dieselbe Hautfarbe hätten, schwarz *oder* weiß. Meine Geschwister hatten mir bereits vermittelt, daß ich stolz darauf sein konnte, schwarz zu sein. Mir wäre es aber lieber gewesen, Mama wäre auch schwarz. Jetzt, als Erwachsener, empfinde ich es als Privileg, aus beiden Welten zu stammen. Ich sehe die Dinge nicht nur durch die Augen eines Schwarzen, sondern, wenn man so will, durch die Augen eines Schwarzen mit einer jüdischen Seele. Ich betrachte mich nicht als jüdisch, aber wenn ich Fotografien von jüdischen Frauen aus der Zeit des Holocaust sehe, die durch die

Nazis ihre Kinder verloren, und dabei feststelle, daß diese Frauen fast wie meine Mutter aussehen, dann denke ich mir: Durch die Gnade Gottes wurde meine Mutter gerettet – und ich auch. Wenn ich sehe, wie zwei jüdische alte Damen in einem Lokal in Manhattan ihren Kaffee trinken und über irgend etwas kichern, muß ich schmunzeln, weil ihr Lachen so klingt wie das meiner Mutter. Darum bin ich wütend und angewidert, wenn ich schwarze Aktivisten von »jüdischen Sklavenhaltern« sprechen höre, weil ich weiß, daß sie mit ihren Lügen und verdrehten Tatsachen die Leute aufwiegeln, als ob die zwei oder drei jüdischen Sklavenhalter damals im Süden, in der Zeit vor dem Bürgerkrieg, für die heutigen Probleme der Afroamerikaner verantwortlich seien. Und diese Wortführer wiederum sind keinen Deut besser als ihre jüdischen Pendants, die ihre Statistiken haben, anhand derer es ihnen auf wundersame Weise gelingt, Afroamerikaner als unzivilisiert, kriminell, gesellschaftsschädigend und schlichtweg primitiv darzustellen. Ich gehöre keiner dieser Gruppen an. Ich gehöre zu Gott. Aber als Kind zog es mich immer zu den Schwarzen, und ich wünschte mir oft, Mama hätte mich auf schwarze Schulen geschickt, wo meine Freunde waren. Statt dessen aber besuchte ich die weiße Public School Nr. 138, wo meine Klassenkameraden glaubten, ich könne tanzen wie James Brown. Ständig bearbeiteten sie mich, den »James Brown« für sie zu machen, diesen trippelnden Tanzschritt, den der »Godfather of Soul« erfunden und der ihn damals in den 60ern zu einem Idol gemacht hat. Ich versuchte, ihnen zu erklären, daß ich nicht tanzen könne. Ich war im Tanzen immer eine Niete gewesen. Zu Hause übten meine Schwestern stundenlang neue Tanzschritte zu Archie Ball and the Drells, Martha Reeves, King Curtis, Curtis Mayfield, Aretha Franklin und den Spinners. »Los, tanz mit uns!« riefen sie immer, während sie durchs Zimmer wirbelten – sogar Mama machte mit. Und wenn ich mich dann schließlich doch breitschlagen ließ, machte ich eine so ungelenke und komische Figur, daß sie sich alle schieflachten. »Gib's auf«, riefen sie. »Du lernst es nie!«

Die weißen Kinder auf meiner Schule glaubten mir aber nicht, und nachdem sie wochenlang auf mich eingeredet hatten, stellte ich mich tatsächlich einmal in den guten Schuhen meines Bruders vor die Klasse, zog mir mit dem obligatorischen Handgriff die Hosen hoch wie einer von den Temptations, und irgend jemand legte eine James Brown-Scheibe auf den Plattenspieler. Und dann rutschte ich durchs Klassenzimmer, wie ich es bei James Brown abgeguckt hatte, und sang dazu »UUUhh – schabba-na!« Meine Mitschüler waren begeistert. Sogar die Lehrerin fand es lustig. Sie glaubten wirklich, ich könne tanzen! Ich hatte sie ganz schön reingelegt. Sie schrien nach einer Zugabe, und ich erklärte mich einverstanden, trippelte herum und rutschte über den Holzfußboden, sprang hoch in die Luft und landete mit gellendem »Iiiieejaauuu« in einem Beinahe-Spagat vor der Tafel. Sie flippten regelrecht aus, aber selbst als ich unter donnerndem Applaus auf meinen Platz zurückkehrte, lachend und glücklich, akzeptiert worden zu sein, zu ihnen zu gehören, zu wissen, daß ich ihnen eine Freude gemacht hatte, erkannte ich den Spott in ihren Augen, ihr scheinheiliges Lächeln angesichts der absonderlichen Darbietung – und genauso ging es mir, wenn ich den Jungen im Spiegel ansah. Ich dachte an ihn, und daran, wie frei er war, und haßte ihn noch mehr als vorher.

11

Jungs

Wenn es eins gab, was Tate noch weniger mochte als Christen, dann waren das Schwarze. Und wenn es eins gab, was er noch weniger mochte als Schwarze im Allgemeinen, dann waren das schwarze Männer im besonderen. Also ist es logisch, daß der erste, in den ich mich je in meinem Leben verliebte, ein schwarzer Mann war. Ich hab's nicht mit Absicht getan. Ich war auf meine eigene, unauffällige Art ein rebellisches Mädchen, aber ich war nicht rebellisch genug, um mein eigenes Leben oder das von anderen in Gefahr zu bringen. Damals im Süden mußte ein Schwarzer ein weißes Mädchen nur angucken, und schon brachten sie ihn um. Sie erhängten ihn. Und das Mädchen, das jagten sie aus der Stadt. Auf solchen Ärger konnte ich verzichten. Aber als ich ein Teenager wurde, wollte ich dieselben Sachen wie die anderen Mädchen. Ich wollte Liebe, schöne Kleider, mich mit einem Jungen verabreden. Das ging aber nicht. Mein Leben war der Laden. Mein Leben hatte sich seit der Grundschule nicht verändert. Ich hatte nur mal Pause, wenn mich Mame im Sommer zu ihren Verwandten nach New York schickte, aber in Wirklichkeit trug ich im Laden noch größere Verantwortung, nachdem mein Bruder Sam weggelaufen war. Mein Alltag war immer gleich: den Laden um sieben Uhr aufmachen, Schule bis nachmittags um drei, dann sofort nach Hause und arbeiten bis zehn, dann todmüde ins Bett fallen. Das ganze Wochenende durcharbeiten, bis auf den Sabbat, dann montags wieder zur Schule. Die einzige Freiheit, die ich hatte, war, Centstücke aus der Schublade zu klauen, mit Dee-Dee in die Stadt zu laufen und Romanheftchen zu kaufen. Sie rissen immer die Titelseite von den alten Heftchen und verkauften sie im Zehnerpack für zehn Cents. Wir lasen sie samstags bei Kerzenschein. Man durfte am Sabbat den Herd nicht anmachen, oder spielen, oder Papier zerreißen oder Auto fahren, aber man durfte lesen.

Ein Familienleben hatten wir damals eigentlich nicht. Wir gingen samstagmorgens und an den jüdischen Feiertagen zusammen zur Synagoge, aber Tate liebte Mame nicht. Unter Familienausflug verstand er, mich und meine Schwester auf eine Hühnerfarm nach Portsmouth mitzunehmen, wo er nach koscherem Gesetz Hühner schlachtete, um sie später an jüdische Kunden zu verkaufen. Dazu setzte er sich auf eine niedrige Kiste oder einen Hocker, nahm das Huhn, packte es am Hals mit dem Kopf nach oben, und schnitt ihm den Hals durch. Dann warf er es weg und nahm sich das nächste vor, während das kopflose Huhn rumflatterte und Federn verlor, sich ein paarmal heftig schüttelte und dann starb.

In der Schule fragte mich nie mal ein Junge, ob ich mit ihm ausgehen wolle. Ich tanzte sehr gerne und hatte lange Beine, und einmal, als ein Musical aufgeführt werden sollte, ging ich zum Vorsingen und wurde sogar genommen, aber ein paar der Mädchen regten sich so darüber auf, zusammen mit einer Jüdin zu tanzen, daß ich's wieder sein ließ. Wenn es im Sportunterricht darum ging, Tennispartner auszuwählen, dann wählten die Mädchen und wählten, bis ich am Ende alleine dastand. Wenn Frances nicht in der Nähe war, wurde ich nicht gewählt. Ich behauptete zwar immer, daß mir meine Mitschülerinnen egal waren, oder was sie von mir hielten. Aber als Teenager wollte ich so sein wie sie – amerikanisch und weiße, angelsächsische Protestantin, und in schicken Sachen zum Tanzen gehen, aber das duldeten meine Eltern nicht. Tanzen? Vergiß es. Neue Kleider? Konnte ich mir abschminken. Tate war derjenige, der bestimmte, welche Kleider wir anzogen, und er kaufte das Billigste, was er finden konnte. Er war es gewohnt, daß wir von der Gemeinde abgetragene Kleider geschenkt bekamen, und das war ihm auch recht. Jedes Jahr kaufte er sich einen nagelneuen Ford V-8, aber er sah es nicht ein, Geld für neue Kleider auszugeben, wenn man alte Kleider umsonst bekommen konnte. Einmal wollte ich ein Paar weiße Mokassins haben, die zu der Zeit modern waren, und ich ging Tate deswegen solange auf die Nerven, bis er genug hatte und nachgab. Wir gingen in die Stadt, und der Verkäufer zeigte uns welche, die zwei Nummern zu groß waren. Ich probierte sie an und sagte: »Passen.«

Tate sah mich an, als hätte ich den Verstand verloren. »Die sind doch viel zu groß«, sagte er.

»Die müssen so sein«, sagte ich. Ich hatte Angst, daß er es sich anders überlegen würde. Und der Verkäufer wollte die Dinger natürlich loswerden und Geld verdienen, also fing er an zu schwafeln: »O ja, Pfarrer Shilsky, die passen wunderbar.«

Tate brummte, aber er kaufte sie mir.

Die Mokassins waren so groß, daß meine Füße darin

quietschten und schwappten, als ob ich in einem Eimer Wasser stehen würde. Ich lief quietschend damit in der Schule den Korridor runter, und die andern lachten mich aus, also zog ich sie nicht mehr an.

Keiner von den Jungs in der Schule schenkte mir die geringste Beachtung. Deshalb suchte ich mir woanders einen Freund, der sich nicht darum scherte, ob ich Kleidung aus zweiter Hand trug oder jüdisch war. Er urteilte nie über mich. Das war das erste, was ich an ihm mochte, und das ist es auch, was ich mein ganzes Leben lang an den Schwarzen mochte: Sie urteilten nie über einen. Meine schwarzen Freunde fragten mich nie, wieviel Geld ich verdiente, oder auf welche Schule meine Kinder gingen oder solche Sachen. Sie sagten einfach: »Komm, wie du bist.« Die Schwarzen waren immer friedlich und freundlich. Es ist mir egal, was die im Fernsehen zeigen, diese Jungs mit ihren Waffen und die Mörder, die sie in den Nachrichten zeigen. Das ist nicht die Mehrheit. Die meisten Schwarzen sind friedlich und freundlich. Deswegen werden sie auch immer zum Narren gehalten.

Mein Freund hieß Peter und wohnte in einem der Häuser in der Straße hinter dem Laden. Er war ein großer, gutaussehender junger Mann, dunkelhäutig und mit schönen Zähnen und einem schönen Lächeln. Er kam immer in den Laden und kaufte Coca-Cola, Kräcker, Kaugummi oder andere Kleinigkeiten. Zuerst fiel er mir gar nicht auf, weil ich immer beschäftigt war, als er in den Laden kam. Es gab immer reichlich zu tun, nicht nur hinter der Theke, sondern auch anderswo, zum Beispiel verkauften die Großhändler die Margarine ohne das Gelbe, also mußte ich nach hinten gehen und gelbe Farbe unter die Margarine mischen und sie in einem großen Faß umrühren. Oder ich mußte zur Eiskiste und große Fleischstücke und Eisstücke rausziehen, um sie später zu zerhacken und rauszulegen, oder solche Sachen.

Aber er kam rein und sah, daß ich ganz alleine im Laden war, und er blieb immer ein bißchen, plauderte mit mir und zog mich auf und versuchte, mich irgendwie zum Lachen zu bringen. Er war lustig und ich mußte ständig über seine Witze lachen, und irgendwann fing ich an, mich auf seinen Besuch zu freuen. Er paßte immer auf, daß Tate und Mame nicht in der Nähe waren, was schwierig war, weil Tate immer ein wachsames Auge auf seine Töchter hatte, aber Peter fand trotzdem irgendwie immer eine Gelegenheit. Eines Tages sah er mich draußen am Tank beim Kerosinpumpen, und er kam vorbei und fragte mich, ob ich nicht mit ihm einen Spaziergang machen wolle, und ich sagte ja. Das war ganz schön mutig, weil er ab da sein Leben riskierte. Weiß Gott, was ich mir dabei dachte. Ich sagte ihm nur: »Wenn uns mein Vater sieht, gibt's Ärger.« Tate hätte ihn mit seiner geladenen Pistole sicher erschossen, und mich wahrscheinlich dazu, aber das war mir egal. Ich war naiv und jung, und ehe ich mich's versah, hatte ich mich in ihn verliebt.

Ich liebte diesen Jungen so sehr, und er liebte mich. Zumindest glaubte ich das. Es war doch völlig egal, ob er schwarz war. Von meinem Großvater abgesehen war er der erste Mann, der in meinem Leben freundlich zu mir war, und dabei brachte er sich auch noch in Gefahr, denn wenn das rausgekommen wäre, hätte er in der nächsten Sekunde einen Strick um den Hals gehabt. Nicht mal unbedingt der Ku-Klux-Klan, sondern die normalen Weißen hätten ihn umgebracht. Wobei die Hälfte davon wahrscheinlich sowieso zum Klan gehörte, also wär's aufs selbe rausgekommen. Der Tod, weißt du, der war nämlich überall in Suffolk, überall. Es war immer so heiß, und alle waren immer so höflich, aber das war nur Oberfläche. Unten drunter tickte die Bombe. So kam es mir immer vor im Süden, daß unter dem Lächeln und der Gastfreundschaft und der Höflichkeit vor allem

Waffen, Schnaps und Geheimnisse schwelten. Viele dieser Geheimnisse trieben dann tot im Nansemond, gar nicht weit von unserem Haus. Die Leute gingen jeden Tag runter zum Kai und warfen Netze ins Wasser, um Krebse und Schildkröten zu fangen, aber manchmal holten sie statt dessen Tote raus. Ich erinnere mich an eine unserer Kundinnen, Mrs. Mayfield. Deren Sohn haben sie da rausgefischt, der war vielleicht gerade mal 17. Sie hatten ihn umgebracht und an einem Wagenrad festgebunden und ins Wasser geschmissen, bis er ertrank oder von den Krebsen gefressen wurde. Krebse fressen nämlich alles, weißt du. Bis heute habe ich noch keinen Krebs gegessen, und ich werd's auch nie tun.

Jedenfalls trafen Peter und ich uns heimlich, immer zu bestimmten Zeiten, und wir planten das immer sehr sorgfältig. Wir trafen uns im Hof oder in dem kleinen Durchgang hinterm Laden, oder er schrieb mir kleine Briefe und gab sie mir heimlich. Wenn der Laden geschlossen war, schob er den Zettel unter der Eingangstür hindurch. Am Sabbat, freitagabends, war es immer unheimlich aufregend für mich, so zu tun, als würde ich runter in die Küche gehen, aber mich statt dessen in den Laden zu schleichen und die glühenden Liebesbriefe aufzuheben, die er unter der Tür hindurchgeschoben hatte. Er schwor mir seine Liebe, egal, was passierte, und schrieb mir die Anweisungen für unser nächstes heimliches Treffen. Zu der verabredeten Zeit kam er vorbei und holte mich mit dem Auto ab, und ich kletterte auf die Rückbank und legte mich ganz flach hin, damit mich niemand sah. Er hatte Freunde, die draußen sehr einsam auf dem Land wohnten, und da waren wir immer zusammen.

Weißt du, nachdem ich mich verliebt hatte, änderte sich mein ganzes Leben. Für mich war das, als ob zum ersten Mal die Sonne scheinen würde, und zum ersten Mal in meinem Leben lächelte ich. Ich wurde geliebt, ich wurde geliebt, und es war mir egal, was die anderen dachten. Ich hatte keine Angst, erwischt zu werden, aber mir fiel auf, daß Peters Freunde schreckliche Angst vor mir hatten; sie machten immer einen großen Bogen um mich, wenn ich auftauchte. Sie drehten sich um, wenn ich ihnen auf der Straße entgegenkam, und wenn sie den Laden betraten, guckten sie mich nicht mal an. Das wurmte mich schon ein bißchen, aber nicht allzusehr. Dann, nach einiger Zeit, war meine Regel überfällig. Um eine Woche.

Dann zwei Wochen.

Dann kriegte ich sie auch nicht mehr.

Na ja, da stürzte eben alles auf mich ein. Ich war schwanger und konnte es keiner Menschenseele erzählen. Die Weißen hätten ihn umgebracht, und mein Vater hätte ihn umgebracht. Ich war damals vielleicht gerade 15 geworden. Es gab einfach niemanden, dem ich es hätte erzählen können. Ich wachte mitten in der Nacht auf, fuhr schweißgebadet hoch und ging raus auf den hinteren Balkon, um nicht vor meiner Schwester zu weinen. Ich hatte schon überlegt, es Frances zu erzählen, aber das wäre einfach zuviel gewesen. Es war 1936. Ich meine, das, was ich getan hatte, war für die Begriffe der Weißen vollkommen undenkbar. Das würde richtigen Ärger geben. Ich konnte Frances da nicht mit reinziehen. Es gab niemanden, dem ich es erzählen konnte. Ich saß nur noch da, nachts auf dem Balkon, während alle schliefen, und heulte und guckte den Mond an. Auf die Idee, mich umzubringen, bin ich allerdings nie gekommen. Aber ich heulte eine Weile, und wenn ich fertig war, guckte ich runter auf den schwarzen Stadtteil und hielt nach meinem Freund Ausschau. Kaum zu glauben, was? Ich saß bis zum Hals in der Tinte und hielt immer noch nach meinem Freund Ausschau. Ich dachte, er hätte für alles eine Lösung.

Wenn der Mond schien, hatte man eine gute Sicht über die kleinen Straßen hinter unserem Laden, wo die Schwarzen wohnten. Ich wußte, wie er ging und sich bewegte und wie er sich anzog und alles. Ich erkannte ihn schon von weitem an seinem Gang; ich guckte, ob er sicher in seinem Haus war, weil ich gehört hatte, daß der Klan immer nachts kam, um einen zu holen, und nachdem sie den Mayfield-Jungen, festgebunden an dieses Wagenrad, aus dem Hafen gefischt hatten, machte ich mir Sorgen um ihn. Ich konnte die halbe Nacht nicht schlafen, weil ich Angst hatte, der Klan würde wieder in diesen Tin Lizzie Modell A-Autos am Laden vorbeikommen, und wenn ja, was würde ich dann tun? Ich hatte keine Ahnung. Das Gesetz damals in Virginia war einfach gegen die Schwarzen.

Und weißt du, es war ja so, daß ich weiß war, und eigentlich auch die Nummer eins hätte sein sollen. Das war ja in den Südstaaten die große Sache. Wenn man weiß war, selbst als Jude, war man schließlich weiß und immer noch besser als die sogenannten Farbigen. Ich jedenfalls fühlte mich überhaupt nicht wie die Nummer eins, außer wenn ich mit ihm zusammen war, und mir war es völlig schnuppe, ob er schwarz war. Er war nett! Und gut! Ich wußte das! Und ich wollte das den Leuten auch sagen, ich wollte schreien: He, hört mal alle zu, es ist doch völlig egal! Ich glaubte tatsächlich, die Leute würden das akzeptieren und einsehen, was für ein guter Mensch er war, und uns vielleicht akzeptieren, und das ließ ich mir einige Tage durch den Kopf gehen, und sagte dann eines Nachts zu ihm: »Laß uns von hier weggehen, aufs Land, und heiraten«, und er sagte: »Nie im Leben. So was hab ich noch nie gehört, daß sich in Virginia Weiße und Schwarze verheiraten. Die würden mich ganz sicher lynchen.«

Dann bekam ich es richtig mit der Angst zu tun. Weil er so was noch nie gesagt hatte, und ich ihm ansehen konnte, daß er auch Angst hatte. Er sagte: »Wenn die Weißen rauskriegen, daß du von mir schwanger bist, lynchen sie mich ganz sicher.«

Die Wahrheit traf mich mit voller Wucht, und mir ging auf, daß er auch keine Lösung hatte, und ich geriet in Panik. Wie unendlich dumm von mir zu glauben, daß wir damit durchgekommen wären! Ich saß auf dem Balkon und warf mir tausendmal vor, was ich getan hatte, und wartete darauf, daß der Klan kommen und ihn umbringen würde, und daß mein Vater kommen und uns beide umbringen würde, aber die Tage vergingen und nichts passierte. Ich sagte zu mir: Wie gut, daß keiner von den Weißen über uns Bescheid weiß. Ich war mir sicher, daß niemand etwas wußte. Ein paar Schwarze wußten Bescheid, einige von Peters Freunden, aber keiner von den Weißen.

Keiner, außer einem.Es gab einen Weißen, der wußte es.

Peter und ich trafen uns immer in einem schmalen Durchgang hinter dem Laden, und eines Abends waren wir da hinten und stritten uns darüber, was wir denn jetzt machen sollten, und dabei verlor ich mein Armband. Es war ein billiges Armband, aber ich hatte es von meinem eigenen Geld gekauft und es gefiel mir. Es war vollkommen finster, und ohne Streichholz oder Feuerzeug hätten wir es nie gefunden, also haben wir's gelassen. Als ich am nächsten Tag raus ging, um es zu suchen, war es weg.

Mame kam ein paar Tage später in den Laden, als ich hinter der Theke stand, und legte mir das Armband auf die Theke. Ganz unauffällig. Legte es einfach auf die Theke und humpelte zurück auf ihren kleinen Stuhl neben der Tür, wo sie immer in ihrer Schürze dasaß und Gemüse sortierte und stapelte.

»Warum fährst du diesen Sommer nicht mal wieder nach New York und besuchst deine Großmutter?« sagte sie.

12

Daddy

Irgendwann wurde ich mir bewußt, daß ich einen Vater hatte. Es passierte um die Zeit, als mein jüngerer Bruder Hunter geboren wurde. Ich war fünf Jahre älter als Hunter, und während die Ankunft eines neuen Babys bei uns zu Hause niemanden mehr erschüttern konnte – Hunter war das elfte Kind –, geschah es doch zum ersten Mal, daß ein älterer, ruhiger Mann mit braunem Hut, Strickweste, Hosenträgern und Wollhosen in mein Bewußtsein drang. Ich sah ihm zu, wie er Hunter aufhob und mit solchem Vergnügen in der Luft schüttelte, daß ich gar nicht anders konnte, als mich mitzufreuen. Sein Name war Hunter Jordan der Ältere, und er zog mich auf wie einen eigenen Sohn.

Als kleiner Junge konnte ich mit dem Begriff »Vater« nie sonderlich viel anfangen. Mein richtiger Vater, Andrew

McBride, starb, bevor ich geboren wurde. Mama befahl über mich, ebenso meine älteren Geschwister, Freunde von Mama und die Verwandten meines Vaters und Stiefvaters, von denen einige noch zu Leitfiguren in meinem Leben werden sollten. Aus diesem Durcheinander aus Verwandten und Autoritätspersonen stach einer besonders hervor, der aber nicht ständig bei uns lebte, sondern kam und ging. Mein Stiefvater arbeitete als Installateur für das Wohnungsamt der Stadt New York. Er war verantwortlich für die Reparatur und Instandhaltung der riesigen Boiler, mit denen die Red Hook-Siedlung, in der wir damals wohnten, beheizt wurde. Er und Mama lernten sich wenige Monate nach dem Tod meines biologischen Vaters kennen; Mama verkaufte auf dem Hof vor unserem Gebäude in der Hicks Street 811 im Rahmen eines kirchlichen Wohltätigkeitsprogramms Mittagessen, und mein Stiefvater kam vorbei und kaufte sich eine Portion Rippchen. In der darauffolgenden Woche kam er wieder und kaufte wieder eine Portion, dann wieder und wieder. Die Rippchen müssen ihm wirklich zu den Ohren rausgekommen sein. Schließlich kam er eines Tages wieder an ihrem Essensstand vorbei und fragte Mama: »Gehen Sie eigentlich gern ins Kino?«

»Das schon«, sagte sie. »Aber ich habe acht Kinder zu Hause, die auch gerne ins Kino gehen.«

»Dann können Sie ja glatt eine Baseballmannschaft zusammenstellen«, sagte er.

Er heiratete sie, und mit ihr die Baseballmannschaft, nicht ohne später noch vier Kinder hinzuzufügen, um das Dutzend komplett zu machen. Er machte nie einen Unterschied zwischen den McBride- und den Jordan-Kindern, und meine Geschwister betrachteten oder bezeichneten sich nie als Halbbrüder und -schwestern; für die machtlosen »Kleinen«, einschließlich mir selbst, war er »Daddy«. Für die mittleren Dienstgrade war er manchmal »Daddy«, manchmal auch »Mr. Hunter«. Für die einflußreichen, alten Hasen, die sich noch sehr gut an ihren biologischen Vater erinnern konnten, war er immer nur »Mr. Hunter«. Die Älteren machten sich gerne lustig über »Mr. Hunter« – wegen seiner langsamen Bewegungen und seines Südstaatenakzents. »Hrrrfff! Hrrrfff!« sagten sie immer, wenn er außer Hörweite war. Aber dennoch liebten und respektierten sie ihn.

Als ich sechs oder sieben Jahre alt war, holte er uns zu Hause in der Siedlung ab, lud uns alle in sein Auto und fuhr mit uns raus nach St. Albans, im Bezirk Queens. Dort parkte er vor einem großen, rosaroten Gebäude mit Stuckfassade und verschwand darin, während wir auf dem großen Rasenstück vor dem Haus spielten, Gras ausrupften und im Laub herumrollten. Es war Herbst, und überall lagen Blätter. Nach einer Weile kam er wieder heraus, setzte sich auf die Stufen und sah uns beim Spielen zu. Wir rupften den Rasen kahl, schubsten uns gegenseitig in die sorgsam manikürten Büsche, trampelten auf den Blumen herum und warfen aus Versehen einen Stein gegen eine der Fensterscheiben, die daraufhin zersprang. Nachdem wir also den Vorgarten ungefähr eine Stunde lang verwüstet hatten, fiel es endlich einem von uns ein, zu fragen: »Wem gehört eigentlich das Haus?« Er lachte. Er lachte sich wirklich tot. Er hatte nämlich gerade seine gesamten Ersparnisse in den Kauf dieses Hauses gesteckt.

Er war ein schroffer, aber humorvoller Mensch, wortkarg

und altmodisch. Er hatte es gern ordentlich, und das bedeutete, daß unser Haus in St. Albans für ihn tabu war. Er liebte uns zwar über alles, aber mit dem Wahnsinn, der in unserem Haus in Queens herrschte, konnte er nicht leben und blieb deshalb weiterhin in seinem alten Haus in der Carlton Avenue 478 in Fort Greene im Bezirk Brooklyn. Nur an den Wochenenden besuchte er uns, kam ins Wohnzimmer mit Tüten voller Lebensmittel, Kuchen, einer Brieftasche voll Geld und einem waschechten Automobil draußen vor der Tür. Er packte so viele von uns wie möglich in seinen Wagen und nahm uns fürs Wochenende mit zu sich in sein Sandsteinhaus. Wir übernachteten für unser Leben gern bei ihm zu Hause in Brooklyn. Seine Wohnung war alt und dunkel und voll mit antiken Möbeln, und es gab immer reichlich Kekse und Nat King Cole Platten.

Sein Vater war ein Schwarzer, der bei der Eisenbahn als Bremser gearbeitet hatte, und seine Mutter war Indianerin, was man seinem Gesicht auch ansah: er hatte braune Haut, schräggestellte Augen, hohe Wangenknochen und ein wettergegerbtes Aussehen – er war ein wirklich gutaussehender Typ. Er war auf einer Farm in Henrico County in der Nähe von Richmond, Virginia, aufgewachsen, in einer einfachen Holzhütte zur Schule gegangen, und seine Familie, die Jordans, waren alle ziemlich lässige Leute. Man durfte sich jedoch nicht von ihrem Äußeren täuschen lassen, denn sie waren ein rauher Schlag von Schwarzen, mit denen man es sich besser nicht verscherzte – hartgesottene, ergraute Männer, die Hände wie Stahl hatten und einem eiskalt in die Augen guckten. Diese Hände konnten alles reparieren, was sich kurbeln und drehen ließ, Hitze oder Wasser leitete und Ventile, Düsen oder Drähte besaß.

Ungefähr im Jahr 1927 floh er aus Virginia, sozusagen mit Jim Crow auf den Fersen. Ein weißer Sheriff hatte ihn eingelocht, weil er ohne Eintrittskarte bei einem fahrenden Zirkus unters Zelt gespäht hatte, und als der Sheriff zum Mittagessen ging und dabei aus Versehen die Tür seiner Zelle aufließ, schlüpfte Daddy aus dem Gefängnis und sprang auf den ersten Zug; er kehrte nie nach Virginia zurück. Er fuhr zu seinem Bruder Walter nach Chicago, wo sie ihn vom ersten Tag an schröpften und ihm das Geld aus der Tasche zogen, bis er die Stadt wieder verließ. Er arbeitete auf Schlachthöfen, zog nach Detroit rauf, wo er sich zusammen mit seinem Bruder bei einem Barbier in der Nähe der Ford-Fabrik als Schuhputzer verdingte – er putzte sogar einen von Henry Fords Schuhen, während Walter den anderen Schuh übernahm –, und reiste weiter nach New York in den Bezirk Brooklyn. Es waren die wilden 20er Jahre, und die Brüder verdienten eine Zeitlang ein Vermögen mit illegalem Schnaps. Eines Tages war er nicht in seiner Wohnung, als einer seiner Destillierapparate den Geist aufgab. Dabei lief soviel Schnaps über, daß er durch den Fußboden in die Wohnung darunter sickerte; der Mieter in der Wohnung darunter brauchte nur ein Glas unter das Deckenlicht zu halten und war schon bald sternhagelvoll und torkelte irgendwann auf die Straße, worauf mein Vater versuchte, ihn wieder ins Haus zu schaffen. Aber da war die Katze auch schon aus dem Sack, und kurze Zeit später gab es in seiner Wohnung eine Razzia. Er sprang mit zwei vollen 20 Liter-Kanistern aus einem der hinteren Fenster – und zwei Polizisten direkt in die Arme. Er mußte deswegen auch ins Gefängnis, aber darüber haben weder er noch Mama je gesprochen – jedenfalls habe ich mich immer gewundert, wie ein so scheinbar schlichtes Gemüt derart raffiniert beim Damespiel sein konnte. Ich habe es nicht einmal geschafft, ihn zu schlagen.

Insgesamt waren es vier Brüder – er, Henry, Walter und Garland –, und sie waren der Inbegriff dieser gewissen Art von Eleganz, die es heute kaum noch gibt. Es waren aalglatte, attraktive schwarze Männer, die hart arbeiteten, viel tranken, immer gut angezogen waren, schöne Frauen und neues Geld liebten. Daddys Lieblingsbruder war Walter, der von den vieren der lustigste und geselligste war. Er nahm uns oft mit zu Walter, der auch in Fort Greene wohnte, nur wenige Blocks von Daddys Haus entfernt, und wenn wir zu Besuch waren, spielten meine Geschwister und ich mit unserer Cousine Little Mommy, während Onkel Walter, Daddy und die anderen Brüder feierten, tranken und Nat King Cole, Gene Krupa und Charlie Parker hörten. Wenn Mama dabei war, trank sie grundsätzlich keinen Tropfen. Sie war auch nicht wild darauf, daß wir diesen Teil von Daddys Familie allzuoft trafen. Sie trank und rauchte nicht. Genauer gesagt stand Alkohol ganz oben auf ihrer schwarzen Liste, und wenn mein Stiefvater zuviel getrunken hatte, schrie sie ihn auf dem Nachhauseweg an. Er fuhr dann mit dreißig Stundenkilometern den ganzen Weg von Brooklyn nach Queens, tastete sich mit seinem Straßenkreuzer durch den Verkehr, bis er auf einen Linienbus stieß, an den er sich dranhängte, bis wir zu Hause ankamen. »So kriegt man jedenfalls kein Strafmandat wegen überhöhter Geschwindigkeit«, behauptete er. Währenddessen zogen Dutzende wütende Autofahrer an uns vorbei und brüllten: »DU HÄLTST DEN GANZEN VERKEHR AUF, VERDAMMT NOCH MAL!« Er kümmerte sich nicht darum. Wir saßen dabei hinten auf der Rückbank, rutschten immer tiefer in die Sitze, kicherten und hofften inständig, daß nicht zufällig gerade einer unserer Freunde vorbeilief.

Jeden Sommer nahm er einen Haufen Kinder mit in den Süden nach Richmond zu seiner Cousine Clemy, wo wir Wassermelonen aus Clemys Garten aßen, auf ihrem Pony ritten und zuguckten, wie andere Verwandte aus der Gegend die wildesten Dinge veranstalteten. Wir hatten beispielsweise eine Cousine, die immer auf der Couch saß, Bier trank und ihr Gebiß herausnahm und »schnapp, schnapp« machte, worauf wir schreiend aus dem Zimmer rannten. Onkel Henry war ein Original. Er war Automechaniker, dekorierter Veteran aus dem Zweiten Weltkrieg und besaß einen Goldzahn, der beim Lachen glitzerte, und er lachte gern. Sein Magen war kaputt, seitdem ihn mal jemand bei einer Messerstecherei verletzt hatte – obwohl mir die Vorstellung schwerfiel, daß er auch mal wütend werden konnte. Wir waren jedenfalls begeistert von ihm. Wenn er lachte, hörte er sich an wie ein Auto, das nicht anspringen will: »Herrrrrrr! Herrrrrrrr!« Wir machten uns immer über sein Lachen lustig, worüber er sich wiederum köstlich amüsierte und gleich noch mal eine Runde lachte: »Herrrrrrr! Herrrrrr!«, worauf wir erneut in übermütiges Gekicher ausbrachen.

Wir waren so viele, daß wir in zwei Autos in den Süden fuhren, die eine Hälfte von uns mit Mama und Daddy in Daddys Auto, die andere Hälfte mit Walter und Henry in einem zweiten Auto. Eines Nachts, als wir uns auf dem Rückweg von Richmond nach New York befanden, betrank sich Onkel Henry und fuhr mit seinem Oldsmobile, in dem ich, meine Schwester Judy und mein Onkel Walter saßen, bestimmt 200 km/h. »Das geht ja ab wie 'ne Rakete!« johlte er, trat aufs Gas und bretterte die Interstate Highway 95 entlang, während ich aus dem Heckfenster sah, wie die Scheinwerfer von Daddys Auto in der Ferne immer schwächer und schwächer wurden, bis sie schließlich ganz verschwanden. Während er jauchzend die Autobahn runterheizte, brüllte Onkel Walter: »Jetzt mach mal langsam, verdammte Scheiße!« Ein paar haarsträubende Minuten lang reagierte Onkel Henry überhaupt nicht, dann aber bog er in eine Haltebucht. Kurz darauf machte Daddys Auto mit quietschenden Reifen hinter uns Halt. Daddy sprang so schnell aus dem Wagen, daß er dabei seinen Hut verlor.

»Verdammt noch mal, Henry!« Walter mußte Daddy zurückhalten, und Henry, der normalerweise der Unerschrockenste unter den Brüdern war, wich zurück und entschuldigte sich. Vor Daddy hatten die anderen am meisten Respekt, und es kam nicht oft vor, daß er wütend wurde. Er hatte eine friedliche, beherrschte Art, die selten Streit oder gar Handgreiflichkeiten provozierte. Allesamt in Daddys Auto gequetscht, fuhren wir zurück nach New York, während Walter den anderen Wagen fuhr und Henry auf der Rückbank lag und selig schlummerte. Walter bot sich an, ein paar von uns mitzunehmen, aber Daddy wollte davon nichts wissen. »Ich hab die Schnauze voll von euch«, sagte er. Walter zuckte nur mit den Schultern.

Ich fand meinen Stiefvater schon ziemlich merkwürdig. Die Tatsache, daß er und Mama sich offenbar liebten, machte die Sache nicht unbedingt besser. Er hatte keinerlei Ähnlichkeit mit den Eltern meiner Freunde, die alle jünger waren, neue Autos fuhren, Baseballfans waren, über

Bürgerrechte diskutierten und mit uns um die Wette liefen. Er hatte weder eine Ahnung, was die 60er bedeuteten, noch schien er sich dafür zu interessieren. Ihn interessierten bloß meine Schulnoten und die Kirche. Er kam alleine zu meiner Konfirmation, weil Mama an dem Tag nicht konnte, und hatte sich richtig in Schale geworfen, mit blütenweißem Hemd und perfekt sitzendem Hut. Er saß ganz allein in der letzten Reihe und scherte sich nicht um die anderen, jüngeren Väter in ihren Schlaghosen und modischen 60er Jahre-Klamotten. Er nahm den Hut ab und begrüßte die Lehrerin meiner Sonntagsschule mit Respekt, und sie lächelte ihn an und war beeindruckt von seiner Höflichkeit und seiner lässigen Eleganz. Aber als sie versuchte, mit ihm ein Gespräch anzuknüpfen, schien er kein Interesse zu haben, nahm meine Hand, wich ein paar Schritte zurück und sagte: »Danke, aber nein danke.« Er ging in seinen altmodischen Kleidern zur Abschlußfeier am College meines ältesten Bruders Dennis und spazierte voller Stolz über den Campus der Lincoln University in Pennsylvania, an der nur Schwarze studierten, die ganze Familie und seine weiße Frau im Schlepptau, während die schwarzen Studenten und deren Familien den Mund nicht mehr zu kriegten. Damals guckte ich ihn mir immer an und dachte: Was ist eigentlich los mit dem? Merkt der gar nicht, wie komisch er aussieht? – Aber um vieles schien er sich nicht die geringsten Gedanken zu machen. Über Hautfarbe sprach er grundsätzlich nicht; das war für ihn eher eine Nebensache, über die man hinwegging wie über einen Riß im Bürgersteig. Er war jemand, der sich anscheinend nie Sorgen machte. »Das kommt schon alles in Ordnung«, sagte er immer. Das war sein Motto.

Im Jahr 1969 erhielt er einen Brief von der Stadt New York, in dem man ihm mitteilte, daß er sein Haus in Brooklyn räumen müsse. Es sollte dort ein Hochhaus mit Sozialwohnungen entstehen. Er konnte es nicht fassen. Er hatte das alte Gebäude von Grund auf selbst renoviert. Es war seine Zuflucht, seine Freude, sein Hobby. Sie gaben ihm 13 000 Dollar und warfen ihn auf die Straße. Als ich zwanzig Jahre später zurück in den Stadtteil Fort Greene zog – der inzwischen durch die Filme von Spike Lee legendär geworden ist und aus dem, im Zuge der »Vernobelung« des Viertels, die mittellosen Schwarzen stetig hinausgedrängt werden, während man die Sandsteinhäuser für 350 000 Dollar zum Kauf anbietet –, spazierte ich oft bei der Carlton Avenue 478 vorbei und fand ein leeres Grundstück vor. Nichts. Das Ganze war also völlig umsonst gewesen.

Als sein Haus abgerissen wurde, war es, als hätten sie ihm eine Lebensader durchtrennt. Er zog zu uns nach Queens und verwandelte einen Teil des Kellers in sein altmodisches Hauptquartier; er quetschte seine antiken Möbel hinein, stellte seinen alten Plattenspieler auf und lagerte in seinem kleinen Kühlschrank die Konservengläser mit Schweinefüßen und sein Rheingold Bier. Aber sein Herz hing noch viel zu sehr an Brooklyn. Er war damals schon pensioniert – er war 72 Jahre alt –, hat aber weiterhin Gelegenheitsjobs angenommen und zusammen mit seinem Bruder Walter Heizungen repariert. Eines Nachts, ungefähr drei Jahre, nachdem er zu uns gezogen war, torkelte er fluchend durch die Küche und klagte über Kopfschmerzen, und ehe ich mich's versah, hielt vor unserem Haus ein Krankenwagen, in den er von Sanitätern auf einer Trage hineingeschoben wurde. »Was ist denn mit ihm?« fragte ich Mama. Sie sagte nichts, und ihre Augen waren rotgerändert, was höchste Alarmstufe bedeutete, als sie, seine Strickjacke fest umklammert, in den Krankenwagen stieg.

Er hatte einen Schlaganfall gehabt. Ich war 14 Jahre alt und wußte nicht, was ein Schlaganfall war. Ich dachte, das sei etwas, was man bekommt, wenn man zu lange in der Sonne gesessen hatte. Für mich bedeutete sein etwa zweiwöchiger Krankenhausaufenthalt, daß ich mit meinen Freunden solange draußen unterwegs sein konnte, wie ich wollte. Ich vermied es auch, ihn in der Klinik zu besuchen, bis Mama mich dazu zwang. Als ich schließlich zusammen mit meiner Schwester Kathy das Krankenzimmer betrat, war ich erschüttert. Er trug die weiße Krankenhauskluft. Sein Gesicht war leicht verzerrt. Er konnte nicht sprechen. Er konnte weder seinen rechten Arm noch seine rechte Seite bewegen. Seine Hand, eine starke, braune, geäderte Hand, die sich endlose Male um Schraubenschlüssel und Rohre gelegt hatte, war ganz schlaff und in Verbandsmull gewickelt, und es steckte ein Schlauch in seinem Arm. Mama saß schweigend mit fahlem Gesicht an seinem Bett. Kathy, seine Lieblingstochter, kam ins Zimmer und machte gleich wieder drei Schritte zurück vor lauter Entsetzen. Sie konnte es nicht ertragen, ihn anzusehen. Sie saß auf einem Stuhl am Fenster, starrte nach draußen und weinte leise. Er hob seine Hand, um sie zu trösten, und machte irgendein schreckliches, gurgelndes Geräusch, um auf sich aufmerksam zu machen. Schließlich ging sie zu ihm, legte ihren Kopf auf seine Brust und weinte hemmungslos. Ich schloß die Tür hinter mir, wischte mir die Tränen weg, wankte in Richtung Fahrstuhl und hielt dabei die Hand vors Gesicht, um mich vor den Blicken der Schwestern und Ärzte zu schützen, die zur Seite traten und mich vorbeiließen.

Ungefähr eine Woche später kam er aus der Klinik nach Hause, und es schien ihm besser zu gehen. Seine Sprache kehrte wieder, wenn auch undeutlich. Er saß in seinem Hauptquartier im Keller und erholte sich, während wir auf Zehenspitzen durchs Haus liefen und Mama, noch immer mit rotgeränderten Augen, angespannt und wortlos auf und ab ging. Eines Tages rief er mich zu sich nach unten und bat mich, ihm beim Anziehen zu helfen. »Ich will ein bißchen mit dem Auto rumfahren«, sagte er. Zu der Zeit war ich das älteste Kind im Haus, da meine anderen Geschwister alle studierten. Er zog Pullover, Wollhosen, Hut und blaue Pijacke an. Obwohl er krank und dünn war, sah er noch immer klasse aus. Langsam stieg er die Treppe hinauf und trat ins Freie. Es war Mai und ziemlich frisch, fast kalt draußen. Wir gingen in die Garage und setzten uns in seinen goldfarbenen Pontiac. »Ich will noch einmal nach Hause fahren«, sagte er. Er meinte nach Richmond, Virginia, wo er aufgewachsen war. Aber er war zu schwach zum Autofahren, also saß er nur hinterm Steuer, starrte an die Garagenwand und fing an zu reden.

Er sagte, er habe ein bißchen Geld gespart für Mama, und ein bißchen Land in Virginia, aber nicht viel. Er sagte, daß ich als Ältester im Haus gut auf Mama und meine jüngeren Geschwister aufpassen müsse, weil »ihr was ganz Besonderes seid«, sagte er. »Für mich seid ihr was ganz Besonderes.« Das war das einzige Mal, daß ich ihn jemals etwas über unsere Hautfarbe sagen hörte, so indirekt das auch gewesen sein mag, aber das war auch unwichtig, denn in dem Moment wußte ich, daß er sterben würde, und ich mußte mir alle Mühe geben, um nicht in Tränen auszubrechen. Ich wollte ihm sagen, daß ich ihn liebte, daß ich von ganzem Herzen hoffte, er würde wieder gesund werden, aber es ging einfach nicht. So ernsthaft hatten wir uns noch nie unterhalten. Wir hatten immer gescherzt und auch längere Gespräche geführt, aber sein Interesse hatte ja vor allem meinen »schulischen Leistungen« und der Kirche gegolten. Er war nie ein Mann von großen Worten gewesen. Die überließ er Mama.

Zwei Tage später hatte er einen Rückfall. Ein Krankenwagen kam und holte ihn ab. Gegen vier Uhr morgens klingelte das Telefon. Meine Schwester Kathy und ich lagen oben und horchten, und durch eine Art Nebel hörte ich, wie mein älterer Bruder Richie zu Mama sagte: »Ist ja gut, Mama. Ist ja gut.«

»Nichts ist gut! Nichts ist gut!« schrie Mama. Dann weinte sie und weinte sie, und ihr Klagen drang bis zu uns ins Schlafzimmer hinauf und erfüllte das ganze Haus.

13
New York

Meine Mutter wußte, daß ich schwanger und in Schwierigkeiten war. Im nachhinein muß ich sagen, sie muß es einfach irgendwie gemerkt haben. Dabei saß sie den ganzen lieben langen Tag immer nur neben der Ladentür, richtete das Gemüse ein bißchen her und paßte auf ihre beiden Töchter auf. Dee-Dee und ich waren zwei junge Mädchen, und überall waren Männer, und das wußte sie auch. Sie verlor auch nie ein Wort darüber. Mame war nicht aufdringlich. Still beobachtete sie, was um sie herum passierte. Sie hatte ja Kinderlähmung gehabt, wie du weißt, und wenn sie unterwegs war, wickelte sie sich manchmal ein Tuch um ihre verdrehte linke Hand, um sie zu verstecken. Sie war so gut wie blind auf einem Auge, und gelegentlich hatte sie Schwächeanfälle, aber sie war nicht schwach im Kopf. Sie merkte, daß ich da unten unglücklich war, und irgendwann fing sie an, mich praktisch jeden Sommer mit dem Greyhound-Bus rauf *nach New York zu ihrer Familie zu schicken. Die Einfachfahrkarte kostete nur neunzehn Dollar.*

Mame hatte fünf Schwestern und einen Bruder in New York, außerdem noch ihre Mutter, und denen ging es da ganz schön gut. Meine Tante Laura und ihr Mann, Paul Schiffman, besaßen Wohnhäuser in der Bronx und in Harlem. Mein Onkel Hal besaß einen koscheren Delikatessenladen in Brooklyn. Tante Bernadette heiratete einen Kürschner, und Tante Mary eröffnete eine Lederfabrik. Das war wirklich eine komische Familie. Sie zeigten nie ihre Gefühle, sie waren zugestöpselt, bis sie irgendwann anschwollen und platzten wie ein Luftballon, den man mit Wasser füllt. Zwei meiner Tanten, Bernadette und Rhonda, hatten seit fünfzehn Jahren kein Wort mehr miteinander geredet. Warum, weiß ich nicht. Das war ein großes Geheimnis, und man durfte keine Fragen stellen. Tat ich auch nicht.

Meine Tanten wollten im Prinzip nichts von mir wissen. Ich war die Tochter ihrer armen, verkrüppelten Schwester. Ich war die arme Cousine aus Virginia. Alle in Mames Familie nannten uns »Greenhorn« auf jiddisch, weil wir als letzte nach Amerika gekommen und noch keine richtigen Amerikaner geworden waren, aber ich besuchte sie trotzdem gerne, weil mich New York jedesmal wieder umhaute. Außerdem waren alle immer so beschäftigt, daß sich niemand darum scherte, welche Hautfarbe man hatte oder welche Religion. Das fand ich großartig.

Ich hatte noch nie so viele Leute gesehen, die durch die Gegend eilten. Ich sagte mir immer: Wieso haben es die Leute bloß so eilig? Aber ich wollte auch durch die Gegend eilen, und sobald ich die Gelegenheit hatte, schloß ich mich der Menschenmenge an. Manchmal ging ich einfach nur aus dem Haus und lief mit der Menge mit. Ich mußte ja nirgendwo hin. Also lief ich einfach nur aus Spaß mit der Menge mit!

Wenn ich zu Besuch war, wohnte ich bei meiner Großmutter, oder bei meiner Tante Mary oder meiner Tante Laura. Tante Laura war die älteste und reichste Schwester meiner Mutter, eine sehr korrekte Frau, die immer tadellos gekleidet war, mit weißen Handschuhen und wunderschönen, bedruckten Kleidern. Sie wohnte in einer riesigen Wohnung in der West End Avenue in Manhattan, mit einem blitzblanken Holzfußboden, wunderschönen Mahagonimöbeln und einem deutschen Dienstmädchen, das kochte und saubermachte, obwohl niemand die Wohnung besser putzen konnte als Tante Laura selbst. Sie hatte nichts gegen Hausarbeit. Sie schrubbte auf Händen und Knien ihren Küchenfußboden, bis er glänzte. Die Mahlzeiten wurden in einzelnen Gängen vom Dienstmädchen serviert, während man dasaß, und man mußte immer vorher fragen, ob man vom Tisch aufstehen durfte. Mamas Familie verbrachte den Sommer in Rockaway Beach oder Edgemere, wo sie ein kleines Häuschen hatte, ungefähr acht Blocks vom Strand entfernt. Jeder, der was auf sich hielt, mußte ein kleines Häuschen am Meer besitzen.

Tante Mary wohnte auf dem Grand Concourse in der Bronx und leitete eine Fabrik, die Lederbesätze für Pelzmäntel, Pelzjacken, Muffs, Pelzmützen und andere Kleidungsstücke herstellte (die Hercules Ledermanufaktur). Ich arbeitete in ihrer Fabrik und mußte an einer bestimmten Maschine Gürtel zuschneiden. Daneben erledigte ich noch andere Arbeiten für Tante Mary, was auch immer sie mir auftrug. Sie war den lieben langen Tag gemein zu mir – »Rachel, mach dies, und beeil dich, und Rachel, mach das« –, aber sie war eine erfolgreiche Frau, und in den 30ern war es ungewöhnlich, daß eine Frau ein Geschäft leitete. Sie hatte es nach ihren eigenen Vorstellungen aufgebaut, mit Hilfe von Freunden, die richtige Kürschner waren.

Tante Mary hatte zwei Töchter, Lois und Enid, die ungefähr in meinem Alter waren, aber nicht in der Fabrik arbeiten mußten wie ich. Sie blieben zu Hause mit ihrem schwarzen Dienstmädchen, das dafür sorgte, daß die Mädchen reichlich Schokolade und Yankee Doodles bekamen. Das werde ich nie vergessen. Yankee Doodles, das waren kleine schokoladenüberzogene Kuchen, die mit Buttercreme gefüllt waren. Sie schmeckten unglaublich gut, aber sie wollten mir nie welche abgeben. Sonntags zog das schwarze Dienstmädchen den beiden niedliche weiße Baumwollkleidchen an, und dann stellten sie sich vor den Spiegel und posierten wie zwei Mannequins.

Die eine sagte: »Ach, meine Liebe, du siehst aber hübsch aus.«

»Danke schön, meine Liebe.«

»Können wir also los, meine Liebe?«

»Aber natürlich, Schwesterherz.«

Und dann brachen sie auf, ins Kino um die Ecke, während das Dienstmädchen dabei ununterbrochen um sie herumscharwenzelte. Ich stand daneben, aber die beiden kamen nicht mal auf die Idee, mich zu fragen, ob ich mitkommen wolle. Wenn ich mitgegangen wäre, hätte ich natürlich alles selbst bezahlen müssen. Ich blieb zu Hause. Weißt du, die Familie meiner Mutter redete nicht groß mit einem. Die Leute kümmerten sich alle um einen, wenn es um grundsätzliche Dinge ging, aber sie redeten nie groß mit einem. Ich hatte bei ihnen nie das Gefühl, geliebt zu werden. Die einzige, die mich wirklich liebte, war meine Großmutter, Babe. Babe liebte mich. Nach Sejdes Tod war sie aus Manhattan in eine Wohnung in der President Street 1020 in Brooklyn gezogen. Die Wohnung war in der Nähe des Prospect Park in einem Haus, das, glaube ich, meinem Onkel Dave gehörte. Babe war eine liebenswürdige, lustige Frau, die kein

Wort Englisch sprach und voller Leben war. Sie war klein und dicklich, und nachdem sie eine Zeitlang hier war, nahm sie die Perücke ab, die sie in Europa immerzu getragen hatte, und steckte ihre glatten weißen Haare zu einem runden Knoten auf ihrem Kopf. Sie war immer quietschsauber. Sauber. Also, sie bügelte Tag und Nacht. Alles, was sie anhatte, war sauber und gebügelt. Ihre baumwollenen Hauskleider waren frisch gewaschen und gebügelt. Sogar ihre Tischdecken, die sie dreimal am Tag wechselte – wenn man koscher ißt, muß man für jede Mahlzeit die Tischdecke wechseln –, waren gebügelt und immer einwandfrei. Ich konnte nicht bügeln, weißt du. Bis ich verheiratet war, wußte ich nicht, wie man Hemden bügelt. Ich konnte die Buchhaltung im Laden machen und einen Lastwagen voller Vorräte fahren und Holz sägen und Kerosin pumpen und Eis mit dem Eispickel zerhacken, aber ich konnte ums Verrecken nicht bügeln oder saubermachen oder einen Topf Grütze kochen, und ich kann's auch immer noch nicht. Junge junge, euer Vater mußte ganz schön was mitmachen, als er mich heiratete.

Babe war zuckerkrank und mußte jeden Tag Insulin spritzen, das ihr meistens meine Tante Betsy vorbeibrachte. Sie durfte nicht alles essen, wegen ihrer Zuckerkrankheit, also waren immer eine Menge Pampelmusen und Apfelsinen im Haus. Die Apfelsinen waren da, falls sie Unterzucker bekam. Ich hatte die Anweisung, ihr im Notfall sofort ein Stück Apfelsine zu geben. Ich machte mir ständig Sorgen, und oft schlich ich mich in ihr Zimmer, wenn sie ihr Mittagsschläfchen hielt, und beobachtete ihre Atmung. Wenn ich sie zittern sah, weckte ich sie auf. »Babe! Babe!«

»Was? Was ...«

»Schläfst du?« Ich wußte nie, was ich sagen sollte.

»Ja, ich schlafe, aber ich kann im Schlaf reden, das macht mir

nichts. Also laß uns reden. Was ist los, Rachel?« Sie war immer so nett. Babe nahm mich mit auf meine erste Straßenbahnfahrt. Damals fuhr die Straßenbahn die Bergen Street in Brooklyn entlang. Eine Fahrt kostete fünf Cents, und die Sitze waren aus Holz. Man konnte sich hinten reinstellen und war praktisch unter freiem Himmel. Ich streckte meinen Kopf aus dem Fenster und ließ mir den Wind um die Nase pusten, wussssch! Ich mochte alles, was sich bewegte. Geschwindigkeit. Züge, Straßenbahnen, Schlittschuhe. Babe saß gerne auf den Bänken entlang des Eastern Parkway, in der Nähe ihrer Wohnung, und häkelte Decken und Pullover und Überzüge für Kleiderbügel, während sie mit ihren jüdischen Freundinnen plauderte. Es waren alles alte Frauen, Einwanderer, die mit ihren Kindern rübergekommen waren, und sie waren fasziniert von Amerika. Babe saß oft inmitten ihrer Freundinnen da und plauderte mit ihnen auf jiddisch, während die Leute auf dem Weg zur Arbeit an ihnen vorbeieilten. »Die jungen Leute in Amerika laufen zu schnell«, sagte sie immer – und ihre Häkelnadel machte dabei zipp zipp. »Meine Enkelin Rachel« – und sie zeigte auf mich –, »sie kann einfach nicht zu Hause bleiben und stillsitzen. Am liebsten würde sie den ganzen Tag lang Straßenbahn fahren.« Worauf die alten Damen nickten und mich anlächelten und sagten: »Ja, ja, aber du solltest eigentlich lieber zu Hause bleiben und ein braves Mädchen sein, Rachel.« Das waren schon komische alte Damen. Meine Tante Betsy, die jüngste Schwester meiner Mutter, lebte in dieser Zeit mit Babe zusammen. Sie arbeitete auf der East Side in Manhattan als Buchhalterin in einem Geschäft für Damenunterwäsche. Tante Betts war wunderschön, wie alle Schwestern von Mame. Sie hatte lange dunkle Haare und dunkle Augen und trug schöne Kleider und war sehr gepflegt. Sie hatte viele Freundinnen, die oft in der Wohnung vorbei-

schauten und sich mit mir unterhielten, und ich fühlte mich dann sehr erwachsen. Sie redeten immer übers Einkaufen bei Klein's auf der Fourteenth Street in Manhattan, wo es die Schnäppchen gab. Tante Betts war jung und hatte am meisten Ahnung, deswegen merkte sie auch, daß irgendwas mit mir nicht stimmte, als ich im Sommer '36 schwanger nach New York kam. Man konnte noch nichts sehen, aber sie merkte, daß irgendwas nicht in Ordnung war, weil ich so verzweifelt aussah. Sie fragte immer nur: »Was ist los, Rachel? Was ist los?« Irgendwem mußte ich es ja erzählen, also brach ich in Tränen aus und erzählte es ihr. Sie stellte keine weiteren Fragen. Sie erledigte das auf sachliche Art und Weise, so wie die Familie meiner Mutter immer alles erledigte. Sie telefonierte ein paarmal, fand einen jüdischen Arzt in Manhattan, brachte mich in seine Praxis, und dann hatte ich eine Abtreibung. Es war eine schreckliche, schmerzhafte Angelegenheit, der Arzt benutzte nämlich kein Betäubungsmittel. Danach hatte ich solche Schmerzen, daß ich nicht laufen konnte, also setzten Tante Betts und ich uns auf die Stufen vor der Arztpraxis und ich heulte, und währenddessen entschuldigte ich mich bei ihr, weil ich mich schämte. »Tut mir leid«, sagte ich. »Ich will dir nicht auf die Nerven gehen.«

»Mach dir mal keine Sorgen«, sagte Tante Betts. »Paß nur auf, daß es dir nicht wieder passiert.« Und das war's.

Ich war Tante Betts dafür immer dankbar. Ich habe es ihr auch nie nachgetragen, daß sie mir Jahre später die Tür vor der Nase zuknallte. Sie hatte ihr eigenes Leben und ihre eigenen Sorgen, und ich war ja schließlich nicht ihr Kind. Mames Schwestern waren vor allem an Geld interessiert, und alle sonstigen Sorgen, die daneben auftauchten, wurden einfach unter den Teppich gekehrt. Sie taten alle ihr Bestes, Amerikaner zu werden, verstehst du, und wußten oft nicht, was sie beibe-

halten und was sie aufgeben sollten. Aber man weiß ja, worauf so was hinausläuft. Wenn man Wasser auf den Boden gießt, wird es immer ein Loch finden, glaub mir.

14
Chicken Man

Noch Monate nach dem Tod meines Stiefvaters lief Mama wie eine Blinde durchs Haus und kämpfte sich durch ihre Alltagspflichten. Sie gab Daddys Kleidung weg, sein Werkzeug, seine Hüte – alles landete bei der Altkleidersammlung. Sie schickte uns zur Schule und versuchte, wie bisher ihren verrückten Haushalt aufrechtzuerhalten, schimpfte über dieses und jenes, aber die Energie schien aus ihrem Körper gewichen. Abends saß sie manchmal völlig gedankenverloren am Küchentisch. Sie brach mitten im Satz ab, drehte sich um, bedeckte ihr Gesicht mit den Händen und ging wortlos davon. Nachts im Bett schluchzte sie, schaffte es aber, niemals zu weinen, wenn wir dabei waren. Daddys goldfarbener Pontiac stand monatelang vorm Haus. Unter den Reifen sammelte sich das Laub und auf der Motorhaube der Vogeldreck. »Ich werde

Autofahren lernen«, versprach sie, aber statt dessen fing sie an, Fahrrad zu fahren und Klavierstunden zu nehmen. Jeden Abend saß sie am Klavier, starrte auf die Notenbücher und suchte sich dann mit quälender Langsamkeit die Noten ihres Lieblingskirchenliedes heraus, »What a Friend We Have in Jesus«. Sie spielte die Noten alle einzeln, als ob sie in keinerlei Verbindung zueinander stünden, und sie hallten gläsern und trostlos durchs Haus. Ich konnte es nicht ertragen. Ich hielt mir mit den Händen die Ohren zu oder ging einfach hinaus. Es gab niemanden, der es mir hätte verbieten können.

Schlagartig verschlechterten sich meine Noten. Ich besuchte die Benjamin Cardozo Highschool in Bayside, im Bezirk Queens, und während ich in der neunten Klasse noch ganz gut gewesen war, ließ ich die Schule im darauffolgenden Jahr mehr oder weniger sausen. Ich fiel in allen Fächern durch. Irgendwann verließ ich morgens das Haus und ging gar nicht mehr zum Unterricht. Genau wie Mama damals fing ich an, wenn auch auf meine Art, zu rennen – seelisch ging ich auf Abstand, um nicht mit ihr mitzuleiden. Nach jahrelangem Warten war ich endlich an der Reihe, König zu sein, das älteste Kind, das die jüngeren Geschwister herumkommandieren und quälen durfte, so wie ich herumkommandiert und gequält worden war, aber jetzt, wo es endlich soweit war, verbrachte ich so viel Zeit wie nur möglich außer Haus. Ich hörte auf, zur Kirche zu gehen, und machte einen großen Bogen um meine streng religiösen Paten. Ich war der erste Junge in unserer Straße, der Zigaretten und Joints rauchte. Ich fuhr ans andere Ende der Stadt, um bei einer Soul-Band mitzumachen, die Black Ice hieß, und ich spielte jedes Instrument, das ich zwischen die Finger bekam – Saxophon, Querflöte und Baßgitarre, alles geliehene Instrumente. Wir spielten stundenlang Lieder von Kool and the Gang, rauchten Gras, tranken Old English 800 Malt Whiskey und probten manchmal tagelang im Keller des Schlagzeugers, bis seine Mutter uns hinauswarf, worauf wir uns einen neuen Proberaum suchen mußten. Die Band zog massenweise Fans an – Mädchen, vor denen ich, mit 14 Jahren, noch immer eine Heidenangst hatte, und neue Freunde, coole Typen namens Beanie, Marvin, Chink, Pig und Bucky, die alle Zigaretten und Dope rauchten und auf unsere Musik abfuhren.

Meine neuen Freunde und ich begingen Ladendiebstähle. Wir knackten Autos. Wir schlichen uns auf die Bahnschienen der Conrail/Long Island Rail Road, brachen Güterwaggons auf und klauten Fahrräder, Fernseher und Wein. Einmal erwischte uns ein Polizist, als wir kurz davor waren, wieder etwas zu klauen, aber er konnte uns nichts nachweisen. Wir mußten uns nebeneinander an einen Güterwaggon stellen. Er filzte uns und haute einem von den Jungs seinen Schlagstock über den Kopf – der Junge hatte versucht zu sagen, daß er gar nicht zu uns gehörte. Er jagte uns eine Stunde lang über den Güterbahnhof, hielt uns seine Knarre unter die Nase und sagte: »Ihr Drecksnigger. Ich sollte euch eigentlich abknallen.« Wir dachten schon, er würde uns wirklich umbringen, aber am Ende ließ er uns doch gehen. Aber das schreckte uns nicht ab. Einmal entdeckten wir einen Güterwaggon voll Wein und nahmen kistenweise davon mit. Noch Wochen danach torkelte die Hälfte der Teenager in St. Albans betrunken durch die Gegend. Die Polizei wollte uns kriegen, und sie erwischte eines Nachts auch vier von uns, wie wir gerade in einer engen Seitenstraße ein paar von den geklauten Weinkisten untereinander verteilten. Sie rasten auf uns zu, zwei vollbesetzte Polizeiautos mit abgeschalteten Scheinwerfern, dröhnendem Motor und quietschenden Reifen, während wir wie die Ratten auf den nahegelegenen Schrottplatz flüchteten. Ich hätte es fast nicht geschafft. Ich lief hinter meinem großen, langsamen Freund Marvin her und schaffte es nicht mehr bis zu dem Zaun auf der anderen Seite des Schrottplatzes, über den sich die anderen davongemacht hatten. Noch immer eine Flasche mit dem billigen, nach Pfefferminz schmeckenden Wein fest umklammert, warf ich mich unter einen einsamen LKW und lag da, biß die Zähne zusammen und machte mir fast in die Hose, während ich die Schuhe der Polizisten und den Schein ihrer Taschenlampen beobachtete, der nur wenige Zentimeter vor meinen Füßen hin- und herzuckte. Am nächsten Tag betrank ich mich vor lauter Erleichterung und war am Ende so voll, daß ich kaum noch gehen konnte. Mein Freund Joe schleppte mich nach Hause, wo meine Schwestern verzweifelt versuchten, mich unbemerkt ins Haus zu schaffen, bevor ich hinfiel, wieder aufstand, auf die Straße pißte und zusammenbrach. Als ich Stunden später erwachte, saß Mama am Fußende meines Bettes mit ihrem Gürtel in der Hand. Gnadenlos und mit den Augen voller Tränen verpaßte sie mir eine Tracht Prügel. Es half aber nichts. Meine Freunde wurden meine neue Familie, und meine Familie und meine Mutter wurden zu Leuten, mit denen ich zufällig zusammenwohnte.

Ganz offensichtlich versteckte ich mich vor etwas und war wütend, aber das hätte ich vor mir selber nie zugegeben. Das ganze wunderbar organisierte Chaos, das Mama mit so viel Mühe erschaffen hatte, um ihren Haushalt zu führen, fiel in sich zusammen, als Daddy starb – und Mama fehlte jeder Antrieb, diesen Zerfall aufzuhalten. Der letzte Rat, den mir mein Stiefvater gab, verhallte ungehört, da ich mich aus jeglicher Verantwortung stahl und so viel wie möglich von zu Hause weg war. So ersparte ich es mir, zuzusehen, wie Mama litt, auch wenn alles dadurch nur noch schlimmer wurde, weil sie niemanden hatte, der ihr half, auf die Kleinen aufzupassen. Hinzu kam, daß sie kein Geld hatte, um Heizung, Strom und Telefon zu bezahlen, weil sie meinen Geschwistern an der Universität jeden Pfennig von der Rente meines Stiefvaters, von ihrem dürftigen Gehalt und von der Sozialhilfe schickte. Langsam verwahrloste unser Haus. Das entging mir natürlich nicht, aber ich war nicht imstande, darauf zu reagieren. Um an ein bißchen Geld zu kommen, verkaufte ich Dope, von dem ich an den Bahnschienen immer etwas versteckt hatte. Als ich keines mehr hatte, überredete ich einen Freund, mit mir zusammen einen Dealer auszurauben, von dem wir wußten, daß er große Mengen gebunkert hatte. Joe hatte eine Pistole, Kaliber 22, und ich trug immer ein Rasiermesser mit mir herum, das ich zwischen den Sachen meines Stiefvaters gefunden hatte. Wir lauerten dem Dealer auf, verlangten sein Gras, und als er protestierte, gab ich ihm eins auf's Maul, worauf er gehorchte. Als uns danach die Kohle ausging, klauten wir in der Newburg Street einer alten schwarzen Frau die Handtasche, die sich die Seele aus dem Leib schrie, während wir lachend davonrannten. In der Handtasche waren gerade mal 1 Dollar 16, und Joe bekam Mitleid mit der alten Frau und weigerte sich, so etwas noch mal zu machen, also zog ich alleine los, wartete im dunklen

Eingang eines geschlossenen Friseursalons, während ein paar Frauen aus dem Bus stiegen, und entriß ihnen unter Protest und erschrockenen Schreien ihre Handtaschen. Wenn ich mir auch einredete, ich sei gewissenlos, taten sie mir hinterher immer leid, und ihre Schreie klangen mir in den Ohren, während ich mit einem Herzen, das wie ein Backstein in meiner Brust pochte, davonlief – aber sie taten mir nicht leid genug. Ich war wie betäubt. Ich hatte das Gefühl, mich für die Ungerechtigkeiten rächen zu müssen, die ich erlitten hatte, aber wenn man mich zur Rede gestellt hätte, welche Ungerechtigkeiten ich eigentlich meinte, wäre mir sicher nichts eingefallen. Ich raubte alten Frauen die Handtaschen, wie damals meiner Mutter die Handtasche geraubt worden war, als ich acht Jahre alt war, aber in meinem Kopf bestand keinerlei Verbindung zwischen den beiden Ereignissen. Ich hatte meine Gefühle erstickt. Jedesmal, wenn sie sich aufbäumten, schob ich sie wieder hinunter, wie man Kleidung in eine Schublade stopft und die Schublade zumacht. Joints und Wein halfen mir über die Runden, aber als der Schmerz und die Gewissensbisse zunahmen, wurden auch meine Drogenprobleme schlimmer.

Ich versuchte, so gut es ging, all das vor meiner Mutter geheimzuhalten. Ich klaute einen Stoß Blanko-Zeugnisse aus der Schulbibliothek, damit Mama nichts von meinen verheerenden Zensuren erfuhr, die praktisch allesamt ungenügend waren, weil ich mich ja nicht mehr in der Schule blicken ließ. Es war eine komplizierte Angelegenheit, und ein Freund namens Vincent half mir dabei. Ich machte jedoch den Fehler, meine Schwester Kathy zu bitten, das gefälschte Zeugnis auszufüllen, weil ich befürchtete, meine

Mutter könne meine Handschrift wiedererkennen. Statt der üblichen Noten – ich hatte immer Einsen gehabt – schrieb Kathy hinter beinahe jedes Fach eine Drei. Mama sah sich das Zeugnis an und sagte: »James schreibt doch normalerweise keine Dreier.« Sie ging ans Telefon und rief bei der Schule an. Noch nie war sie so erschrocken.

Sie konnte mich nicht bestrafen, das wußte sie. Ich war zu alt, zu stark und schon viel zu weit weg. Sie meldete mich für einen Ferienkurs an, und ich wurde rausgeschmissen. Meine älteren Brüder kamen von der Uni nach Hause und versuchten, mich zur Vernunft zu bringen, indem sie mich gründlich versohlten. Aber ich rauchte wieder Gras, war ständig breit und kam nachts nicht nach Hause. Schließlich schickte mich Mama zu ihrer Schwester Jack, die mit ihrem neuen Mann von Harlem nach Louisville, Kentucky, gezogen war. »Jack wird dir schon zeigen, wo's langgeht«, schniefte sie. Ich sagte ihr, daß ich da meine Zweifel hätte.

Ich hatte Jack sehr gerne. Sie war eine kleine, hübsche, gläubige schwarze Frau mit Sommersprossen und braunen Augen, denen nichts entging. Sie trug aufwendige Perücken und redete mit reinem, tiefem, schleppendem Südstaatenakzent. Manchmal wickelte sie sich Schals um den Kopf und arbeitete als Dienstmädchen oder Köchin, meistens für Weiße, aber unter ihrem häuslichen Äußeren verbarg sich ein intelligenter, weitblickender Mensch, der mehr von mir als Mischlingskind verstand als ich selbst. Jack hatte zehn Jahre lang in Harlem gelebt, bevor sie nach Kentucky zog. Sie wußte mehr darüber, was in den Straßen los war, als ich.

Den Sommer bei Jack zu verbringen empfand ich keineswegs als Strafe. Die Freiheit, die ich bei ihr hatte, war paradiesisch, und ich brachte es fertig, mich drei aufeinanderfolgende Sommer lang aus dem Ferienkurs in New York werfen und direkt nach Kentucky schicken zu lassen. Jack war viel zu beschäftigt, um ständig auf mich aufzupassen, oder so dachte ich zumindest. Sie hatte ein kleines Kind, einen Vollzeitjob als Köchin in einer Cafeteria und einen ziemlich anstrengenden Mann. Als ich sie das erste Mal besuchte, sagte sie mir: »Du bist hierhergekommen, um Mist zu bauen? Tu dir keinen Zwang an. Aber wenn du mir hier eine Waffe ins Haus schleppst, dann knall ich dich höchstpersönlich damit ab«, und das war kein Witz. Sie ließ mich, wenn auch widerwillig, mit ihrem Mann, Big Richard, herumziehen. Ich verehrte Big Richard, einen großen, dünnen, schokoladenfarbenen Mann mit Schnauzer, der am liebsten Sonnenbrillen, kurzärmlige Hemden, blankpolierte Schuhe und elegante Hosen trug und immer eine brennende Zigarette im Mundwinkel hatte. Er war ein ziemlich schräger Typ, der einige finstere Gestalten zu seinem Freundeskreis in Louisville zählte, und während viele seiner Kumpel mit Narben von Messerstechereien und fehlenden Gliedmaßen durch die Gegend liefen oder bei Schießereien ums Leben gekommen waren, war Big Richard immer unverletzt geblieben, weil sein Gehirn auf höchste Stufe geschaltet war. Unaufhörlich sog er Informationen auf, immerzu arbeitete der Kopf hinter seiner Sonnenbrille. Er ging durch die Tür eines Nachtklubs, witterte schon im selben Augenblick Gefahr und drehte sich auf dem Absatz um. »Da drin wird heute noch einer erschossen«, sagte er dann, und prompt hörte man am nächsten Tag, daß es irgend jemanden erwischt hatte.

Richard arbeitete in der Brown and Williamson-Tabakfabrik, aber den ganzen Tag und die ganze Nacht lang, bevor seine Schicht begann, standen er und ich mit seinen Kumpeln draußen an der Ecke vor einem bestimmten Schnapsladen, dem Vermont Liquor Store, ein paar Meilen von Jacks Haus in der 34th Street Ecke Vermont Avenue, auf der Westseite der Stadt. In den drei Sommern, die ich an der Ecke vor dem Schnapsladen verbrachte, lernte ich wirklich, wie es auf der Straße zuging.

Die Männer an der Ecke waren echte Arbeiter und echte Südstaatler: Klempner, Tischler, Maler, Alkoholiker, Kleinkriminelle, Ex-Soldaten aus dem nahegelegenen Fort Knox, Männer aus der Brown and Williamson-Tabakfabrik und ein paar ganz normale Leute von der Straße. Es waren große, muskelbepackte Männer mit weißen Zähnen und riesigen Armen, die Arbeiterklamotten und Unterhemden, Maleroveralls und Arbeiterstiefel trugen, Pall Mall ohne Filter und Tareytons rauchten und dicke Autos fuhren – 225er Electras, Cadillacs und lange Oldsmobiles. Sie liebten schöne Frauen, guten Whiskey, Würfelspiele und die örtliche Softballmannschaft, zu der sie und ein paar andere friedliche Alkoholiker gehörten. Sie spielten gegen Mannschaften, die ihrerseits aus friedlichen Alkoholikern bestanden, und obwohl die Spiele auch schon mal in Faustkämpfe ausarteten, gab es selten Schießereien. Sie waren allesamt achtbare Trinker und besaßen einen eigenen Ehrenkodex: Das Wort eines Mannes war verbindlich, man beleidigte nicht die Frau eines anderen, man trank nicht aus der Flasche eines Mannes, der zugab, mit Frauen Oralsex zu machen, man verhielt sich korrekt beim Würfelspiel, und wenn man eine Waffe zog – was nicht anzuraten war –, sollte man zusehen, daß man sie auch benutzte, ehe man selbst erschossen wurde. Sie hatten Namen wie »Red«, »Hot Sausage«, »der einarmige James« oder »Chicken Man«, ein alter Säufer, den ich am liebsten von allen mochte.

Chicken Man war ein kleiner Mann mit tiefer, satter, fast kupferfarbener Haut, einem wettergegerbten Gesicht und freundlichen Augen. Er trug eine alte Fischermütze, die sein ganzes Gesicht zu bedecken schien, und karierte Hochwasserhosen. Er roch immer nach Schnaps und Bier und hatte die Taschen voller Süßigkeiten, die er an die verschiedenen Kinder verteilte, die am Schnapsladen vorbeikamen, um ihn zu besuchen – manche gehörten zu seiner Familie, manche auch nicht. Man sah ihn immer schon von weitem. Er tauchte aus dem Nichts auf wie ein Engel, seine Silhouette schien aus der glühenden Hitze des Erdbodens zu wachsen, in Wirklichkeit kam er jedoch aus einem der baufälligen Häuser, die eine Meile weiter die Straße säumten. Er torkelte die 34th Street hinauf wie ein verirrter Wandervogel. Er hatte die Arme ausgestreckt, als würde er fliegen, winkte den Autos zu, die ihn anhupten, und landete um zwei Uhr nachmittags betrunken an der Ecke. Dort richtete er sich für die nächsten paar Stunden ein, als wäre das sein Büro. Er setzte sich vor dem Laden auf eine Kiste und trank, bis der Schnaps oder das Geld alle war, worauf er volltrunken davonwankte, sich über irgendeine Theorie kaputtlachend, die ihm gerade eingefallen war. Chicken Man war ein lieber Kerl. Wenn er betrunken war, redete er völlig unzusammenhängendes Zeug, aber nüchtern war er der Philosoph unter den Männern an unserer Ecke. Wie Tutanchamun saß er mit überkreuzten Armen und wackelndem Kopf auf seiner Kiste, beobachtete den Verkehr, klopfte Sprüche über das Leben, die Freiheit, das Streben nach Glück, das Geld, den Alkohol (»Mische niemals Getreideschnaps und billigen Wein – niemals!«) und die Frauen (»Treib's nie mit einer Frau, die ihre Tage hat – ihr Körper sondert Schmutz ab«). Die Weißen nannte er immer lachend »Mr. Charlie« oder »Chuck«.

»Mr. Charlie ist folgendermaßen zu seinem Namen gekommen«, dozierte Chicken Man eines Tages. »Wenn man nämlich betrunken ist, ruft man so nach ihm: ›Chaaaaarrrrlllliiiiieeee.‹« Er tat, er würde er sich übergeben. »Aber wenn man richtig total betrunken ist, nennt man ihn Chuck, ungefähr so: ›Chuuuucccckkkckckkkk!‹« Er tat so, als müsse er sich heftig übergeben.

»Und was ist mit Ralph?« fragte ich, da ich genau wußte, wenn sich einer übergab, dann nannten wir das »ralphing«; zumindest in New York.

»Vergiß Ralph. Der zählt nicht. Mr. Charlie zählt. Jetzt gib mir mal 'n Bier aus.«

Mr. Charlie schienen die Männer an der Ecke jedenfalls wenig Beachtung zu schenken, höchstens, wenn ein Streifenwagen bei ihnen vorbeifuhr, um zu fragen, ob sie diese oder jene Person irgendwo gesehen hätten. Dann aber begegneten sie den Polizisten mit eisigem Schweigen, manchmal auch mit Witzen oder Gelächter. Die Männer schienen weder Angst vor der Polizei noch etwas gegen sie zu haben. Ihr Leben war einfach vollkommen, so wie es war, ohne den weißen Mann. Das gefiel mir. Sie lebten fernab von der wirklichen Welt, der auch ich ständig zu entfliehen versuchte. Sie nannten mich »New York« und ließen mich den ganzen Tag bei ihnen sitzen, Querflöte spielen und so viel Gras rauchen, wie ich wollte. Dort an der Ecke feierte ich meinen 15. Geburtstag, durfte mich aber benehmen wie ein 25jähriger, und keiner scherte sich darum. Hier konnte ich mich verstecken. Hier kannte mich niemand. Niemand wußte von meiner Vergangenheit, meiner weißen Mutter, meinem toten Vater. Alles war gut. Meine Probleme schienen weit, weit weg.

Einer von Big Richards guten Freunden hieß Pike, der eine dunkle Hautfarbe hatte, einen Schnauzer trug und ziemlich cool war. Ich klaute zusammen mit Pike ein paar Autobatterien, dann aber erwischte uns eines Nachts ein Typ in seiner Einfahrt, knipste das Verandalicht an und feuerte aufs Geratewohl ein paar Schüsse auf uns ab. »Du solltest von so was hier die Finger lassen«, sagte Pike atemlos, als wir in Sicherheit waren. Danach nahm er mich nicht mehr mit. Wie die meisten Typen von der Ecke fühlte er sich ein bißchen für mich verantwortlich. Als ich sagte, daß ich aber dringend Geld brauchte, meinte er: »Keine Sorge. Ich besorg dir einen Job in der Kackefabrik.«

»Was ist das denn?« fragte ich.

»Das ist 'ne Fabrik, wo sie Kacke herstellen.« Er erklärte mir das eines Nachmittags, als wir in seinem Auto durch die Gegend kurvten. Big Richard hatte seine Knarre dabei, kaute auf einer Zigarette und starrte aus dem Fenster, um nicht loszulachen.

»Ich will den Job«, sagte ich. »Was muß man denn da machen?«

»Du sitzt halt da und die Kacke treibt so im Wasser an dir vorbei, und dann trennste halt die große Kacke von der kleinen Kacke.«

»Und wie geht das?«

»Da gibt's Werkzeuge. Oder du benutzt die Finger, das geht auch. Ist egal, wie du's machst. Das ist gutes Geld, Mann! Willste den Job jetzt oder nicht?«

»Natürlich, Mann. Ich will den Job! Fahr mich da hin!«

Schließlich fand ich wirklich einen Job, an einer Tankstelle, ungefähr eine Meile von der Ecke entfernt. Der Tankstellenbesitzer hieß Herman. Er war groß und stämmig, ein richtiger Brecher, und unglaublich gemein. An meinem ersten Arbeitstag sagte ein junger hellhäutiger Schwarzer, der dort als Mechaniker arbeitete, zu mir: »Leg dich bloß nicht mit Herman an. Zwei Männer hat er schon rausgeschmissen.« Ich fragte nicht lange nach, sondern sah zu, daß ich nicht der dritte war, denn Herman war ein fetter, fieser, übellauniger, aggressiver Kerl, der ständig jemanden suchte, dem er in den Hintern treten konnte. Jeden Abend, kurz bevor wir zumachten, drückte er mir einen Eimer Benzin und einen Mop in die Hand und sagte: »Du wischst jetzt diesen verdammten Boden, und komm bloß nicht auf die Idee, dir dabei 'ne Kippe anzustecken.« Er stellte sich dann direkt vor die Tür, rauchte und sah mir dabei zu, wie ich den gesamten Boden des Tankstellenladens aufwischte. Während ich da war, klaute niemand bei Herman, und es versuchte auch nie ein Kunde, ihm irgendwie dumm zu kommen.

Ich mußte Benzin pumpen, Reifen wechseln, Platten reparieren und vor allem Herman nicht in die Quere kommen, was mir auch mehr oder weniger gut gelang, allerdings lieferte ich mir mit einem seiner Freunde, einem zernarbten, knallharten Schwulen, der mich belästigte, eine Schlägerei. Wer weiß, vielleicht lag es an meinem mädchenhaften Gesicht oder an meinem New Yorker Akzent, jedenfalls rückte er mir eines Nachmittags auf die Pelle, und ich gab ihm ein paar aufs Maul, bevor er unter seinen Autositz griff und seine Knarre hervorzog, mit der er mich über die ganze Tankstelle jagte. Es gab einen ziemlichen Tumult, und Herman feuerte mich auf der Stelle. Ich zog mich an die Ecke zurück, plante Rache und suchte Rat bei meinem besten Kumpel, Chicken Man. Der war zufällig gerade nüchtern und hatte nur einen knappen Vorschlag für mich. »Vergiß es«, sagte er.

»Das kann ich nicht. Ich besorg mir 'ne Knarre und knall ihn ab«, sagte ich.

Chicken Man lachte in sich hinein. »Das glaubste doch selber nicht, Mann«, sagte er. »Willste vielleicht im Knast landen, nur wegen dem? So wird's dir nämlich gehen, du sitzt 'n paar Jahre, und wenn du rauskommst, hängste hier an der Ecke rum. Ist es das, was du willst? Das kannste nämlich haben. Mach du nur.«

»Das muß ich mir nicht sagen lassen«, sagte ich. »Ich bin nämlich viel schlauer, als ihr alle denkt, Chicken Man.«

»Da scheißen wir aber drauf«, fuhr mich Chicken Man an. »Jeder, der hier an dieser Ecke rumhängt, ist schlau. Du bist auch nicht schlauer als die anderen. Wenn du so schlau bist, wieso kommst du dann jeden Sommer hierher und hängst hier an der Ecke rum? Weil du nämlich die Schule nicht packst. Und dann meinst du bestimmt, wenn du von der Schule gehst, dann bitten sie dich auf Knien, wiederzukommen. Was glaubst du eigentlich? Glaubst du, irgend jemand fällt vor deiner schwarzen Fresse auf die Knie? Was soll schon an dir so Besonderes sein, daß dich jemand auf Knien um irgendwas bittet? Wer bist du denn schon? Du bist doch nur 'ne ganz kleine Nummer. Wenn du von der

Schule runter willst und Leute abknallen und dein Leben lang an dieser Ecke hier rumhängen, bitte sehr. Es ist dein Leben!«

Ich hatte Chicken Man noch nie so ernst reden hören, und was er sagte, traf mich eigentlich nicht wirklich, zumindest nicht sofort. Ich sagte zu mir: Das ist halt 'n Säufer, und stürzte mich in weitere Abenteuer. Kurze Zeit später jedoch geriet ein Mann namens Mike, ein lässiger, humorvoller, zwei Meter großer Typ, der mir immer gut zuredete, doch lieber irgend etwas Vernünftiges zu machen, in Streit mit seiner Freundin Mustang, einer schönen, anmutigen schwarzen Frau mit dickem Hintern und aufreizendem Gang. Im Lauf der Auseinandersetzung fing Mike an, Mustang ziemlich heftig eine nach der anderen runterzuhauen, so daß ich dazwischen gehen wollte, aber Chicken Man hielt mich zurück. »Laß es sein, New York!« fauchte er. »Das ist was zwischen einem Mann und seiner Frau. Misch dich nie ein, wenn's was zwischen einem Mann und seiner Frau ist.« Mustang setzte sich schließlich in ihr Auto, versprach, mit ihrem neuen Freund zurückzukommen, der Mike umbringen würde, und fuhr mit quietschenden Reifen davon. Die Ecke leerte sich bald darauf – wenn sich eine Schießerei anbahnte, gingen die Leute lieber nach Hause. Am nächsten Tag gab mir Mike den unmißverständlichen Rat, »mich bloß nicht an der Ecke blicken zu lassen«, aber ich ging dennoch heimlich hin und sah zu, wie Mike nachmittags in seinem großen Buick angeknattert kam, während Marvin Gaye aus seinem 8-Spur-Tonbandgerät dudelte. Er stellte den Motor ab und stieg pfeifend aus, öffnete den Kofferraum und zog gelassen einen Klappstuhl, ein Handtuch und eine abgesägte Schrotflinte heraus, die mit

Klebeband umwickelt war. Er stellte den Klappstuhl vor den Laden und setzte sich hin. Er stellte eine Flasche J&B Scotch auf die Erde neben sich, auf die andere Seite stellte er eine Flasche Boone's Farm Strawberry Hill-Wein, dann legte er das Gewehr auf seinen Schoß und das Handtuch darüber. »Ich werd hier sitzen und trinken und schaukeln und auf ihn warten«, sagte er cool. Zwei Tage lang saß er da, schaukelte und trank, während die Männer auf Zehenspitzen an ihm vorbeischlichen, ein Auge auf die Straße und eins auf Mike gerichtet. Mustangs neuer Freund tauchte nie auf.

In der Woche darauf tauchten Mike und Mustang eng umschlungen an der Ecke auf und küßten und umarmten sich.

»Deswegen fang ich auch keinen Streit mit 'ner Frau an«, sagte Chicken Man. »Das gibt nur Ärger.« Aber schon bald darauf fing er doch Streit mit einer Frau an. Sie stritten sich morgens, und er ging weg und vergaß den Streit, und später am selben Tag kam sie in den Schnapsladen und erstach ihn, während er in der Schlange stand, um sich ein Bier zu kaufen. Er hustete ein paarmal, legte sich auf die Erde und starb.

15
Schulabschluß

Nach meiner Abtreibung schrieb ich Tate einen Brief und sagte, daß ich nicht mehr nach Suffolk zurückkommen würde. Ich meldete mich im Jahr 1936 an der Girls Commercial Highschool in der Bergen Street an, das war dieselbe Straße, wo auch Babes Wohnung war. Im Unterricht kam ich kaum mit und mußte während meines ganzen vorletzten Schuljahrs richtig schuften. Ich schlief auf Babes Couch und mühte mich Abend für Abend mit Algebra ab. Die Girls Highschool war der Schule in Suffolk meilenweit voraus, und ich hätte nie den Schulabschluß geschafft, deshalb fuhr ich nach dem Schuljahr wieder zurück nach Virginia, um dort meinen Abschluß zu machen. Als ich nach Suffolk zurückkam, war das erste, was ich zu Peter sagte: »Wir können uns nicht mehr sehen. Komm nicht mehr vorbei.«

Er sagte: »Ich hab die ganze Zeit auf dich gewartet. Ich liebe *dich immer noch«, und damit kriegte er mich rum, weil ich ihn ja auch noch sehr liebte.*

Kurz danach stand ich im Laden hinter der Theke, und zwei schwarze Frauen kamen rein. Ich kriegte zufällig mit, wie sie sich über Peter unterhielten, und eine von ihnen sagte: »Jaja, der heiratet doch bald …« Ich fiel aus allen Wolken. Tate stand direkt neben mir, also griff ich mir ein Tuch und fing an, die Theke zu wischen, arbeitete mich langsam in ihre Richtung vor und horchte. »Jaja«, sagte die andere, »der hat doch die-und-die geschwängert …« Sie nannte den Namen eines schwarzen Mädchens, das im Viertel hinter unserem Haus wohnte.

Ich ging sofort vor die Tür und machte mich auf die Suche nach ihm. Zum Teufel damit, wenn uns jetzt jemand zusammen erwischte. Ich war so wütend, daß ich mitten am Tag die Straße bis zu seinem Haus runtermarschierte und ihn rausklingelte. »Sag mir die Wahrheit«, sagte ich. Er gab es zu. »Sie zwingen mich, sie zu heiraten«, sagte er. »Meine Eltern zwingen mich.«

»Ist sie von dir schwanger?«

»Ja.«

Und das gab mir wirklich den Rest. Ich sagte ihm, daß ich ihn nie mehr sehen wolle, und lief zurück durch das schwarze Viertel, hinein in den Laden und nach oben, wo ich mir die Augen aus dem Kopf heulte, weil ich ihn noch immer liebte. Ich mache diese ganzen Qualen durch, und was tut er währenddessen? Fängt was mit 'ner anderen an. Die Tatsache, daß er schwarz war, und daß das Mädchen, das er heiraten würde, auch schwarz war – na ja, das tat mir noch mehr weh. Wenn es Gerechtigkeit auf der Welt gäbe, nehm ich an, daß ich ihn wohl geheiratet hätte, aber in Virginia wäre das schlichtweg unmöglich gewesen. Jedenfalls im Jahr 1937.

Dann beschloß ich, Suffolk für immer zu verlassen. Ich war

17, im letzten Schuljahr, und zum ersten Mal in meinem Leben fing ich an, mir eine Meinung über gewisse Dinge zu bilden. Dort jedenfalls gab es für mich keine Zukunft. Ich faßte den Entschluß, nach New York zu gehen. Aber da war ja noch Mame, weißt du. Ich ersetzte ihr Augen und Ohren, hier in Amerika. Sie sprach kein Englisch, also übersetzte ich für sie und paßte auf sie auf, weil Tate so furchtbar wenig für sie übrig hatte. Ihr Magen machte ihr Probleme, und immer öfter hatte sie diese Schwächeanfälle, weißt du, dann kippte sie einfach um, am hellichten Tag. Tate kümmerte das nicht im geringsten. Er stellte eine schwarze Frau ein, die sich um Mame kümmern sollte, und diese Frau sorgte besser für Mame als er selbst. Sie blieb bis spätnachts und kümmerte sich um Mame, selbst wenn sie nicht dafür bezahlt wurde, dabei wurde sie ohnehin schon so schlecht bezahlt. Er dachte sich, wenn er jemanden bezahlte, der sich um seine Frau kümmerte, wäre er aus dem Schneider, verstehst du, als Ersatz dafür, daß er sie nicht liebte. Aber eine Ehefrau braucht doch Liebe. Und sie war ihm eine gute, jüdische Ehefrau, aber die Ehe fing an, in die Brüche zu gehen, weil Mame ihm nichts bedeutete. Deswegen wußte ich auch, daß ich von zu Hause wegmußte. Ich würde mich nicht in eine Ehe zwingen lassen, wie es bei meinen Eltern der Fall gewesen war. Lieber wäre ich gestorben, was ja auch in gewisser Weise so war, weil ich meine Mutter und Schwester verlor, als ich von zu Hause wegging.

Jedenfalls waren meine Mitschüler ganz aufgeregt und kicherten ständig, weil es ja einen Abschlußball und die offizielle Abschlußfeier geben würde, und weil sie alle schon Pläne hatten, aber ich war ja in New York gewesen und hatte da das richtige Leben kennengelernt und wollte weder zu der einen noch zu der anderen Feier hingehen. Es fragte mich sowieso niemand, ob ich mit ihm zum Ball gehen wolle, aber Frances sagte immer wieder: »Bitte komm doch auch zur Abschlußfeier, Ruth. Wir gehen nebeneinander nach vorne und holen uns unser Diplom.« Ich hatte Frances nichts von all dem erzählt, was ich erlebt hatte. Sie wußte nichts über Peter und die Abtreibung in New York. Sie wußte zwar, daß bei mir zu Hause nicht gerade paradiesische Zustände herrschten, aber sie war niemand, der einen löcherte. Sie war ein zurückhaltender, freundlicher Mensch, und ich hätte alles für sie getan.

An der Suffolk Highschool sah die Zeremonie zur Abschlußfeier so aus, daß sich die Abschlußklasse mit Hut und Talar vor dem Schulgebäude aufstellte und dann in Zweierreihen die Main Street zur protestantischen Kirche entlangmarschierte, wo die Zeremonie stattfand. Das war die offizielle Abschlußzeremonie. Ich mußte Tate bitten, mir Geld für den Hut und den Talar zu geben, aber sobald er Wind davon bekam, daß ich in eine protestantische Kirche marschieren sollte, sagte er: »Nein. Kommt gar nicht in Frage. Du marschierst mir in keine Christenkirche.« Da war er ganz rigoros. Du weißt ja, meine Eltern waren in allem dermaßen altmodisch und europäisch, daß es schon nicht mehr komisch war. Nehmen wir mal an, ein Sozialarbeiter wäre zu uns gekommen und hätte sich mit meinen Eltern unterhalten wollen, dann hätte er genausogut gegen die Wand da drüben reden können. Ihnen war einfach nicht zu helfen. Sie hätten sich nie im Leben geändert. Und er war immer noch mein Vater, und ich war ein Teenager, der in seinem Haus wohnte, und er konnte noch immer den Gürtel abnehmen und mich nach Strich und Faden verdreschen, wenn er Lust dazu hatte, was hätte ich also tun sollen? Meine Abschlußfeier war ihm egal, was ihm hingegen Sorgen machte, war die Tatsache, daß ich noch keine Heiratspläne hatte, und er fing an, mich auf seine kurzen

Geschäftsreisen nach Portsmouth und Norfolk mitzunehmen, zu den Läden und Großhändlern, und er stellte mich den Kaufleuten und deren Söhnen vor, falls sie welche hatten. Es war so, als würde er sagen: »Bitte sehr, meine Tochter, extra für euch auf dem Präsentierteller. Na, was meint ihr?« Manchmal schickte er mich auch alleine los, und zusammen mit Dee-Dee fuhr ich das Auto mitsamt dem Anhänger. Wir luden den Anhänger voll mit Waren aus den Lagerhallen und fuhren durch das sumpfige Gebiet um Portsmouth und Norfolk. Die Leute sagten zu uns: »Paßt auf, daß ihr in Norfolk nicht ins Rotlichtviertel geratet«, und dann versuchten wir, in Norfolk die roten Ampeln zu umfahren.

Jedenfalls war ich böse auf Tate wegen der Abschlußfeier und wir redeten eine Weile nicht miteinander, aber es war mittlerweile so, daß er mich wirklich brauchte, um ihm mit dem Laden zu helfen, weil Sam ja nicht mehr da war und es Mame schlecht ging. Sie hatte inzwischen richtig Probleme mit ihrem Magen, manchmal krümmte sie sich regelrecht vor Schmerzen. Wir nahmen sie mit zu unserem Doktor, und er sagte dann dies oder das. Er erwähnte irgendeine Art von Operation, aber genau wußte er es auch nicht. Er war ein widerlicher alter Mann. Ich war einmal bei ihm, da war er völlig unverfroren und faßte mich an Stellen an, wo es überhaupt nicht nötig gewesen wäre, und sagte obszöne Dinge, also bin ich nie wieder zu ihm hingegangen. Natürlich konnte ich das niemandem sagen. Aber er guckte sich Mame an und sagte, er wisse nicht, was ihr fehle.

Jedenfalls stritten Tate und ich lange um den Hut und den Talar, und irgendwann wurde ich so wütend, daß ich ihm meinen Plan eröffnete, nach dem Abschluß wieder nach New York zu gehen. »Ich gehe zurück nach New York«, sagte ich ihm. »Ich will weg.« Er verließ fluchend das Zimmer. Ein paar Minuten *später folgte ihm Mame und redete mit ihm – sie sprachen damals kaum noch miteinander –, und am nächsten Tag gab er mir Geld für den Hut und den Talar. »Du kannst mitmarschieren«, sagte er, »aber du wirst diese Kirche nicht betreten. Ich verbiete es dir.«*

»Ich nehme sehr wohl an der Zeremonie teil«, sagte ich.

»Respektiere deine Mutter und mich«, sagte er. »Halte dich an die Gesetze der Bibel. Geh nicht in diese christliche Kirche«, sagte er.

Na ja, mein Entschluß stand jedenfalls fest.

Am Tag der Abschlußfeier machten Dee-Dee und ich den Laden auf, legten das Fleisch raus, stapelten das frische Gemüse, und ich stand hinter der Theke, bis es Zeit war. Natürlich weigerten sich meine Eltern, zu dieser christlichen Abschlußfeier zu gehen, also zog ich den Hut und den Talar an, lief die sechs Blocks alleine bis zur Suffolk Highschool und wartete auf dem Parkplatz auf Frances. Frances verspätete sich, also hatten die anderen Schüler und ihre Eltern reichlich Gelegenheit, mich anzustarren, wie ich da so ganz alleine dastand. Ich war schon drauf und dran, mich umzudrehen und nach Hause zu laufen, als sie endlich auftauchte. Ich sagte zu ihr: »Frances, ich bin mir nicht sicher, ob ich in diese Kirche reingehen kann.« Sie sagte: »Ich versteh schon, Ruth. Dann geh ich eben alleine nach vorne, denn entweder geh ich mit dir nach vorne, oder mit keinem.« Na ja, dann hatte ich das Gefühl, daß ich das nicht zulassen könne, also sagte ich: »Ich mach's einfach. Los, komm.« Wir mußten uns zu einem Gruppenfoto in unseren Hüten und Talaren aufstellen, und dann marschierten wir in Zweierreihen los. Wir marschierten aus dem Schulhof der Suffolk Highschool und die Main Street hinunter, und am Kirchenportal gab es einen Stau. Als wir auf die Kirche zugingen, fing ich an zu schwitzen und zu zittern, und kurz vor der Tür machte ich einen Schritt zur Seite. Ich konnte es einfach nicht. Ich konnte einfach nicht in diese Kirche gehen. Tief in meinem Herzen war ich noch immer Jüdin. Ich hatte ein paar Fehler gamacht in meinem Leben, aber ich war noch immer die Tochter meiner Eltern.

Ich drehte mich weg, aber Frances sah trotzdem meine Tränen. Sie machte auch einen Schritt aus der Reihe, aber mit einer Geste gab ich ihr zu verstehen, daß sie sich wieder einreihen solle. »Frances, geh du nur rein«, sagte ich. »Wegen mir darfst du die Zeremonie nicht verpassen.« Sie ging hinein. Sie mußte sich selbst die Tränen aus dem Gesicht wischen, stellte sich aber wieder in die Reihe und marschierte allein nach vorne, und während der Zeremonie saß sie neben meinem leeren Stuhl.

Ich lief schluchzend in meinem Hut und Talar nach Hause und nahm gleich am nächsten Tag einen Greyhound-Bus nach New York.

16

Autofahren

Eines Samstagmorgens im Jahr 1973, ein paar Wochen, nachdem ich aus Louisville wiedergekommen war und nur wenige Monate, nachdem mein Stiefvater verstorben war, weckte mich Mama und sagte: »Wir drehen jetzt 'ne Runde mit dem Auto.« Sie drückte mir meine zweijährige Nichte Z – so hieß sie, einfach nur Z – in die Arme, und wir gingen hinaus zu Daddys Auto.

Mein Stiefvater hatte seinen goldfarbenen Pontiac Catalina, Baujahr '68 mit blauer Innenausstattung, immer gut gepflegt. Davor hatte er einen Chevrolet Impala, Baujahr '65, gefahren, der ihn eine Stange Geld gekostet hatte. Der Wagen, weiß mit roter Innenausstattung, war eine echter Reinfall gewesen. Er nannte ihn »meine Schrottmühle«. »Ich kauf nie wieder einen Chevy«, fluchte er, wenn das mit Kindern vollbeladene Auto mit knatterndem und rauchendem Motor mitten auf der Straße stehenblieb. Es schien alle fünf Minuten den Geist aufzugeben. Wenn der Motor doch mal ansprang, brauchte man dazu gar keinen Autoschlüssel. Man drehte einfach an der Zündung, und er sprang an, und eines Abends machte irgendein Typ genau das, während Daddy am Küchenfenster stand und Geschirr spülte. Schweigend sah er zu, wie der Typ in einer blauen Rauchwolke davonfuhr. »Das muß mein Glückstag sein«, sagte er.

Soweit ich wußte, war Mama noch nie Auto gefahren. Sie hatte Angst davor. Sie war eine überzeugte New Yorker U-Bahn-Fahrerin und konnte einem genau sagen, wohin jede U-Bahn fuhr, wo man aussteigen mußte und wie weit es bis zur nächsten Station war, wenn man seine Station verpaßt hatte und zurücklaufen mußte. Da sie von den öffentlichen Verkehrsmitteln abhängig war, kam sie ständig zu spät – zur Arbeit, zum Elternabend, zu vereinbarten Treffpunkten, wenn sie uns abholen mußte. Jeden Sommer, wenn ich aus dem Ferienlager zurückkam, stieg ich in Manhattan aus dem gelben Schulbus aus und durfte traurig mit ansehen, wie ringsum dreihundert Eltern und Ferienlagerkinder sich im Wiedersehenstaumel unter Freudenjauchzern in die Arme fielen, während die Betreuer eine Münze warfen, wer mit mir an der Haltestelle warten mußte. Aber da tauchte Mama dann meistens auch schon an der Ecke der 42nd Street auf – ich erkannte ihre O-Beine schon von weitem. Atemlos kam sie angelaufen und schloß mich in die Arme, während die Betreuer komische Gesichter machten und sich offenbar ihren Teil dachten.

Aber das war einmal. Wir brauchten ein Auto. Es war Zeit, daß Mama anfing, Auto zu fahren. »Ich hasse das«, sagte sie, als wir in den Wagen kletterten. »Du mußt mir sagen, was ich machen muß.« Ich war damals fast 16, und auch wenn ich noch keinen Führerschein hatte, konnte ich fahren, weil ich ziemlich oft Daddys Auto genommen hatte, wenn Mama nicht in der Nähe war, ganz zu schweigen von den anderen Wagen, mit denen ich unerlaubterweise herumgekurvt war. Woher sie wußte, daß ich fahren konnte, war mir nicht klar, und gnädigerweise verzichtete sie auch darauf, weitere Nachforschungen anzustellen, aber zu der Zeit hatte ich angefangen, mir alles noch mal durch den Kopf gehen zu lassen. Im Grunde meines Herzens wußte ich, daß mein alter Freund Chicken Man damals in Louisville recht gehabt hatte. Ich war weder schlauer, noch erfahrener, noch mutiger als die Jungs an der Ecke, und wenn ich mich für so ein Leben entschied, dann würde ich auf der Straße landen, egal, wieviel ich im Kopf hatte oder was sonst in mir steckte. Ich wußte, daß ich nicht dazu erzogen worden war, jeden Tag zu trinken, an einer Tankstelle zu arbeiten und umgebracht zu werden, weil ich mich mit Leuten wie Herman und seinen brutalen Freunden einließ. Ihr Leben war ohnehin nicht so wild und sorglos, wie es vielleicht nach außen hin schien. Ihr Leben war schäbig und grausam, und ich wollte nicht so enden, ich wollte weder nach einem Streit um eine Flasche Wein ein Messer in den Rücken gejagt kriegen, noch von irgendeinem Bruder, der zufällig auf mich scharf war, abgeknallt werden. »Du mußt dich entscheiden. Entweder du machst das, was die Welt von dir erwartet, oder du machst das, was du für dich selbst willst«, sagte mir meine Schwester Jack mehrere Male. »Leg dein Leben in Gottes Hände, dann kann nichts mehr schiefgehen.« Ich wußte, daß Jack recht hatte, und als ich im Herbst 1973 wieder nach New York zurückkam, faßte ich für mein vorletztes Schuljahr den Entschluß, mich richtig reinzuhängen und zu arbeiten. Ich wandte mich, wie meine Mutter, wenn sie Sorgen hatte, an Gott. Nachts lag ich im Bett und betete, er solle mir Kraft geben und mir meine Wut nehmen und aus mir einen Mann machen, und er erhörte mich, und ich fing an, mich zu ändern. Ich änderte mich nicht sofort. Zum einen rauchte ich noch immer ziemlich viel Gras. Ich sah mir im Fernsehen Roger Grimly und den damals noch jugendlichen Geraldo Rivera an, die in der Sendung *Eyewitness News* auf Channel 7 mit ernster Miene über die Gefahren von Marihuana berichteten, und lachte darüber. »Davon wird man doch nicht abhängig«, sagte ich zu meinen Freunden. »Ich kann jederzeit aufhören.« Aber im Grunde genommen wußte ich, daß ich süchtig war, und beneidete heimlich diejenigen unter meinen Drogenfreunden, die es irgendwann schafften, damit aufzuhören. Tag für Tag hing ich bei einem meiner Kumpel rum, wo wir wegen der Rauchschwaden ein Handtuch vor den Türschlitz legten, und dröhnte mich mit Joints und Alkohol zu. Ich hatte auch immer mal wieder Flashbacks, weil ich im Jahr davor ziemlich viel LSD genommen hatte. Die Flashbacks kamen, wenn ich an einer Zigarette oder einem Joint zog, oder einfach aus dem Nichts – ich lief die Straße entlang und stellte plötzlich fest, daß ich total breit war, als hätte ich gerade einen Trip geschmissen, und die Leute ringsum schienen wie aus Glas und mein Handrücken war ein lila Stern. Dann wanderte ich völlig paranoid durch unser Viertel und versuchte allen, die ich kannte, aus dem Weg zu gehen, bis ich wieder runterkam. Gott sei Dank gab es damals noch kein Crack, sonst hätte ich sicher auch Crack genommen. Aber auch so hatte ich jeden Tag – auf dem Weg zur Schule, während der Stunden, auf dem Nachhauseweg – das Bedürfnis, high zu sein. Wenn mein Dope alle war, stieg ich auf Wein um, und wenn kein Wein zu haben war, dann tranken mein Kumpel Marvin und ich NyQuil, wovon man breit und müde wurde, und ein bißchen übel war einem auch davon. Jeden Abend kam ich zugeknallt nach Hause, meine Klamotten stanken nach Rauch, und jedesmal versprach ich mir, während ich meinen Haustürschlüssel im Schloß herumdrehte, daß ich am nächsten Tag keine Drogen mehr nehmen würde. Dann öffnete ich die Tür, und Mama stand vor mir und schrie mich an: »Was ist mit dir los? Deine Augen sind ganz rot, und deine Sachen riechen komisch!« Ich wollte kein Gras mehr rauchen, aber ich konnte es nicht lassen. Gras war mein Freund, Gras hielt mich davon ab, der Wahrheit ins Gesicht zu sehen. Und die Wahrheit war, daß meine Mutter die Dinge allmählich nicht mehr im Griff hatte.

Rückblickend weiß ich, daß Mama ungefähr zehn Jahre brauchte, um über den Tod meines Stiefvaters hinwegzukommen. Es war nicht nur die Tatsache, daß ihr Mann plötzlich nicht mehr da war, sondern auch, daß sie ein Leben lang still gelitten hatte, ohne daß meine Geschwister und ich etwas merkten. Ihre Vergangenheit hatte für uns immer im Dunkeln gelegen, und so blieb es auch, als mein Stiefvater starb, dennoch schaffte sie es nie, ihre Vergangenheit ganz und gar loszuwerden: die Auflösung ihrer eigenen jüdischen Familie, die Schuldgefühle, weil sie ihre Mutter im Stich gelassen hatte, die Trennung von ihrer Schwester und der plötzliche, tragische Tod ihres ersten

Mannes, den sie vergöttert hatte. Sie drehte zwar nicht durch, schien jedoch oft nicht mehr weit davon entfernt, so entrückt war sie manchmal. Selbst ich, der ich ziemlich mit mir selbst beschäftigt war, fand ihren Zustand besorgniserregend, denn während meine Geschwister und ich nach und nach unser seelisches Gleichgewicht wiederfanden, taumelte Mama fast ein Jahr lang wie benommen umher. Aber wenn sie auch wankte und schlingerte und sich anlehnen mußte, sie fiel nicht zu Boden. Tempo und Mobilität wurden auf einmal lebenswichtig für sie. Sie wollte plötzlich gar nicht mehr aufhören, sich zu bewegen. Sie fuhr Fahrrad. Sie lief zu Fuß. Sie unternahm lange Busfahrten zu weit entfernten Kaufhäusern und Supermärkten, wo sie stundenlange Schaufensterbummel machte und schließlich für 50 Cents etwas kaufte. Sie hatte keine Vorstellung, was sie als nächstes tun würde, aber sie blieb in Bewegung, als ob ihr Leben davon abhinge, was irgendwie auch stimmte. Sie rannte, wie sie es schon ihr ganzes Leben lang getan hatte, aber diesmal rannte sie, um nicht den Verstand zu verlieren.

Sie stand jeden Morgen automatisch auf, scheuchte uns zur Schule, als ob alles wie immer sei, aber sie war völlig unfähig, Entscheidungen zu fällen. Selbst die einfachsten Überlegungen – ob sie zum Beispiel lieber ein Tastentelefon oder eines mit Wählscheibe nehmen solle – kosteten sie unglaubliche Mühe. Wenn der Boiler den Geist aufgab, dann wurde er nicht repariert, nicht weil sie dafür kein Geld hatte, sondern einfach darum. Sie war schon immer unglaublich desorganisiert gewesen, aber jetzt erklomm sie in dieser Hinsicht ungeahnte Höhen. Ich ging zur Sportstunde, öffnete eine Papiertüte von zu Hause, in die ich meine Sportsachen gesteckt hatte, und fand darin ihre Unterwäsche. Sie verschwand einfach stundenlang aus dem Haus und kam zurück, ohne uns sagen zu können, wo sie gewesen war. Ungefähr ein Jahr nach dem Tod meines Stiefvaters starb ihre beste Freundin, eine wunderbare schwarze Frau namens Irene Johnson, und wieder war Mama kurz davor, durchzudrehen. Sie stand vor der Spüle und wusch stundenlang denselben Topf ab, versuchte, ihr Schluchzen zu unterdrücken, und fauchte: »Bleibt mir vom Leib!«, wenn wir in ihre Nähe kamen. »Man hat im Leben nur einen oder zwei richtige Freunde«, hatte sie uns früher immer gepredigt, und Irene war für sie einer dieser Freunde gewesen. In den 40er Jahren, als Mama nach New York kam, waren sie und Irene zusammen nach Harlem gezogen. Irene wußte, von wie weit weg Mama gekommen war. Irene hatte ihr geholfen, ihre ältesten Kinder großzuziehen und war wie eine Schwester für sie gewesen. Und dennoch weigerte sich Mama, zu Irenes Begräbnis zu gehen. »Ich hab genug von Beerdigungen«, sagte sie, und der Schmerz stand ihr ins Gesicht geschrieben, als sie den Telefonhörer in die Hand nahm und die Nummer von Irenes Schwester wählte, um zu fragen, wie die letzten Stunden im Leben ihrer besten Freundin verlaufen waren. »Bitte laß uns in Kontakt bleiben«, sagte Mama, und das taten sie und Irenes Schwester auch noch jahrelang. Mama war bezüglich der meisten Dinge völlig durcheinander – nur nicht, wenn es um Jesus ging. Das junge jüdische Mädchen, das es damals nicht fertiggebracht hatte, eine christliche Kirche zu betreten, kam inzwischen nicht mehr ohne aus; ihr orthodoxer jüdischer Glaube hatte sich längst in einen überzeugten christlichen Glauben verwandelt. Jesus gab

Mama Hoffnung. Jesus war Mamas Erlöser. Jesus gab ihr Kraft. Jeden Sonntag, egal wie müde, deprimiert oder pleite sie war, stand Mama auf, zog ihr bestes Kleid an und machte sich auf den Weg zur Kirche. Als wir Kinder zu alt und zu groß waren und sie uns nicht mehr zwingen konnte, zur Kirche zu gehen, ging sie allein, nahm den Zug von Queens nach Brooklyn zur New Brown Memorial Church, derjenigen Kirche, die sie mit meinem Vater ins Leben gerufen hatte. Die Kirche baute sie wieder auf, füllte sie aus, und jeden Sonntag, wenn sie wiederkam, ging es ihr ein bißchen besser, bis zu jenem Samstagnachmittag, an dem sie verkündete, mit dem Auto meines Stiefvaters fahren zu wollen.

Sie saß hinter dem Lenkrad, tippte nervös mit den Fingern darauf herum und murmelte vor sich hin, während ich es mir mit Z auf dem Beifahrersitz bequem machte. Wir machten uns nicht die Mühe, uns anzuschnallen. Sie steckte den Schlüssel ins Zündschloß. Der Motor sprang an. »Und was macht man jetzt?« fragte sie.

»Du mußt den Gang reintun«, sagte ich.

»Ach ja, das weiß ich«, sagte sie. Sie legte den Gang ein, fuhr mit quietschenden Reifen in einer Rauchwolke los, kurvte in Schlangenlinien die Straße entlang und schrie aus vollem Hals: »Uuuuuuuuuh!«

»Nicht so schnell, Mama!« sagte ich.

Sie beachtete mich nicht. »Ich hab doch keinen Führerschein!« kreischte sie, während der Wagen von einer Straßenseite zur anderen schlingerte. »Wenn ich erwischt werde, stecken die mich ins Gefängnis!« Sie fuhr ungefähr vier Blocks, raste ohne zu halten an einem Stoppschild vorbei, holte dann an der nächsten Kreuzung zu einer weiten Linkskurve aus, drückte den Fuß aufs Gaspedal und bretterte mit dem großen Wagen auf der verkehrten Straßenseite weiter, während der Gegenverkehr ausscherte, um nicht mit uns zusammenzustoßen.

»Vorsicht! Was machst du denn da, Mama! Halt den Wagen an!« brüllte ich.

»Ich muß zum Supermarkt! Ich muß zum Supermarkt!« kreischte sie. »Deswegen bin ich doch unterwegs, oder etwa nicht?« Wir zockelten noch ein paar Blocks weiter, nirgends war ein Polizist zu sehen, und kamen wie durch ein Wunder beim Supermarkt an. Da sie nicht rückwärts einparken konnte, trat sie neben einem abgestellten Auto auf die Bremse, legte den Gang zum Parken ein, zog die Handbremse und stieg bei laufendem Motor aus. »Warte hier«, sagte sie. Ich hielt Z im Arm, während Mama in den Laden lief. Als sie zurückkam, machte sie die Handbremse los, legte den Gang ein und gab Gas, ohne noch mal nach hinten zu sehen. Dann stieg sie plötzlich aus keinem ersichtlichen Grund – vielleicht hatte sie das Gaspedal mit dem Bremspedal verwechselt – mit aller Kraft auf die Bremse. Die Servobremsen blockierten, und dabei warf es mich und die kleine Z, die ich im Arm hielt, fast durch die Windschutzscheibe. Es fehlten nur wenige Millimeter, und das kleine Köpfchen des Babys wäre gegen das Armaturenbrett geschleudert worden, und sie hätte sich zweifellos schwer verletzt. Das Auto stand mit schnurrendem Motor da, während Mama nach Atem rang. »Das war's«, sagte sie. »Ich geb's auf.« Sie fuhr langsam nach Hause, parkte das Auto vor der Tür und ging davon, als ob sie das alles nichts anginge. Sie setzte sich nie wieder in dieses Auto. Erneut stand es monatelang am Straßenrand, erneut sammelte sich Laub unter den Reifen und Schnee auf der Motorhaube, bis sie es endlich verkaufte. »Ich werde nie Auto fahren lernen«, sagte sie.

Der Witz ist, daß Mama schon Auto fahren konnte, als sie noch nicht mal 18 war. Damals in Suffolk fuhr sie den 1936er Ford ihres Vaters. Sie fuhr ihn nicht nur, sondern konnte so gut damit umgehen, daß sie sogar noch einen Anhänger voller Waren für den Lebensmittelladen ihrer Familie zog. Sie fuhr das Auto und den Anhänger auf gepflasterten und ungepflasterten Straßen zwischen Norfolk, Suffolk, Portsmouth, Virginia Beach und North Carolina. Sie konnte mit dem vollen Anhänger rückwärts fahren, um ihn zu Hause auszuladen, das Auto mitsamt Anhänger rückwärts in den Hof manövrieren, den Anhänger abkuppeln und das Auto, auch wieder rückwärts, in der Garage einparken. Aber sie hatte ihre Vergangenheit so weit zurückgelassen, daß sie buchstäblich nicht mehr wußte, wie man Auto fuhr. Rachel Deborah Shilsky konnte Auto fahren und einen Anhänger ziehen, aber Ruth McBride Jordan hatte vor jenem Tag im Jahr 1973 noch nie hinter einem Lenkrad gesessen, soviel stand fest.

17
Verloren in Harlem

Als ich nach der Highschool nach New York kam, arbeitete ich in der Lederfabrik meiner Tante und wohnte bei Babe, die in die Bronx gezogen war. Es waren nicht gerade rosige Zeiten für mich. Ich war kein Kind mehr. Die Schwestern meiner Mutter waren fertig mit mir. Tante Mary ließ mich zwar in ihrer Fabrik arbeiten, aber sie machte mir das Leben schwer. Inzwischen war sie eine füllige Frau mit einem sehr hübschen Gesicht und regierte ihre Sippe mit eiserner Hand, Onkel Isaac, ihren Mann, eingeschlossen. Er stand nämlich ganz schön unter ihrem Pantoffel. Er war Schuster und arbeitete in einer exklusiven Schuhfabrik namens H. Bendel's an der 53rd Street Ecke Fifth Avenue. Ein paar der reichsten Frauen New Yorks ließen sich dort ihre Schuhe machen, Filmstars wie Janet Gaynor und Myrna Loy. Ich fand, daß er den schönsten Beruf der Welt hatte, weil er ständig Filmstars treffen konnte, aber ich hatte auch Angst vor ihm. Er hatte eine Halbglatze und ein nervöses Zucken im Gesicht, und er trank sehr viel Alkohol, sobald er nur das Haus betrat. Immer hatte er eine Flasche Schnaps in einem der Küchenschränke versteckt. Er lehnte sich auf die Küchentheke, nahm große Schlucke aus der Flasche und atmete heftig. Dann wurde er ganz rot im Gesicht und sagte schmutzige und gemeine Sachen.

Währenddessen vergnügte sich seine Frau, Tante Mary, mit einem Mann namens Mr. Stein. Er war der beste Freund ihres Mannes. Was für ein Skandal. Und das war ein toller Mann, Schätzchen, das kannst du mir glauben. Groß und gutaussehend. Er kam zweimal die Woche in ihr Büro in der Fabrik, und sie machten die Tür zu und knutschten und tranken Wein und aßen Käse und Kräcker. Das wußte ich, weil ich diejenige war, die Tante Mary losschickte, um die Sachen dafür einzukaufen. Sie fuhr mich an: »Rachel! Geh los und hol mir eine Flasche Weißwein und Käse und Kräcker!«, und siehe da, schon tauchte auch Mr. Stein auf. Er verschwand in ihrem Büro, damit sie die Tür zumachen und in Ruhe rumknutschen konnten. Nach ein oder zwei Stunden kam Tante Mary mit zerzausten Haaren und ganz verschmierter Schminke und knallrotem Gesicht zur Tür heraus. Natürlich hab ich immer so getan, als würde ich nichts davon merken. Ich war ja froh, überhaupt einen Job zu haben.

Kurz nachdem ich dort angefangen hatte, um 1939 rum, stellte sie einen Mann ein, der gerade von North Carolina nach New York gekommen war und Andrew McBride hieß. Er benutzte seinen zweiten Namen, Dennis. Das war dein Vater. Das war ein richtiger Mann, kann ich dir sagen. Damit meine ich, daß er neugierig und witzig und lässig und selbstsicher war. Dennis war ein ausgezeichneter Kürschner und Handwerker und wurde schnell Tante Marys bester Mann. Tante Mary kommandierte ihre Angestellten gern herum, und eines Tages sagte sie zu Dennis, er solle einen riesigen Ballen Leder nehmen und ihn mit der U-Bahn nach Manhattan schaffen. Der Ballen wog bestimmt 50 Kilo. Dennis sagte: »Tut mir leid, aber den kann man unmöglich alleine tragen«, und weigerte sich. Zum ersten Mal erlebte ich, daß jemand sich Tante Mary widersetzte. Sie gab nach.

Dennis sah, wie hart meine Tante zu mir war, und er bekam mit, wie sie sich mit Mr. Stein die Zeit vertrieb, aber er sagte nie was zu ihren Treffen mit Mr. Stein. Für mich hatte er immer ein freundliches Wort übrig oder einen Witz. Er war unheimlich witzig. Der Mann konnte sogar einen Hund zum Lachen bringen. Er brachte mir manchmal eine Tasse Kaffee oder machte nette Sachen, auch für andere. Nicht nur für mich, sondern für jeden. So ein Mensch war er. Er war der netteste Mensch, den ich jemals in meinem Leben getroffen habe, und hätte ich nur einen Funken Verstand gehabt, hätte ich ihn mir geschnappt und vom Fleck weg geheiratet. Aber ich war jung und wollte weg von meiner Familie, und außerdem hatte ich Harlem entdeckt.

Ich weiß nicht, warum es mich dorthin verschlug – vielleicht weil ich fast mein ganzes Leben lang in der Nähe von Schwarzen gelebt hatte, oder weil ich schon so viel davon gehört hatte. Damals ging kein Mensch nach Greenwich Village, um sich zu amüsieren. Man traf sich nämlich in Harlem. Weiße und Schwarze gingen nach Harlem, um sich zu amüsieren. Damals gab's noch keine harten Drogen und Kriminalität wie heute. Es war anders. Die Leute zogen in rauhen Mengen nach Harlem, aus den Südstaaten, aus Chicago, von überall her. Harlem hatte was ganz Besonderes.

Ich setzte mich, von Tante Marys Fabrik kommend, in die

U-Bahn-Linie 2, stieg in der 125th Street aus, und das Abenteuer konnte beginnen. Es gab Theater von der Eighth Avenue bis runter zur Lenox Avenue. Ein Block in Harlem hatte mehr Kinos als ganz Suffolk: das Loew's, das Alhambra, das Rialto, und dann, wenn man die Seventh Avenue überquerte, gab es einen Haufen kleinerer Theater, und auf der 125th Street war natürlich das Apollo Theater. Manchmal ging ich ins Apollo und verbrachte dort den ganzen Nachmittag. Es gab vier Vorstellungen, und wenn man um elf Uhr vormittags hinging, konnte man gleich drei Aufführungen sehen, außerdem noch Filme. Irgendwann hatte ich genug davon, wie Tante Mary mich behandelte, also kündigte ich bei ihr in der Fabrik und wollte mir in Harlem einen Job als Platzanweiserin oder Kartenverkäuferin suchen. Ich war schon immer gern ins Kino und ins Theater gegangen, also schlenderte ich eines Nachmittags zu einem Kino in der Seventh Avenue und fragte nach dem Besitzer. Er kam raus, guckte mich an und fragte: »Was in aller Welt machst du überhaupt hier in Harlem?«

»Ich suche einen Job«, sagte ich.

»Was für einen Job suchst du?« fragte er.

»Als Kartenverkäuferin«, sagte ich.

»Und was suchst du sonst noch für einen Job?« fragte er.

»Sonst such ich keinen anderen Job«, sagte ich. »Ich will einen Job als Kartenverkäuferin oder als Platzanweiserin. Gibt's vielleicht einen Job als Platzanweiserin?« Er wurde wütend. »So was haben wir hier nicht«, sagte er. »Da mußt du schon woandershin gehen«, sagte er. Ich kapierte überhaupt nicht, was er mir sagen wollte. Dieser Mann dachte, ich wär 'ne Prostituierte, und fast wurde ich auch eine. Ich fragte auch noch woanders nach, aber mit ungefähr dem gleichen Ergebnis. Keiner wollte mich einstellen. Warum sollte sich ein weißes Mädchen

in Harlem rumtreiben, außer wenn sie irgendwas Schlimmes im Schilde führte? Vor allem, wo es in der Innenstadt reichlich Jobs gab! Das konnte doch gar nicht angehen! Und naiv wie ich war, zog ich weiter durch die Gegend, ohne zu ahnen, daß ich schon sehr bald Ärger kriegen würde.

In den Kinos hatte ich kein Glück, also versuchte ich es mit Schönheitssalons. Damals in Suffolk hatte Tate mich gezwungen, einen Kosmetikkurs bei einer Frau zu machen, die einen gutgehenden Schönheitssalon in der Innenstadt betrieb. Dort arbeitete auch eine Kosmetikerin, ein blondes Mädchen mit orangefarbenem Lippenstift, die auf dem Land wohnte und jeden Tag nach Suffolk zur Arbeit kam. Dieses Mädchen brachte mir bei, wie man Maniküren und Frisuren macht: wie man Wasserwellen legt und schamponiert und Dauerwellen legt – aber das bezog sich alles auf die Haare von weißen Leuten. Na ja, ich sagte mir: Haare sind Haare, und betrat einen kleinen Laden an der 135th Street Ecke Seventh Avenue und sagte: »Ich kann Dauerwellen legen«, und die Frau stellte mich ein und gab mir einen Stuhl. Allerdings hatte ich keine Ahnung, wie man Schwarzen Dauerwellen legt, und meine erste Kundin war eine schwarze Frau, und diese Frau richtete ich ziemlich übel zu. Als ich fertig war, sahen ihre Haare aus wie Hackfleisch. Ich sagte immer wieder zu ihr: »Gleich sind Sie wie fabrikneu, gleich sind Sie wie fabrikneu.« Der Spruch war damals in Mode. Das sagte ich also zu ihr, während ich ihr die Dauerwelle legte und die Haare schnitt, denn als Friseuse muß man mit den Leuten plaudern und ihnen ein gutes Gefühl geben und so tun, als wär alles in Butter. Na ja, noch am selben Tag flog ich raus.

Ich mühte mich unverdrossen ab, bis ich schließlich zu mir sagte: Na gut, aber maniküren, das kann ich. Ich hatte reichlich Schönheitssalons und Herrensalons mit Schildern im Schau-

fenster gesehen, auf denen »Maniküre gesucht« draufstand. Das waren meistens Herrensalons. Das machte mir nichts aus, denn ich hatte gehört, daß der Job als Maniküre in einem Herrensalon einfach war und daß man gutes Trinkgeld bekam. Ich lief die Seventh Avenue rauf und runter und fand schließlich einen Laden, den Hi Hat Barbershop. Er war einen Block von Small's Paradise an der Seventh Avenue Ecke 138th Street entfernt. Sie hatten ein Schild im Fenster, auf dem stand »Maniküre gesucht«, also ging ich in den Laden rein und erkundigte mich nach dem Job.

Der Besitzer, Rocky, war ein stämmiger, gutangezogener, hellhäutiger Mann mit einer tiefen Stimme. Er war Mitte Fünfzig. Er stellte mich sofort ein. Er stellte den Manikürtisch ins Schaufenster und setzte mich da hin, und ich arbeitete im Schaufenster. Am selben Abend ging ich nach Hause und erzählte meiner Großmutter, daß ich einen Job gefunden hätte, bei dem ich 15 Dollar die Woche verdiente. Babe fragte: »Was für ein Job ist das denn?«

»Ein guter Job«, sagte ich ihr, aber ich sagte ihr weder, was für eine Art Job es war, noch, wo sich der Laden befand. Viele Theaterleute und Musiker kamen in den Laden, und ich hörte sie oft zum Chef sagen: »Rocky, du gehst ein ziemliches Risiko ein, wenn du hier ein minderjähriges weißes Mädchen einstellst.« Aber der kümmerte sich nicht darum. Ich war 19, und das schien ihm alt genug. Er fing an, ständig an meinem Manikürtisch rumzuhängen. Eines Tages sagte er mir, er wolle mich zum Mittagessen einladen, und ich war einverstanden. Er hatte ein schönes Auto vor dem Laden stehen, und er hatte auch Geld, also bin ich mitgegangen.

Ich machte mir keine großen Gedanken. Mir war nicht klar, daß er was anderes mit mir vorhatte. Er führte mich immer öfter aus, zum Apollo und ins Kino, und dann fuhr er mich nach Hause in die Bronx. Er hatte ein schönes Auto und Geld, also was soll's, sagte ich mir. Ich war beeindruckt davon. Er nahm mich mit in Nachtklubs, und dort kannten ihn viele Leute. Manchmal nahm er mich mit ins Small's Paradise, wo's nur so wimmelte von Musikern, Theaterleuten, Zuhältern und Prostituierten, und er schien alle zu kennen. Ich sagte ihm, daß ich schon immer Tänzerin werden wollte und daß ich vorhatte, mich bei den Rockettes in der Radio City Music Hall vorzustellen. Er sagte: »Ich arrangier das für dich«, aber dann kriegte ich Angst und ging nicht zum Vortanzen. Ich war zwar ein dummes Kleinstadtmädchen, aber so dumm war ich auch wieder nicht, da runterzugehen und mich zum Gespött zu machen. Was wäre gewesen, wenn die anderen Mädchen alle viel besser getanzt hätten als ich? Vergiß es, Schätzchen.

Rocky mietete mir ein Zimmer auf der 122nd Street, in der Nähe der Seventh Avenue, damit ich nicht jeden Tag die lange Fahrt zurück zu meiner Großmutter in die Bronx machen mußte. Er fuhr mit mir in seinem Auto die Seventh Avenue runter, rauf und runter, und die 125th Street rauf und runter. Da gab es Mädchen, die auf der Straße rumstanden. Er sagte: »Bald erzähl ich dir mal was über die Mädchen da.« Da wußte ich jedenfalls, was los war, aber ich sagte nichts. Anfangs hatte ich auch nichts dagegen einzuwenden.

Ich blieb ein paar Tage lang in dem kleinen Zimmer, das er für mich gemietet hatte, dann fuhr ich zurück zu Babe und dann wieder zurück in mein kleines Zimmer. Babe war inzwischen sehr mißtrauisch geworden, aber sie war damals schon sehr alt, sie schlief viel, weißt du, und sie war zuckerkrank, und ich machte mit ihr, was ich wollte, genau wie meine Enkelkinder es heute mit mir machen. Ich erzählte ihr einfach irgendeine Ge-

schichte, und bald konnte ich das auch nicht mehr, erst meine Großmutter besuchen und dann wieder in Harlem rumhängen. Ich mußte einfach weg von ihr und konnte nicht mehr zurück, weil mich Babe zu sehr daran erinnerte, wer ich war und woher ich kam. Ich wollte unbedingt richtig nach Harlem ziehen und genug Geld verdienen, daß ich da bleiben und ein gutes Leben haben und mir schöne Kleider kaufen konnte. Also fragte ich Rocky eines Tages: »Wann kann ich endlich Geld verdienen wie deine anderen Mädchen?« Ich wußte, was ich da sagte. Ich war ja nicht blind. Aber was bedeutete mir schon Liebe? Was wußte ich schon von Liebe? Und Sex? Ich wollte raus und mich amüsieren, aber Rocky sagte: »Du bist noch nicht soweit, dich da rauszustellen. Ich sag dir schon Bescheid, wenn du soweit bist.«

Na ja, eines Nachts war ich mit Rocky im Small's Paradise oder einem dieser anderen Nachtklubs und hatte es ganz lustig. Ich war schon seit einigen Wochen nicht mehr bei Babe gewesen, und aus irgendeinem Grund mußte ich plötzlich an Mame und Dee-Dee denken. Wegen Tate hatte ich Angst, zu Hause anzurufen, aber ich wußte, daß Dennis bei Tante Mary arbeitete, und irgendwie schaffte ich es, ihn unten in Harlem aufzutreiben, da, wo er wohnte. Ich fragte ihn, ob er nicht rausfinden könne, wie es meiner Mutter und Schwester ging, weil es eine kleine Fabrik war, und er würde doch sicher mitbekommen, wenn meine Tante irgendwas erwähnte. Er sagte: »Sie haben schon nach dir gesucht, Ruth. Wie geht's dir?«, und ich erzählte ihm von meiner neuen Wohnung und meinem neuen Freund Rocky und wie nett er war, und dabei guckte Dennis ganz komisch, und dann sagte ich nichts mehr.

Ich lebte so richtig auf großem Fuß, weißt du, und versuchte einfach, meine Vergangenheit zu vergessen und nicht mehr an meinen Vater zu denken, aber als ich anfing, Dennis davon zu erzählen, schämte ich mich plötzlich, denn sein Gesichtsausdruck sagte alles.

Er sagte: »Ruth, so was Schlimmes können dir deine Eltern gar nicht angetan haben, daß du jetzt mit diesem Mann durch die Gegend ziehen mußt. Der Mann ist ein Zuhälter. Er ist ein Zuhälter, und er führt dich an der Nase rum.« Und er saß da und kochte irgendwie innerlich. Er war nicht wütend. Er schien nur sehr enttäuscht.

Ich schämte mich plötzlich so sehr. Ich stand auf und sagte: »Die müssen mich nicht mehr suchen. Ich komm nach Hause.« Ich packte meine Sachen und fuhr sofort zurück zu Babe in die Bronx. Sie hatte sich solche Sorgen um mich gemacht, aber als sie wissen wollte, wo ich denn gewesen sei, gab ich ihr keine direkten Antworten. Ich sagte ihr nur, sie solle nicht ans Telefon gehen und niemandem irgendwelche Informationen über mich rausgeben. Rocky rief an und schickte Blumen, aber ich rief ihn nicht zurück. Er war hartnäckig und kam einmal zu Babe und klopfte an der Tür und stand im Hausflur und sagte: »Komm raus, Ruth. Ich weiß, daß du da bist. Komm schon raus.« Aber ich stand hinter der Tür und öffnete nicht und sagte kein Wort. Er schickte mir immer wieder Blumen und versuchte, mich zurück in seine Fänge zu bekommen, aber nach einer Weile hörte er auf, mich anzurufen, und ich sah ihn nie wieder.

18

Verloren in Delaware

Im Juni 1974 kam Mama in die Küche unseres Hauses in Queens und sagte: »Wir ziehen nach Delaware. Packt die Sachen zusammen.« Sie hatte fünf Kinder zu Hause und sieben an der Universität. Ein paar hatten nach ihrem Collegeabschluß noch weiterstudiert. Alle hatten Stipendien oder Darlehen und kamen selbst nur mit Mühe über die Runden, daher konnten sie ihr finanziell nicht unter die Arme greifen. Unser Haus war richtiggehend baufällig geworden, und Mama kam einfach nicht mehr hinterher.

Wochenlang waren wir mit Packen beschäftigt. Ich freute mich darauf, umzuziehen. Wenn wir in New York geblieben wären, hätte ich mit ziemlicher Sicherheit ein Schuljahr an der Highschool wiederholen müssen, um meinen Abschluß zu machen. Außerdem lief ich ständig meinen alten Freunden über den Weg, die in immer größere

Schwierigkeiten gerieten. Ich mußte neue Gesichter sehen, wollte noch mal irgendwo von vorne anfangen. Meine jüngeren Schwestern hingegen liebten New York, hatten keines meiner Probleme und wollten nicht wegziehen. »Wieso umziehen?« warfen sie ein. »Hier sind wir doch glücklich.« Eine Familienkonferenz wurde einberufen. Mama setzte sich hin, um über die Sache zu diskutieren, hörte sich die Argumente meiner Schwestern an, schürzte die Lippen und nickte. »Wenn ihr das so seht«, sagte sie, »dann bleiben wir hier.« Sie stand auf, verkündete forsch-fröhlich: »Wir ziehen nicht um«, und ging aus dem Zimmer. Es war, als hätte sie eine Handgranate aus der Tasche gezogen, den Sicherungsstift entfernt, die Granate auf den Boden geworfen und daraufhin den Raum verlassen. Meine Brüder und ich sahen einander erschrocken an. Das Haus hatte inzwischen zum Kauf freigestanden. Es gab sogar einen Käufer. Verträge waren unterzeichnet worden. Unsere Lehrer wußten schon Bescheid. Vorbereitungen waren getroffen worden. Wir stritten stundenlang herum. »Wir sollten wirklich umziehen«, sagte ich.

»Vergiß es«, meinten meine Schwestern.

»Wir müssen«, behaupteten meine älteren Brüder. Ihrer Ansicht nach konnte es sich Mama finanziell nicht länger leisten, in New York zu leben.

Mama wurde gebeten, wieder in die Debatte einzusteigen. »Laßt mich noch mal drüber nachdenken«, sagte sie. Sie legte sich auf die Couch, schlief sofort ein und schnarchte, während wir uns weiter stritten. Meine Mutter ist der einzige Mensch, den ich kenne, der in der Lage ist, in einen zweiminütigen Tiefschlaf zu fallen – und zwar einen kompletten Erholungsschlaf, inklusive lautem Schnarchen, aus dem sie nur durch ein paar ganz bestimmte Geräusche ebenso schnell wieder geweckt werden kann. Ein Wirbelsturm hätte ihr nichts ausgemacht, aber ein weinendes Baby oder ein Topf, der auf den Boden fiel, riß sie hoch wie einen Soldaten beim Wecksignal. Als sie aufwachte, spazierte sie wortlos davon. Tage vergingen. Endlich verkündete sie: »Wir bleiben.« Jubel von seiten der Mädchen. Langsam fingen wir mit dem Auspacken an. Sofort am nächsten Tag rief sie: »Wir ziehen um!« Jubel von seiten der Jungs. Wir fingen wieder an, zu packen. Und so ging es wochenlang hin und her, während der Immobilienmakler sich die Haare raufte und sich fragte, was denn nun aus seinem Auftrag werden würde. Die Debatte ging buchstäblich bis zu jenem Augustmorgen, an dem wir einen Transporter mieteten, unsere sämtlichen Habseligkeiten einluden – ein paar von uns mußten hinten beim Gepäck sitzen – und wie die Hillbilly-Bären zur I-95 und in Richtung Wilmington, Delaware, aufbrachen. »Wieso ausgerechnet Wilmington?« fragten wir Mama.

»Warum nicht?« sagte sie. »Es ist billig.« Sie hatte für weniger als zwölftausend Dollar ein kleines Haus in der Stadt gekauft. Soviel konnte sie sich gerade noch leisten.

Wir wußten nichts über Delaware. Mama hatte eine alte Freundin aus Harlem, die dort wohnte. »Euch wird's schon gefallen in Delaware«, hatte Mamas Freundin gesagt, aber sobald wir unseren Miet-Transporter vor unserem neuen Haus geparkt hatten, wußten wir, daß wir vollkommen verloren waren.

Wir dachten, daß wir in Wilmington genauso funktionieren würden wie in New York: mit U-Bahnen und Bussen herumfahren und uns im öffentlichen Verkehrswesen und vom Rhythmus der Stadt treiben lassen. Aber Wilmington hatte keine U-Bahn, und nur die ganz Armen nahmen den Bus, der bloß bis neun Uhr abends fuhr. Anders als in New York, wo Ma mit einem einzigen Dollar meilenweit kam und ihre Truppen ins gelobte Land von Macy's, Gimbels oder Ohrbach's führte oder sie kostenlos in Museen, bei Paraden, Nachbarschaftsfesten und öffentlichen Konzerten unterhalten ließ, war Wilmington das Land der vorstädtischen Einkaufspassagen, Highschoolkapellen, blonden Schulballköniginnen und kleinstädtischen Klatschgeschichten und hatte eine Innenstadt, aus der die Weißen so schnell flohen wie ihre Ford Pintos sie davontrugen. Wir waren schockiert über das Ausmaß der Rassentrennung in der Stadt und Umgebung, wo die meisten schwarzen Kinder städtische Schulen besuchten, die weder ausreichend Personal noch Mittel hatten, während es für die Weißen blitzsaubere, phantastisch eingerichtete Vorstadtschulen gab. Daß es hier getrennte Schulen gab, traf Mama völlig unvorbereitet. Daran hatte sie nicht im entferntesten gedacht, und das südliche Flair der Stadt – alles, was südlich der New Yorker Canal Street lag, war für uns schon »der Süden« – weckte bei Mama unangenehme Erinnerungen. Sie haßte den Süden.

Ein paar Monate nach unserer Ankunft wurden wir eines Nachts von einer Gruppe Polizeibeamter des Staates Delaware auf einer dunklen Landstraße angehalten, nachdem mein älterer Bruder David, der am Steuer saß, unerlaubterweise den Wagen gewendet hatte. Die Beamten waren groß, arrogant und mitleidlos. Sie umzingelten das Auto, in dem lauter schwarze Kinder und eine weiße Mutter saßen, leuchteten mit ihren Taschenlampen überall hin und zwangen David, der damals Doktorand an der Columbia University war, ohne Mantel draußen in der Kälte zu stehen, während sie ihn vernahmen. Dann schleppten sie ihn vor ein nächtliches Gericht, und wir gingen alle mit, verängstigt und wütend. Mama konnte es nicht fassen, daß ihr schüchterner, intellektueller Sohn – sie war immer so stolz auf David gewesen und hätte ihm buchstäblich seine Bücher zur Uni getragen, wenn er sie darum gebeten hätte – auf einmal vor einem Richter stand, der ihn fragte, ob er sich seiner Verkehrsübertretung »schuldig« bekenne oder nicht. Sofort sprang sie auf und rief, ganz à la F. Lee Bailey: »Sag bloß nicht ›schuldig‹! Die sperren dich sonst ein!«

»Bitte, Mama«, sagte David und versuchte, sie zu beruhigen, während der Richter das Schauspiel beobachtete.

»Nein, nein!« schrie sie. »Du hast dir nichts zuschulden kommen lassen – gar nichts!«

Rückblickend waren Angehaltenwerden, Strafmandat und nächtliches Gericht nichts weiter als Routine gewesen, und als ich später als Reporter für den *Wilmington News Journal* einen Artikel über Polizisten schrieb, lernte ich die Beamten aus Delaware von einer viel sympathischeren Seite kennen. Aber dieses Wissen hatte Mama zu dem Zeitpunkt nicht, und von da an haßte sie Delaware. »Jetzt ziehen wir aber *wirklich* zurück nach New York«, sagte sie. »Das Haus ist noch nicht verkauft. Wir kommen da schon wieder raus aus dem Vertrag.«

Meine Schwestern beluden den Amtrak-Zug von Wilmington nach New York mit ihren in Einkaufstüten gepackten Habseligkeiten. Eventuelle Notfälle wurden besprochen. Termine festgelegt. Versprechen gemacht: »Ihr kommt mit dem Transporter nach … Wir melden uns in der so-und-so Schule an … du redest mit dem Schulleiter, ja? … Wir sehen uns dann in New York.« Und weg waren sie.

Zwei Stunden später überredete ich Ma, es sein zu lassen. »Was erwartet uns schon in New York?« fragte ich sie. »Da erwartet uns nichts. Es ist vorbei. Du kannst dir das Haus nicht mehr leisten.« Traurig stimmte sie mir zu. Die Mädchen riefen aus der Stadt an, und Mama forderte sie auf, wieder nach Hause zu kommen.

Sie drehte sich wie irre im Kreis, weil sie versuchte zu überleben, und Bewegung war immer ihre Zuflucht, wenn es hart auf hart kam. Sie war eine 54jährige Witwe, die von einer kleinen Rente und Sozialhilfe lebte und noch immer fünf Kinder im Haus hatte. Noch nie hatte sie allein die Stadt gewechselt, neue Gegenden erkundet, Häuser oder Autos gekauft. Für einen allein war das ja auch wirklich eine ganze Menge. Über zwei Ehen hinweg – die erste dauerte sechzehn, die andere vierzehn Jahre – war es immer ihre Aufgabe gewesen, für ihre Kinder zu sorgen; jetzt aber mußte sie eine Familie in Gang halten, und um das noch zu lernen, war es schon ein bißchen spät. Seelisch war sie völlig ausgedörrt und hatte furchtbare Schuldgefühle, uns aus New York weggeholt zu haben. Oft saß sie abends am Küchentisch und grübelte: »Was hab ich nur getan? Was hab ich mir bloß dabei gedacht?«, und starrte, mit einer Tasse kaltem Kaffee in der Hand, ins Leere.

Durch ihre Gebete wurde alles anders. Und durch das öffentliche Schulsystem, das sie mächtig anstachelte. Als sie die zerfledderten Bücher zu Gesicht bekam, die wir von der Schule nach Hause brachten, richtete sie sich erbost auf, fast wie früher. »So wird das nie was, mit solchen Schulbüchern«, sagte sie. Für 900 Dollar kaufte sie einen alten, gebrauchten Toyota, nahm Fahrstunden, und obwohl der Fahrlehrer ein dreckiger alter Kerl war, der, wie sie es formulierte, »frech wurde«, hatte sie innerhalb von zwei Wochen ihren Führerschein. Sie schlug ein Telefonbuch auf, ließ ihren Zeigefinger die Spalte mit den privaten und katholischen Schulen hinunterwandern, rief die Schulen an, fand heraus, welche von ihnen Stipendien vergaben, und fuhr mich zu einer dieser Schulen. Der Schulleiter unterhielt sich vier Stunden lang mit mir. Erst mußte ich einen Schreibtest und dann einen in Geographie machen. Dann setzte er mir einen Haufen Matheaufgaben vor, die ich nicht konnte. Wenn ich in den letzten zwei Jahren nicht so oft gefehlt hätte, wären die Tests wahrscheinlich kein Problem gewesen, aber ich hatte die Versetzung gerade noch geschafft und war schon froh, überhaupt ins letzte Schuljahr gekommen zu sein. Der Mann hatte kein Mitleid mit mir. Er sagte, wenn ich als Zwölftkläßler auf die Schule käme, würde ich möglicherweise den Anschluß verpassen. Die Schule lehnte mich ab.

Also kam ich zusammen mit meinen Schwestern Kathy und Judy auf die rein schwarze, öffentliche Pierre S. Du Pont Highschool, und dort gefiel es mir gut. Ich wurde »New York« genannt, wie damals in Louisville, aber diesmal hielt ich mich von den Rumhängern fern und konzentrierte mich auf meine Musik, vor allem auf Tenorsaxophon und Posaune. Letztere hatte ich angefangen, um in der Schulkapelle mitspielen zu können. Der Wechsel tat mir gut, und statt zu kiffen und Alkohol zu trinken, übte ich lieber Musik. Dazu ermutigte mich nämlich der großartige Musiklehrer, ein Schwarzer namens C. Lawler Rogers. Im großen und ganzen war die Schule zehnmal einfacher als in New York, und ich wurde ausgewählt, mit der American Youth Jazz Band, die von einem sehr netten, weißen Musiklehrer namens Hal Schiff organisiert wurde, nach Europa zu fahren.

Die American Youth Jazz Band-Reise nach Europa war nicht kostenlos. Man mußte sie bezahlen, und das konnte ich natürlich nicht. Meine Reisekosten wurden jedoch von einem wohlhabenden Ehepaar namens David H. und Ann Fox Dawson aus dem nahegelegenen Chadds Ford, Pennsylvania, übernommen, das einen Großteil seiner Energie und seines Geldes in die Förderung von innerstädtischen Kindern und Jugendlichen aus mittellosen Familien steckte. Mr. Dawson war ein großer, gepflegter, grauhaariger Mann und Direktor der Firma Du Pont. Er und seine Frau waren die Hauptsponsoren der Band und verteilten Stipendien an bedürftige Musiker. Dafür mußte man am Wochenende und im Sommer auf ihrem Gut arbeiten, und so geschah es, daß ich mich innerhalb eines Jahres vom zugekifften Herumtreiber in Louisville zum Kellner auf den Partys geldschwerer Adliger im schicken Chadds Ford mauserte. Ich kämmte mir meinen Afro glatt, zog Anzug und Fliege an, die mir Mrs. Dawson geliehen hatte, und trug die Tabletts mit den Horsd'œuvres herum – zusammen mit Pearl, der schwarzen Frau, die schon seit Jahren bei den Dawsons als Köchin und Haushälterin arbeitete. Pearl wohnte wie ich in Wilmington, und eines Tages nahm ich sie beiseite und fragte sie: »Warum arbeiten Sie für diese weißen Leute?« Sie sah mich an, als hätte ich den Verstand verloren. Sie und Mrs. Dawson standen sich ziemlich nahe. Sie sagte: »Du machst es doch wohl nicht anders, oder?«, und daraufhin hielt ich den Mund. In den Dawson-Büros servierte ich schmunzelnden Weißen ihre Drinks – unter anderem dem Vorsitzenden der Firma Du Pont und dem Gouverneur von Delaware. Diese Leute waren ganz anders als ich oder meine Mutter oder sonstwer in der Familie, aber anstelle von Groll gegen die Weißen verspürte ich vor allem Ehrgeiz. Ich wollte niemals so werden wie sie, herumstehen und vom Wein nippen und gute Manieren an den Tag legen und so tun, als wäre man fröhlich, obwohl man es nicht war – insofern ähnele ich meiner Mutter –, aber dennoch hatten diese Leute bei mir etwas bewirkt. Ich erkannte, daß sie bereit waren, der Band zu helfen und indirekt auch mir, der ich unbedingt nach Europa fahren wollte, also war ich ihnen dankbar. Ansonsten stellte ich keine Erwartungen an sie.

Ich war der ungeschickteste, schlechteste Kellner, den Mrs. Dawson jemals hatte, und es ist ihr wirklich zugute zu halten, daß sie mich nicht auf der Stelle zum Teufel jagte. Beim Einsammeln zerknitterte ich die Mäntel der Leute, zerdrückte ihre Hüte, kippte Getränke um und ließ überall Horsd'œuvres fallen. Mrs. Dawson sagte ständig: »James, trag das Tablett *so* … nein, *so* … und jetzt stell es hier rüber … Jetzt rück dir die Fliege zurecht … das Tuch muß *so* über den Arm gehängt werden … Halte das Tablett hoch, *hoch*, … oje.« *Krach*! Und das Tablett stürzte zu Boden. Ich mochte Mrs. Dawson, wenn ich sie auch oft verärgerte. Sie war eine anspruchsvolle, geistreiche, energische Frau und der erste weiße Mensch in meinem Leben, mit dem ich ein längeres Gespräch über Musik und Literatur führte, was ihr wohl ziemlich gut gefiel. Sie machte mich mit klassischer

Musik und Autoren bekannt, von denen ich noch nie gehört hatte, und sie versuchte, mein angeblich schlechtes Englisch und meine unschönen Manieren zu korrigieren, worüber ich wiederum alles andere als erfreut war. Oft mußte ich mich mit ihr hinsetzen und mir Gedichte anhören, deren Zeilen mir später im Leben manchmal ganz plötzlich durch den Kopf schossen.

Bei ihren Partys kellnern war nicht mein einziger Job. Ich war nicht ganz und gar ihr Hausneger, sozusagen. Die meiste Zeit arbeitete ich auf den Feldern. Das Gut stand auf einem riesigen, viele Hektar großen Stück Land, zu dem ein Reitstall, ein großer Gemüsegarten und ein Swimmingpool gehörten, um den sich ein junger weißer Hausmeister namens Harry kümmerte. Wir mähten den Rasen, schnitten die Bäume, misteten die Ställe aus, fuhren Traktor und waren den ganzen Tag beschäftigt. Harry war ein Junge vom Land, ein schlauer Typ, der gern Rotwild jagte, und er hatte für diesen Zweck immer einen Vorrat an Bier und ein langes Gewehr hinter dem Sitz seines Pickup-Trucks verstaut. Ich mochte Harry und brachte ihn den ganzen Tag lang zum Lachen. Er staunte darüber, wie ich es schaffte, mich vor all der schmutzigen Arbeit zu drücken, die mir Mrs. Dawson aufhalste.

»James, du bist ein fauler Sack«, sagte er mir eines Nachmittags, »und wenn du dich nicht ein bißchen ranhältst, dann hat dich Mrs. Dawson in Null Komma nix durchschaut.« Ich kümmerte mich nicht weiter um das, was er sagte, aber schon kurze Zeit später wurde seine Prophezeiung wahr. Ich mußte jeden Morgen um fünf Uhr aufstehen, um den Bus von Wilmington zu Mrs. Dawson zu nehmen, und oft war ich richtig erledigt, wenn ich ankam.

Eines heißen Nachmittags erwischte mich Mr. Dawson, als ich im Erdbeerfeld, das ich eigentlich hätte jäten sollen, eingeschlafen war, und er erzählte es gleich Mrs. Dawson weiter. Sie wurde wütend und entließ mich auf der Stelle. »Sie können mich doch nicht einfach entlassen!« sagte ich. »Ich will doch nach Europa!«

»Ich schicke dich schon nach Europa«, sagte sie, »aber du bist trotzdem entlassen. Junge, du mußt erst mal arbeiten lernen.« Als sie sagte, daß ich nach Europa fahren würde, umarmte ich sie. Mich störte es zwar, daß sie mich Junge nannte, aber meine Entlassung störte mich kaum. Sie hatte mir eher einen Gefallen getan. Ich hatte danach noch viele Jahre Kontakt zu ihr. Sie half mir durchs College und half mir auch danach, weiterzustudieren; sie bezahlte zwar nicht meinen Unterhalt, aber wenn es mal wirklich nicht anders ging, war sie für mich da. Einige Jahre später spazierte ich eines Morgens am Oberlin College zu meinem Briefkasten und fand darin einen Brief von ihr, in dem sie schrieb, daß ihr Mann plötzlich an Krebs gestorben sei. Später am selben Tag stand ich zusammen mit einer Gruppe schwarzer Studenten auf der Straße, und einer von ihnen sagte: »Vergiß doch die Weißen. Die sind doch alle reich. Die haben keine Probleme.« Und da antwortete ich: »Klar, Mann, du sagst es«, dabei steckte ein Brief von einer alten weißen Frau mit gebrochenem Herzen in meiner Tasche, die immer ihr Möglichstes getan hatte, um mir zu helfen – und vielen anderen wie mir. Es war nicht besonders schön, dazustehen und zu lügen. Manchmal kam es mir vor, als sei die Wahrheit eine krummbeinige Gestalt, die ständig von einer Seite der Welt zur anderen flitzt und mir immer wieder entwischt.

Als ich schließlich mein letztes Schuljahr an der Highschool anfing, wußte ich schon, daß ich studieren und irgendeine Art Musiker werden wollte. Ich konnte mir nicht vorstellen, in Wilmington zu bleiben, im Supermarkt zu arbeiten und zusammen mit meiner Popband auf gelegentliche Gigs beim Sommerfest des Veteranenverbands oder anderen zweifelhaften ländlichen Veranstaltungen zu hoffen – genau das praktizierte ich nämlich zu der Zeit. Ich hätte schon Lust gehabt, die Uni sausen zu lassen und Saxophon und Jazzkomposition zu lernen wie die alten Musiker, die ich bewunderte – Bird, Coltrane, Clifford Brown –, aber ich hatte Angst, daß ich dann vielleicht für immer in Delaware hängenbleiben würde. Mama wollte auch, daß ich aus Delaware herauskam, aber sie wußte ebensowenig, wie. Ich hatte sie noch nie so unglücklich gesehen. Es schien, als hätte man ihr die Beine abgeschnitten. Am Tag vor Thanksgiving im Jahr 1974 gab ihr alter Toyota den Geist auf, und sie hatte kein Geld, um ihn reparieren zu lassen. Das hieß, daß wir den Bus zu irgendeinem gottverlassenen Supermarkt am Ende der Welt nehmen mußten, um einen bezahlbaren Truthahn aufzutreiben. Wir fanden den Vogel, aber als wir in den Bus stiegen, um wieder nach Hause zu fahren, platzte die Papiertüte mit dem tiefgefrorenen Truthahn; er fiel aus der Tüte und rollte den Gang hinunter bis zum Fahrer, der ihn zu packen bekam. Die Passagiere und der Fahrer lachten, aber für Mama faßte dieses Erlebnis ihre gesamte Delaware-Erfahrung zusammen, dieser blödsinnige Truthahn, der vor all diesen blödsinnigen Leuten den blödsinnigen Gang hinunterrollte. Sie hatte wenig Freunde dort. Die Schwarzen fanden sie schwierig. Die Weißen interessierten sie nicht. Eine leichte oder schnelle Fluchtmöglichkeit wollte sich jedoch nicht auftun.

Ein Studium sollte mir raushelfen. Becky, die Frau meines ältesten Bruders, war aufs Oberlin College gegangen und sie riet mir, mich dort zu bewerben, weil es hervorragende geisteswissenschaftliche Fakultäten, ein Konservatorium und vor allem Stipendien bot. Meine Zensuren waren nicht berühmt, und auch bei meinem College-Eignungstest hatte ich nicht besonders viele Punkte erreicht, aber meine musikalischen und sprachlichen Fähigkeiten waren gut, und ich hatte ein paar sehr brauchbare Empfehlungsschreiben. Zu meinem größten Erstaunen wurde ich am Oberlin College angenommen. Mama war überglücklich, als ich es ihr mitteilte. Sie umarmte mich und strahlte, legte die Zusage von der Uni in ihren Schuhkarton unterm Bett und posaunte überall herum, im Supermarkt, in der Bibliothek: »Mein Sohn geht nach Oberlin. Noch nie davon gehört? Na, da will ich Ihnen aber mal was erzählen …« Ich war bereits das achte Kind, das sie aufs College schickte.

An einem verhangenen, regnerischen Tag im September 1975 packte ich alles, was ich besaß, in einen alten grünen Seesack, und Mama fuhr mich zum Greyhound-Busbahnhof. Wie immer war sie pleite und kippte einzelne Dollarnoten und Centstücke auf die Theke, um die einfache Fahrt nach Ohio zu bezahlen. Kurz bevor ich in den Bus stieg, drückte sie mir ein Bündel Scheine und ein paar Münzen in die Hand. »Mehr hab ich nicht«, sagte sie. Ich zählte das Geld. Vierzehn Dollar. »Danke, Mama.« Ich gab ihr einen Kuß und stieg schnell ein, damit sie nicht sah, daß ich weinte. Ich hatte das Gefühl, sie im Stich zu lassen – schließlich haßte sie Delaware, und ich war derjenige gewesen, der sie überredet hatte zu bleiben, und jetzt fuhr ich einfach davon. Aber schließlich hatte sie es so gewollt. Als ich mich in den Bus setzte und aus dem Fenster nach ihr sah, wurde mir das zum ersten Mal richtig klar. Ständig hatte sie mich in einen Bus gesetzt und irgendwo hingeschickt, zur Grundschule, ins Ferienlager, zu Verwandten nach Kentucky, zur Universität. Sie schob mich genauso von sich weg, wie sie meine älteren Geschwister weggeschoben hatte, als wir noch in New York lebten; sie hatte sie buchstäblich aus der Haustür geschoben, als sie anfingen zu studieren. Wenn jemand vorhatte, sich an einer Universität in der Nähe zu bewerben, wollte sie nichts davon wissen. »Wenn ihr hier bleibt, dann trödelt ihr nur rum«, sagte sie immer. »Geht weg und lernt, auf eigenen Füßen zu stehen.« Und dennoch wischte sie sich mit dem Handrücken die Tränen aus den Augen und sah wortlos durchs Wohnzimmerfenster zu, wie sie auf dem Bürgersteig zum Abschied winkten und ihr zulächelten und denselben billigen Seesack schleppten, der jetzt meine Sachen enthielt und im Bauch des Greyhound-Busses lag. Sie weinte jedesmal, wenn sie gingen, aber nie, wenn wir dabei waren. Dazu zog sie sich immer in ihr Zimmer zurück. Ich befürchtete tatsächlich, daß sie weinen würde, wenn ich in den Bus stieg, aber als ich sie durchs Fenster ansah, stellte ich erleichtert fest, daß sie ganz und gar nicht weinte. Sie lief ein paar Schritte auf und ab, schürzte die Lippen, zog die Mundwinkel nach unten und schnitt Grimassen. Sie lief mit den Händen in den Taschen auf und ab, während ihr der Wind etwas Laub und einen Pappbecher um die Füße wirbelte. Sie trug einen braunen Regenmantel und ein

Kopftuch, eine einsame weiße Frau, die auf einer dämmrigen Straße vor dem heruntergekommenen Busbahnhof in Wilmington, Delaware, unter einer grollenden Eisenbahnbrücke und einem wolkenverhangenen Himmel auf und ab lief. Sie schien so aufgeregt und nervös, daß ich mich damals fragte, ob sie wohl auf die Toilette müsse. Als der Motor mit einem Grummeln ansprang, winkte sie nicht, sondern machte eher eine schnelle Handbewegung, die »Na los, weg mit dir« bedeutete, und eilte davon. Der Bus setzte sich in Bewegung, und für einen Augenblick konnte ich sie nicht mehr sehen, aber dann erblickte ich sie wieder, aus dem gegenüberliegenden Fenster: In sich zusammengesunken, lehnte sie mit gebeugtem Kopf an der Mauer unter der Eisenbahnbrücke und bedeckte mit einer Hand die Augen.

19
Das Versprechen

Nach meinen Abenteuern mit Rocky hatte ich genug vom ausschweifenden Leben. Ich suchte mir einen Job als Serviererin in einem Lokal, und ein paar Wochen später kam Dennis wieder vorbei und wir fingen an, zusammen auszugehen. Er war ein richtig ernsthafter Mann, nachdenklich und bodenständig, anders als Rocky und die Männer, die ich in Harlem und im Small's Paradise erlebt hatte. Er war Mitte Zwanzig, als er nach New York kam. Für damalige Verhältnisse war das schon ziemlich alt, um von zu Hause wegzugehen, aber er war ein Einzelkind und seine Mutter, Etta, wollte ihn nicht gehen lassen. Sie hatte mehrere Fehlgeburten gehabt und Dennis war ihr einziger Sohn, aber er ging dann doch nach New York, weil er Musiker werden wollte. Er spielte Geige und konnte Noten lesen und komponierte, vor allem klassische und religiöse Lieder. Dein Vater kam aus derselben Stadt und ging zur selben Schule wie John

Coltrane, aber er war älter als Coltrane. Als ich ihn kennenlernte, saß Dennis immer vor einem Haufen Notenblätter und kritzelte darin herum. Er spielte wunderschön Geige, und oft bat ich ihn, mir etwas vorzuspielen. Er war auch ein guter Sänger und sang in der Metropolitan Baptist Church in Harlem.

Dennis wäre für seine Musik fast verhungert. Das ist auch der Grund, warum ich immer dagegen war, daß du Musiker wirst. Damals stellte niemand einen Schwarzen in einem Orchester oder so was ein, und er kam kaum über die Runden und mußte in billigen Hotels übernachten. Was ihn rettete, waren ein paar Freunde aus High Point, wo er aufgewachsen war, Curtis und Minnie Ware. Curtis arbeitete als Hausmeister in einem Wohnhaus in Manhattan, und im Vergleich zu den meisten Schwarzen, die aus den Südstaaten rauf nach New York kamen, ging es ihm und Minnie richtig gut, weil sie keine Miete zahlen mußten. Curtis und Minnie kümmerten sich um ganze Familien, die aus High Point in den Norden zogen, aber Dennis war zu stolz, sie um Hilfe zu bitten. Erst als er schon am Verhungern war und in billigen Hotels übernachten mußte, sagte er zu ihnen: »Ich hab kein Geld und kann nirgends hin«, und sie waren böse auf ihn. Sie sagte: »Du hättest schon viel früher zu uns kommen sollen.« Sie lebten zusammen mit vier Freunden und einer Schwester aus dem Süden in ihrer kleinen Wohnung. Zu den Mahlzeiten saßen sie um einen riesigen runden Tisch, auf dem alle möglichen Gerichte aus den Südstaaten, Gebäck und kalte Getränke aufgebaut waren. Nachdem sich Dennis wieder gefangen und einen Job in Tante Marys Lederfabrik gefunden hatte und wir anfingen, zusammen auszugehen, nahm er mich mit zu Curtis und Minnie und sagte: »Ich möchte euch gern eine Freundin vorstellen«, und ihnen fielen fast die Augen aus dem Kopf, als ich ins Zimmer kam.

Das war ungefähr 1940, und es war nicht üblich, daß sich Schwarze und Weiße benahmen wie Dennis und ich, zusammen rumliefen und so. Es gab schon welche, die das taten, aber heimlich, oder es waren Leute, die sich gern amüsierten und in Nachtklubs gingen, wie Rockys Freunde im Small's Paradise. Aber Dennis war Christ und ein ernsthafter Mensch, und seine Freunde auch. So was nahmen sie nicht auf die leichte Schulter.

Als sie jedenfalls ihren Mund wieder zugekriegt hatten, sagten sie: »Unser Haus ist auch dein Haus. Setz dich und iß.« Und ich hatte keinerlei Schwierigkeiten mit ihnen oder mit den anderen Verwandten von Dennis. Sie empfingen mich mit offenen Armen und behandelten mich wie ein Familienmitglied; auch wenn es manchmal einen Moment dauerte, bis sie sich von dem Schock erholt hatten, einen Schwarzen und eine Weiße zusammen zu sehen – wie zum Beispiel bei Tante Candis, Dennis' Tante. Tante Candis war Dennis' Lieblingstante. Ihre Großeltern waren noch Sklaven gewesen. Als ich zum ersten Mal nach North Carolina fuhr und in ihr Haus kam, sagte sie: »Du mußt schon entschuldigen, daß ich dich so genau angucke, aber du bist die erste Weiße in meinem Haus, und so nah bin ich einem Weißen noch nie gekommen.« Und ich sagte: »Ist in Ordnung«, und sie blieb meine Freundin, bis sie starb. Ich werde sie mein Leben lang nicht vergessen. Sie wurde fast hundert Jahre alt. Ohne Tante Candis hätten wir es nicht geschafft. Sie kam aus North Carolina zu uns rauf, als Dennis starb, und kümmerte sich um euch, weil ich trauerte und nicht mehr weiter wußte und mich nicht rühren konnte. Ich konnte mich einfach nicht rühren. Sie kam mit dem Zug aus North Carolina bis nach New York und kümmerte sich um alle acht, einschließlich dir, James, und du warst ja gerade mal ein winziges Baby. Sie war noch nie in der Stadt gewesen. Sie hatte in ihrem ganzen Leben noch nicht so viel Zement und so viele große Gebäude gesehen. Dein Stiefvater kaufte ihr eine dicke goldene Uhr, als er mich heiratete und sie wieder nach North Carolina zurückfuhr. Er sagte: »Was für eine Frau«, und er hatte recht. Sie war wirklich unglaublich.

Jedenfalls war Dennis ein anständiger Mann und ein guter Christ. Er schien mich zu verstehen und durch mich hindurchgucken zu können. Es dauerte nicht lange, und ich verliebte mich in ihn, und ein paar Monate später überlegten wir, zu heiraten. Vielmehr überlegte ich, zu heiraten. Dennis grübelte ewig darüber nach, bis er schließlich sagte: »Laß uns Mann und Frau werden. Wir müssen es ja nicht gleich der ganzen Welt erzählen. Die Welt ist noch nicht soweit.« Die Ausrede sollte mir recht sein – zumindest fürs erste –, also mieteten wir ein Zimmer im Port Royal in der 129th Street. Unser Zimmer war in einer Dreizimmerwohnung, die einer Frau namens Mrs. Ellis gehörte. Sie und ihr Mann hatten ein Schlafzimmer und sie vermieteten die anderen beiden Räume, und wir teilten uns die Küche und das Bad.

Ich zog einfach so von zu Hause aus. Eines Tages verließ ich Babes Wohnung und kam einfach nicht wieder. Weißt du, Babe war ja alt und zuckerkrank und konnte mir keine Vorschriften machen, und es war auch nicht so, daß ständig meine Tanten vorbeigekommen wären, um nach mir zu sehen. Sie hatten ihr eigenes Leben, und ich war ihnen egal. Ich war ja erwachsen, ich war ja damals kein Kind mehr. »Raus mit dir und sieh zu, wo du bleibst«, so war ihre Einstellung. Also sah ich zu, wo ich blieb. Ich zog mit Dennis zusammen und bereute es auch nicht. Er arbeitete weiterhin für meine Tante Mary, während er mit mir zusammenwohnte, und sie wußte gar nichts davon.

Ein Skandal, was? Und ich muß sagen, daß mir meine Mutter fehlte. Sie fehlte mir schrecklich, und ich mußte oft an sie und an meine Schwester Dee-Dee denken. Eines Tages hatte ich das Gefühl, einfach nur mit Mame reden zu wollen, auch wenn ich wußte, daß es ihr nicht recht war, wie ich lebte, also suchte ich mir einen Haufen Münzen zusammen, ging raus in eine Telefonzelle vor unserem Gebäude 129th Street und rief in Suffolk an. Weil Dennis und ich in einem Zimmer in einer fremden Wohnung wohnten, mußte man sich zum Telefonieren ins Wohnzimmer der Frau setzen. Ich konnte schlecht von dem Apparat der Frau meine Mutter anrufen und Jiddisch reden. Das war einfach unmöglich, und es wäre mir peinlich gewesen. Also ging ich nach draußen. Ein Ferngespräch war damals eine große Sache. Als ich anrief, ging Tate ans Telefon und sagte zu mir: »Ich weiß nicht, was du da oben machst, aber deine Mutter ist krank und ich brauche jemanden, der mir mit dem Laden hilft.« Also fuhr ich zurück nach Suffolk. Ich wollte eigentlich nicht, aber da Mame krank war, mußte ich einfach. Ich sagte Dennis, daß ich für ein paar Wochen nach Hause fahren würde, und er sagte, er würde mir schreiben und Geld schicken, und das machte er auch.

Als ich in Virginia ankam, sagte ich zu Tate: »Ich helfe eine Weile, aber ich bleibe nicht hier.« Das überhörte er einfach. Gleich als erstes nahm er mich mit nach Portsmouth zu einem seiner jüdischen Kaufmannsfreunde, angeblich um »Geschäfte zu machen«, aber in Wirklichkeit, um mich dem Sohn dieses Mannes vorzustellen. Er drängte mich, diesen fetten Jungen zu heiraten, den ich überhaupt nicht kannte. Aber das wäre mir nicht im Traum eingefallen. Ich war wegen Mame nach Hause gekommen. Ihr ging es immer schlechter. Auf dem einen Auge war sie inzwischen so gut wie blind, und sie fiel ständig in Ohnmacht. Sie war nicht wirklich ein Krüppel, nicht mal wenn sie krank war, war sie wirklich ein Krüppel. Sie kochte den ganzen

Tag und stopfte Socken. Sie konnte Fisch, Fleisch und Gemüse auf einem Hackbrett schneiden – alles mit einer Hand. Sie war eine gute jüdische Ehefrau, die ihrem Glauben treu blieb, und über die Jahre mußte sie vieles über sich ergehen lassen, denn ihr Mann war keinen Pfifferling wert, aber sie hatte ja keine andere Wahl. So wie Tate mit ihr umging, würde man heute sagen, »Sie wurde von ihrem Mann mißhandelt«. Damals sagte man dazu: »Sie ist eben seine Ehefrau.« Und gerade im Süden konnte ein Mann mit seiner Frau machen, was er wollte. Vor allem, wenn sie Jüdin war und ein Krüppel und er ein sogenannter Rabbi. Er konnte sie anschreien, auslachen, beschimpfen und schlagen. Er konnte sogar direkt vor ihrer Nase mit einer anderen Frau was anfangen.

Sie versuchte, auch darüber so lange wie möglich hinwegzusehen, und ich glaube, anfangs wußte sie tatsächlich nichts davon, weil sich Tate sowieso immer ein bißchen komisch benahm, weißt du, und immer so geheimnisvoll tat. Er erzählte uns nie etwas, zum Beispiel wo er geboren war oder ob er Familie oder Verwandte hatte. Jeden Sommer verschwand er für ein paar Wochen nach Europa. Er sagte immer: »Ich treffe mich mit meinem landsman*«, und weg war er, auf einem Dampfer nach Frankreich oder irgendwohin. »Landsman« heißt auf jiddisch jemand aus dem Heimatort. Während seiner Abwesenheit kümmerten wir uns um den Laden, ich, Dee-Dee und Mame. Bis heute weiß ich nicht genau, wo er hingefahren ist, aber ein paar Wochen später kam er ins Haus stolziert, setzte seine Koffer ab und sagte: »Wo ist mein Geld?« Wir gaben es ihm, und er setzte sich hin und zählte es. Noch bevor er die Jacke ausgezogen hatte, zählte er schon sein Geld. Er wußte mehr oder weniger genau, wieviel er in einer Woche verdienen mußte. Wenn's um sein Geld ging, verstand er keinen Spaß.*

Ungefähr 1939 oder 1940 tauchte plötzlich eine dicke, fette, weiße Frau öfter im Laden auf. Sie hatte einen Hintern so groß wie dieses Wohnzimmer. Sie wohnte nicht weit von unserem Haus, ein Stück die Straße rauf. Ihr Mann saß im örtlichen Gefängnis, direkt gegenüber von uns, wegen Trunkenheit oder irgendeiner Geringfügigkeit. Sie war keine Jüdin und hatte vier oder fünf Kinder. Tate unterhielt sich immer mit ihr, wenn sie in den Laden kam, und tat dabei ganz ungezwungen; am Freitagabend dann, am Sabbat, ging der Herr Rabbi aus dem Haus. Ich, Dee-Dee und Mame zündeten die Kerzen an und beteten, um den Sabbat zu beginnen, aber Tate packte eine Tüte voll mit Lebensmitteln und warf sie ins Auto, während Mame zuguckte. Dann sagte er zu ihr auf jiddisch: »Ich gehe.« Und zu mir auf englisch: »Ich komme erst am Montag wieder. Mach am Sonntag früh den Laden auf.«

Danach fragte mich Mame: »Was hat er gesagt?«

»Nichts«, sagte ich.

Ihre Ehe war dabei, in die Brüche zu gehen, und ich hing mitten drin. Manchmal übersetzte ich für sie, manchmal nicht. Tate wurde es ziemlich bald ernst mit seiner Affäre, soweit ich mich erinnere. Kurz danach hatte er für sie und ihre Kinder schon den Umzug über die Grenze von North Carolina organisiert, in irgendeine Stadt, ungefähr eine Stunde mit dem Auto von Suffolk entfernt, und einmal schleppte er mich sogar dorthin mit, und ich mußte draußen vor dem Haus dieser Frau warten, während er hineinrannte. Er fing an, mich zu bearbeiten, ich solle Mame zu einer Scheidung überreden. Sie weigerte sich, und ich konnte sie gut verstehen. Für sie war das natürlich eine Katastrophe. Sie war Anfang 40 und hatte niemanden, der auf sie aufpassen konnte. Sie war behindert. Sie war krank. Sie hatte sonst kein Zuhause. Sie hätte niemals einer Scheidung *zugestimmt. Niemals. Sie hatte damals in Suffolk nicht eine einzige Freundin, soweit ich mich erinnere. Außer ihrer Mutter hatte sie niemanden, zu dem sie gehen konnte, denn ihre Schwestern kümmerten sich ja kaum um sie. Für die war sie nur ein armer Krüppel, und sie schrieben ihr selten. Sie kriegte auch keine Anerkennung für die guten Dinge, die sie tat. Sie waren nett zu ihr, indem sie mich im Sommer bei sich aufnahmen, aber irgendwann waren sie mit mir fertig, weil ich schließlich auch kein Kind mehr war. Und jetzt wollte Tate die Scheidung, damit er seine fette Freundin heiraten konnte, diese Frau, die größer war als er und die noch nicht mal Jüdin war. Eine* goje. *Es war alles so ekelhaft, daß es kaum auszuhalten war.*

Um sich nach jüdischem Gesetz scheiden zu lassen, hätten meine Eltern zu einem row *gehen müssen, einer Art höhergestelltem Rabbi, aber Tate war der* row *egal. Er hatte genug von der Religion. Eines Tages ging er zu einem Anwalt, kam mit einigen Papieren zurück, legte sie vor mir auf den Tisch und meinte zu mir: »Sag deiner Mutter, sie soll diese Papiere unterschreiben.« Es waren die Scheidungsunterlagen. Mame weigerte sich. Daraufhin fuhr er nach Reno, Nevada, und ließ sich blitzschnell scheiden. Er kam zurück nach Virginia und meinte: »Sag deiner Mutter, daß wir geschieden sind«, und das war's. Aber es änderte sich nichts bei uns zu Hause. Wir wohnten alle noch zusammen, und wir waren alle unglücklich, und inzwischen war ich für ein paar Wochen zu Hause, viel länger, als ich geplant hatte, und ich wollte wieder weg. Es war eine schreckliche Zeit, vor allem für meine arme Schwester Dee-Dee. Dee-Dee war vier Jahre jünger als ich, sie war damals ungefähr 15. Was hatte sie für ein elendes Leben gehabt. Von allen Kindern hatte es Dee-Dee am schwersten, weil sie die Jüngste war.*

Dee-Dee schlug sich trotz allem ganz tapfer. Ich fand immer, daß sie hübscher war als ich. Sie war auch nicht so rebellisch. Wir waren so verschieden wie Tag und Nacht. Sie war klein und hatte hellbraune Locken, während ich groß und dünn und dunkelhaarig war und einen Damenbart hatte. Als sie klein war, weigerte sie sich, alte Kleider aufzutragen, deshalb hatte sie schöne Röcke und Söckchen und sah immer ordentlich aus, während ich gebrauchte Kleider trug und immer wie ein Sack Kartoffeln aussah, egal was ich anhatte. Dee-Dee war sehr klug. Sie hatte gute Noten in der Schule, während ich und mein Bruder Sam jedesmal immer nur mit Mühe und Not versetzt wurden. Sie war Tates Lieblingskind, deshalb war ich ein bißchen eifersüchtig auf sie, weil Tate ihr Klavierstunden bezahlte und mir nicht und solche Sachen. Sie war nämlich die erste Amerikanerin in unserer Familie, während Sam und ich Einwanderer waren, und das wurden wir irgendwie auch nie los, weißt du. In der Schule machten sie sich lustig darüber, daß wir jüdisch waren, aber über Dee-Dee machte sich niemand lustig. Das machte man einfach nicht mit Dee-Dee. Sie hatte Selbstvertrauen. Sie war ein braves jüdisches Mädchen, das immer tat, was man ihr sagte. Das heißt, sie war in der Highschool und erlebte all die Dinge, die man als Mädchen auf der Highschool erlebt, sie spielte Tennis und nahm Klavierunterricht, und als Tate sich von Mame scheiden ließ, kam sie einfach nicht klar damit. Es redete auch nie jemand mit ihr darüber, oder fragte sie, wie es ihr ging – auch ich nicht. Wir standen uns nah – zwar nicht nah genug, um ihr zu erzählen, was ich in meinem Leben schon alles verbockt hatte, aber immerhin nah genug –, und eines Abends kam sie in mein Schlafzimmer und sagte: »Ich weiß, daß du wieder wegfährst, Rachel. Geh nicht weg. Geh nicht zurück nach New York.« Dee-Dee war so stolz, und dennoch bat sie mich, zu bleiben … jedenfalls meinte sie es ernst. So redeten wir normalerweise nicht miteinander, und es fiel ihr schwer, zu mir zu kommen und über ihre Gefühle zu sprechen. Es tat mir schrecklich weh, das zu hören, denn ich konnte einfach nicht dableiben. »Ich denk mal drüber nach«, sagte ich.

»Das glaub ich dir nicht«, sagte sie. »Ich weiß, daß du zurückgehst. Bitte geh nicht zurück. Versprich mir, daß du hierbleibst.« Sie saß auf dem Bett und vergrub das Gesicht in ihren Händen und weinte, meine kleine Schwester. »Versprich's mir«, sagte sie. Versprich mir, daß du hierbleibst.«

»Gut, ich versprech's dir«, sagte ich. »Ich bleib hier.« Aber ich hielt mein Versprechen nicht, und das hat mir Dee-Dee nie verziehen. Und viele Jahre später sollte sie mich daran erinnern.

20

Der alte Shilsky

An einem Tag im November 1982 fuhr ich um vier Uhr morgens gemächlich in meinem grünen VW, Baujahr 1972, die Virginia State Route 460 entlang. Einige Stunden zuvor hatte ich meine Ex-Freundin Karen, ein schwarzes Model, das sich Karone genannt hatte (»Meine Agentin hat mir dazu geraten«), bei ihrer Großmutter in Petersburg abgesetzt. Mit von der Partie war ihr zweijähriger Sohn Paul, ein friedlicher, netter Junge, der offensichtlich nicht so recht wußte, wo er mich einordnen sollte. Mama konnte Karone nicht ausstehen. »Jetzt hast du schon eine komplette Familie«, spottete sie. »Du hattest dein ganzes Leben vor dir. Und was ist draus geworden?«

»Was meinst du damit?« fragte ich.

»Es hätte alles so schön sein können!« schnaubte sie.

Ich beachtete sie nicht. Karone und ich hatten ohnehin nicht vor, zu heiraten.

Wir verstanden uns schon seit längerem nicht mehr besonders. Wir wohnten beide in Boston und hatten beschlossen, daß es an der Zeit war, sowohl die Stadt als auch einander zu verlassen. Sie ließ dort ihren Ex-Mann zurück. Ich wollte mich selbst zurücklassen. Ich hatte als Reporter für die Zeitung *Boston Globe* gearbeitet, was für einen 24jährigen Journalisten ein großartiger Job war. Mein bester Freund dort war ein etwa 60 Jahre alter Weißer namens Ernie Santosuosso, der damals als Jazzkritiker beim *Globe* arbeitete. Oft liefen wir gutgelaunt durch unsere Abteilung und schmetterten Lieder des Saxophonisten Dexter Gordon, »Polka Dots and Moonbeams« oder »It's You or No One«. Ich hätte ewig mit Ernie dort in der Abteilung vor mich hindümpeln und herumalbern können, aber ich war unentschlossen, ob ich nun schreiben oder nicht doch lieber Musiker werden wollte, denn damals wußte ich nicht, daß man auch beides machen kann. In mancherlei Hinsicht war ich außerdem hin- und hergezogen zwischen der schwarzen und der weißen Welt, da ich nach meinem Studium festgestellt hatte, daß die beinharten, rebellischen Rap-Sessions, die ich und meine Kommilitonen bis vier Uhr morgens abgehalten hatten, die Welt nicht im geringsten revolutionierten. Ich weiß noch genau, wie ich als Student im ersten Semester zu meinem schwarzen Zimmergenossen sagte: »Rassismus ist ein Problem, das ungefähr dann kein Thema mehr sein sollte, wenn wir unseren Abschluß machen.« Statt dessen schlug mir das Problem, kaum hatte ich einen Fuß ins richtige Leben gesetzt, mit aller Wucht entgegen. Boston war nicht gerade der ideale

Ort, um eine Identitätskrise zu durchleben. Die Probleme der Stadt in bezug auf ethnische Gruppen sind kompliziert und gehen teilweise nahtlos über in Fragen von Klassenzugehörigkeit, Geschichte, Politik, sogar Bildungspolitik. Ich hatte das Gefühl, in dieser Stadt nicht leben zu können, und mußte fliehen.

Auf dem Beifahrersitz lagen eine kleine Landkarte von Virginia, auf der die Stadt Suffolk umkringelt war, und eine selbstgezeichnete Karte von Mama. Ich hatte mehrere Jahre gebraucht, um ihr zu entlocken, wo genau sie aufgewachsen war. Jedesmal, wenn ich davon anfing, sagte sie: »Ach ja, da ist wohl niemand mehr, der sich an mich erinnert«, und weg war sie, auf Haussuche oder auf dem Weg, irgendwelche Besorgungen zu machen, die Stunden, Tage oder Wochen dauern konnten. Es war schon lange nicht mehr einzusehen, warum sie eigentlich so ein Geheimnis darum machte, und die Neugierde über meine Herkunft ließ mir keine Ruhe, wie ein Mückenstich, an dem man ständig kratzen muß. Als es mir endlich gelang, sie festzunageln, setzte sie sich an den Küchentisch, zog einen alten Briefumschlag hervor, riß ihn auf und faltete ihn auseinander, um mehr Platz zu haben. Dann zeichnete sie einen Stadtplan von Suffolk und zeigte mir, wo sie gewohnt hatte. Während sie alle möglichen Linien über das Papier zog, sagte sie: »Die Landstraße führt hier vorbei. Hier ist die Brücke. Das Gerichtsgebäude ist hier am Ende der Straße, und Jaffes Schlachthaus ist da drüben …« Dieser Plan war mein einziger Hinweis auf Mamas Familie. Sie kannte niemanden in Suffolk mit Namen, obwohl sie dreizehn Jahre dort gelebt hatte. »Du kannst dich an niemanden erinnern?« fragte ich.

»Nein.«

»Wirklich an niemanden?«

»Na ja, es gab da ein Mädchen, das hieß Frances.«

»Wer war sie?«

»Sie war meine beste Freundin.«

»Und wo ist sie jetzt?«

»Hab nicht die geringste Ahnung.«

»Was ist mit ihrer Familie?«

»Kann mich nicht an sie erinnern. Aber was ihre Mutter kochte, das war 'ne Wucht.«

Also fuhr ich nach Suffolk, um Frances und ihre Mutter zu suchen, deren Kochkünste 'ne Wucht waren. Mama konnte sich nicht mehr an ihren Nachnamen erinnern.

Erschöpft und hungrig von der Fahrt von Petersburg her, erreichte ich um sieben Uhr morgens Suffolk. Die Stadt hatte eindeutig ihre besten Tage hinter sich. Die leeren Straßen waren sowohl von prachtvollen alten Häusern als auch Neubauten gesäumt, und man hatte eher den Eindruck, sich in einem Industriegebiet als in einer Ortschaft zu befinden. Der Stadtrand schien zu wuchern, während das Zentrum wie stillgelegt wirkte. An einer Kreuzung entdeckte ich einen McDonalds. Ich parkte den Wagen, ging hinein und bestellte etwas zu essen. Ich setzte mich an einen Tisch und faltete Mamas kleinen Stadtplan auseinander. Ich sah auf die Karte, dann aus dem Fenster, wieder auf die Karte und dann wieder aus dem Fenster. Ich hatte festgestellt, daß ich mich in der Main Street befand. Gegenüber an der Ecke stand ein altes Gerichtsgebäude. Hinter dem Gerichtsgebäude war ein Friedhof. Links waren eine Brücke und ein Schlachthaus. Ich saß genau an der Stelle, wo sich der Laden ihrer Familie befunden hatte, 601 North

Main Street. Ich rührte das Essen nicht an, sondern ging hinaus und sah mich um. Hinter dem McDonalds stand ein altes Haus. Ich klopfte an die Haustür, und ein älterer schwarzer Mann mit Brille öffnete mir. Ich erzählte ihm, weswegen ich hier war: meine Mutter hatte hier früher gelebt. Shilsky hatte sie geheißen. Juden. Ein kleiner Laden. Er rückte seine Brille zurecht und sah mich lange an. Dann sagte er: »Na, dann kommen Sie mal rein.«

Er bot mir einen Stuhl an und brachte mir ein Glas Sodawasser. Dann bat er mich, meine Geschichte noch einmal zu erzählen. Also tat ich es.

Er nickte und hörte aufmerksam zu. Dann breitete sich ein Lächeln über sein Gesicht: »Das heißt also, Sie sind der Enkel vom alten Rabbi Shilsky?«

»So ist es.«

Erst schmunzelte er. Dann lachte er. Dann lachte er noch mehr. Er versuchte, sein Lachen unter Kontrolle zu behalten, aber es gelang ihm nicht. Schließlich hörte er auf zu lachen, nahm seine Brille ab und wischte sich die Augen. Sein Name war Eddie Thompson. Er war 66 Jahre alt. Er hatte sein ganzes Leben in diesem Haus gewohnt. Es dauerte einen Moment, bis er sich wieder gefangen hatte.

»Ich kannte Ihre Mutter«, sagte er. »Wir haben sie immer Rachel genannt.«

Den Namen hatte ich noch nie gehört. In den wenigen Schilderungen ihrer Vergangenheit hatte sich Mama nie Rachel genannt, sondern immer nur Ruth. Erst später entdeckte ich, daß ihr richtiger Name Ruchel war, ein jiddischer Name, den ihre Familie zu Rachel amerikanisiert hatte und den sie wiederum in den noch amerikanischer klingenden Namen Ruth geändert hatte.

»Ich kannte die ganze Familie«, sagte Thompson. »Rachel, Gladys, Sam und die Eltern. Rachel war immer am freundlichsten. Gladys war die Jüngste, wir nannten sie immer Dee-Dee. So 'n schmales Ding war das. Sie sah eher dem Vater ähnlich. Sam, den Bruder, den nannten wir immer Sparky. Der soll im Zweiten Weltkrieg gefallen sein, ist mit seinem Flieger abgestürzt. Rachel lief hier immer vorbei, zusammen mit der Mutter, Mrs. Shilsky. Die Mutter konnte nicht richtig gehen. Sie hinkte. Die ganze linke Seite funktionierte nicht richtig bei ihr. Was für eine nette Frau das war. Sie steckte einem immer heimlich Obst oder Süßigkeiten zu, wenn der Alte gerade nicht guckte. Der alte Shilsky allerdings ...« Er zuckte mit den Schultern. »Ich persönlich hatte nie Probleme mit ihm.«

»Wie war er?« fragte ich mit klopfendem Herzen. *Warum bin ich eigentlich so aufgeregt?* fragte ich mich.

»Wie er war?« fragte er.

»Ja, der alte Shil – Mein Großva – « Ich wußte nicht, wie ich ihn nennen sollte. Weder das eine noch das andere klang richtig. »Wie war Shilsky?«

»Na ja ... da Sie ja der Enkel sind und so ...« Er zuckte noch einmal mit den Schultern. »Er ... der war schon in Ordnung. Ich hatte nie Ärger mit ihm.«

Ich sah ihm an, daß das nicht die Wahrheit war, deshalb sagte ich: »Sie brauchen keine Rücksicht auf mich zu nehmen. Ich kannte ihn gar nicht. Ich würde nur gerne wissen, was er für ein Mensch war.«

Er warf einen flüchtigen Blick aus dem Fenster und sagte dann ruhig: »Sie werden hier in der ganzen Gegend keinen einzigen Menschen finden, der irgendwas für ihn übrighat.«

»Wie kommt das?«

»Er hatte eine ausgesprochene Abneigung gegen Farbige.«

»Wie das?«

»Na ja ... er mochte einfach keine Schwarzen. Und er haute sie übers Ohr. Verkaufte ihnen dies und jenes und verlangte immer Unmengen Geld dafür. Wenn man ihm fünf Dollar schuldete, mußte man zehn zurückzahlen. Dem alten Lijah Ricks hat er eine Kugel in den Bauch gejagt. Obwohl Lijah selber schuld war, der ging nämlich eines Tages in den Laden und machte einen Aufstand wegen einer Dose Sardinen und einem Päckchen Kräcker und wollte nicht dafür bezahlen. Shilsky schoß ihm in die linke oder rechte Seite, ich weiß nicht mehr, in welche. Er hat ihn nicht umgebracht, aber mit dem war nicht zu spaßen, mit dem alten Shilsky. Seine eigene Frau hatte Angst vor ihm.

»Woher wissen Sie das alles?«

»Woher? Na, ich konnte von meinem Schlafzimmerfenster aus dem Alten praktisch direkt ins Haus gucken. Wir wohnten ja gleich nebenan. Einmal hab ich sogar mal bei Shilsky gearbeitet. Hab zehn Cents am Tag verdient. Samstagmorgens mußte ich den Ofen anschmeißen, weil die Juden am Samstag so was nicht machen dürfen. Das ist wie bei uns am Sonntag. Er hatte einen Kerosinofen, der überall schwarze Flecken hinterließ. Ob's den wohl noch irgendwo gibt ...« Er überlegte eine Weile, bis ich ihn daran erinnerte, wo er stehengeblieben war. »Es lief alles ganz gut für ihn«, sagte Eddie Thompson. »Die Schwarzen einfach gnadenlos auszunehmen. Ach, wissen Sie, er war ein übler Kerl. Mrs. Shilsky hatte schreckliche Angst vor ihm.

Wenn sie sich gerade mit einem unterhielt und er kam in den Laden rein, dann hörte sie sofort auf zu reden und zitterte am ganzen Leib.«

Wie gebannt hörte ich ihm zu, und jedes Wort traf mich wie ein Hammerschlag.

»Was ist aus ihm geworden?« fragte ich.

»Abgehauen ist er, mit einer der armseligsten, heruntergekommensten, verlottertsten weißen Frauen, die man sich vorstellen kann. Ich hab nicht die geringste Ahnung, wie er an die gekommen ist. Sie war eine Claxton, die Frau von Richard Claxton. Der Alte verliebte sich in sie, weil Mrs. Shilsky eben so war wie sie war, nehm ich an. Die Freundin jedenfalls war dick und fett. Er sah aus wie ein kleiner Junge, wenn er auf der Straße neben ihr herging. Er war doch selber nur 'ne halbe Portion.« Er lachte halb aufrichtig, halb spottend. »Der alte Shilsky. Jungejunge, das war einer.«

»Haben Sie irgendeine Ahnung, wo er hingezogen ist?«

»Nein. Vielleicht nach Richmond. Weiß ich aber nicht genau.«

»Ich würde ihn wirklich gern kennenlernen«, sagte ich.

»Na, da weiß ich, wo Sie ihn finden«, sagte der alte schwarze Mann. Er deutete auf die Erde und zwinkerte mir zu. »Da haben sie ihn sicher mit offenen Armen empfangen.«

Er redete lange und lachte immer wieder ungläubig in sich hinein. »Rachel war eines Tages einfach verschwunden. Sie ist einfach abgehauen, und wir dachten alle schon, sie sei tot. Die ganze Familie gibt's schon lange nicht mehr. Wir hätten nie gedacht, daß wir in diesem Leben noch mal einen von Ihnen wiedersehen würden.

Und jetzt tauchen Sie auf. Ein großer Tag ist das heute, weiß Gott.«

Er fragte, ob er Mama anrufen dürfe. Ich nahm den Hörer ab und wählte Mamas Nummer. Sie ging ans Telefon und ich sagte ihr, daß da jemand sei, der gern mit ihr sprechen würde. Ich reichte ihm den Hörer.

»Rachel? Ja, Rachel. Hier ist Eddie Thompson. Aus Suffolk, weißt du nicht mehr? Wir haben direkt nebenan – Jaaaaaa, so ist es.« Pause. »Nein, nein. Inzwischen sind alle tot, bis auf Molly, Helen, Margaret und Edward. So ist es … Ich kann's gar nicht fassen!«

Er hielt einen Moment inne und hörte zu.

»Rachel? Du weinst doch nicht etwa? Ich bin's, der alte Eddie Thompson. Du weißt doch noch. Jetzt wein doch nicht …«

21

Der Vogel fliegt

Im Sommer 1941, bevor ich zurück zu Dennis nach New York fuhr, erreichte uns in Suffolk ein Brief von Mames Verwandtschaft in New York. Darin stand: »Wir haben drei Zimmer voll mit Möbeln. Du kannst sie haben.« Babe hatte in einer Dreizimmerwohnung gewohnt. Auf diese Weise teilten sie uns mit, daß Babe tot war. Sie machten sich nicht mal die Mühe, Mame zu schreiben, sondern schrieben an Tate, auf englisch, wo doch Mame weder Englisch sprechen noch lesen konnte. Tate las den Brief und warf ihn mir hin. »Lies deiner Mutter das vor«, sagte er und ging aus dem Zimmer.

Ich wartete bis zum Abend, um ihr den Brief vorzulesen, das heißt, sie hantierte den ganzen Tag im Laden herum, ohne zu wissen, daß ihre Mutter tot war, dabei wußten es Tate und ich, und es war einfach schrecklich. Ich las ihr den Brief im Schlafzimmer vor, das sie mit Dee-Dee und mir teilte. Sie hatte einen kleinen Schaukelstuhl, in dem sie gerne saß, und da saß sie drin und guckte aus dem Fenster, als ich ins Zimmer kam. Ich sagte: »Mame, ich muß dir was vorlesen«, und ich las ihr den Brief vor. Sie sagte kein einziges Wort. Sie saß nur da und starrte in die Nacht, während ihr die Tränen übers Gesicht liefen. Sie sagte keinen Ton. Nichts.

Später, als ich mich schlafen legte, hörte ich ein leises Geräusch aus ihrem Bett. Sie schlief allein in einem kleinen Bett. Ich hörte dieses leise Geräusch aus ihrem Bett, und ich wußte, daß sie weinte, und ich sagte: »Ist ja gut, Mame, ist ja gut«, aber sie weinte und weinte. Weinte einfach nur. Manchmal höre ich sie heute noch weinen. Ich weiß noch genau, wie es klang, wie ein einzelner Ton oder ein Lied, das man nicht mehr aus dem Kopf kriegt. Ab und zu, wenn ich draußen unterwegs bin, glaube ich, es zu hören, nur ganz kurz, wie ein »oh«, aber wenn ich mich umdrehe, ist niemand da.

Ich blieb noch eine Weile in Suffolk, bis ich schließlich 1941 die Stadt für immer verließ. Ich erinnere mich nicht mehr genau, wann das alles stattgefunden hat, weil es so eine schlimme Zeit war. Es war schlimm. Mame war auch dagegen, daß ich wegging. Sie sagte: »Du könntest hier ein gutes Leben haben.« Aber ich sagte: »Ich kann hier nicht leben, Mame«, und sie sprach mich nie wieder darauf an und bat mich auch nicht, noch länger zu bleiben. Es gab in Suffolk keine Zukunft für mich. Ich packte die paar Sachen ein, die ich mitnehmen wollte, und versuchte, bevor ich losfuhr, mit Dee-Dee zu sprechen, aber sie weigerte sich. »Du hattest versprochen, daß du nicht weggehst«, sagte sie, drehte sich um und ging aus dem Zimmer. Als ich aus dem Laden trat, um in die Stadt zum Busbahnhof zu laufen, reichte mir Mame ein Päckchen mit ein paar Lebensmitteln und küßte mich, und ich ging aus der Tür und verschwand. Ich sah sie und Dee-Dee nie wieder. Tate sagte kein Wort, als ich aus der Tür ging.

Der Greyhound-Busbahnhof befand sich damals gegenüber vom Suffolk Hotel. Ich stand da und wartete auf den Bus, als Tates Auto neben mir hielt. Er fuhr einen großen Ford V-8. Er stieg aus und zog seine Hände aus den Taschen und fing an, auf und ab zu gehen. Er sagte: »Du solltest hierbleiben.«

Ich sagte: »Ich kann nicht.« Ich war nervös. Er machte mich immer nervös.

»Ich richte eine Route für dich ein«, sagte er. »Du kannst deine eigene Route haben und den Farmern auf dem Land Vorräte verkaufen. Du wirst eine Menge Geld verdienen. Oder du suchst dir in Norfolk Arbeit. Du kannst da sogar hinziehen.«

Ich sagte nein.

»Willst du studieren? Ich schicke dich in Norfolk aufs College. Oder auf die Wirtschaftsschule, du kannst machen, was du willst, aber du mußt bleiben.«

»Das kann ich nicht.«

»Ich sage, du sollst hierbleiben«, sagte er. »Hörst du? Ich brauche dich im Laden. Und deine Mutter braucht dich.«

Ich fing an, ihn anzuschreien, und wir stritten uns. Da hatte er sich gerade von Mame scheiden lassen, und noch immer wollte er sie gegen mich ausspielen. Dann sagte er: »Ich weiß, daß du einen Schwarzen heiraten willst. Du machst einen großen Fehler.« Da erstarrte ich vor Schreck, weil ich keine Ahnung hatte, woher er das wußte. Bis heute weiß ich es nicht. Er sagte: »Wenn du einen Nigger heiratest, dann brauchst du nie wieder nach Hause zu kommen. Laß dich hier nie mehr blicken.«

»Ich werde immer kommen, um Mame zu besuchen.«

»Nicht, wenn du einen Nigger heiratest«, sagte er. »Laß dich hier nie mehr blicken ...«

Er stieg in sein Auto und fuhr davon. Als der Bus kam, stieg ich ein und weinte ein bißchen und schlief dann ein. Als ich später aufwachte, öffnete ich das Päckchen, das mir Mame mitgegeben hatte, und darin, zwischen den knische *und den Mazzeknödeln und der gehackten Leber, fand ich ihren polnischen Paß, mit einem Foto von ihr. Es ist das einzige Bild, das ich von ihr habe, sie sitzt auf einem Stuhl und hält mich und meinen Bruder Sam auf ihrem Schoß.*

Ein paar Wochen, nachdem ich wieder zurück in New York war und mit Dennis in Harlem wohnte, hörte Dennis zufällig, wie meine Tante Mary sagte, daß Tate einen Detektiv auf mich angesetzt hätte, um mich zu suchen. Deshalb versuchte ich eine Zeitlang, so wenig wie möglich aufzufallen in Harlem. Ich wollte nie wieder nach Hause zurück. Statt dessen fand ich einen Job in einer Glasfabrik im Stadtviertel Chelsea, in Manhattan. Ich mußte Glasröhrchen über dem Feuer erhitzen und sie zu Reagenzgläsern formen. Jeden Abend kam ich mit Verbrennungen an den Händen von der Arbeit nach Hause. Schon bald danach, im Frühjahr '42, kam Dennis aus Tante Marys Fabrik nach Hause und erzählte mir, daß er gehört habe, wie Tante Mary gesagt habe, daß es meiner Mutter sehr schlecht ginge und daß man sie in ein Krankenhaus in der Bronx gebracht hätte. Ich lief sofort hinaus und rief Tante Mary an und fragte sie, ob sie wüßte, wo Mame sei. Sie sagte: »Du gehörst nicht mehr zur Familie. Bleib uns vom Leib. Wir haben schiwe für dich gesessen. Du kannst sie nicht sehen.« Das verletzte mich tief. Am selben Abend sagte ich zu Dennis: »Ich muß sie sehen.« Er sagte: »Ruth, deine Tante Mary hat doch ganz deutlich gesagt, daß du nicht erwünscht bist.« Ich dachte darüber nach. Ich wollte ja nicht, daß Mame noch kränker wurde. Ich gehörte schließlich nicht mehr zur Familie.

Ich grübelte endlos darüber nach, was ich tun sollte, kam aber zu keinem Entschluß.

Ein paar Tage später war ich auf der Arbeit in der Glasfabrik, und der Vorarbeiter, ein Deutscher, kam auf mich zu und sagte, da sei ein Anruf für mich. Es war Dennis. Er rief mich aus Tante Marys Fabrik an. Er sagte mir, daß Mame gestorben sei.

In der Glasfabrik gab es einen Umkleideraum, und ich legte den Hörer auf und ging in diesen Raum und heulte vor lauter Kummer. Der Vorarbeiter und die anderen Arbeiter kamen rein und versuchten, mir wieder auf die Beine zu helfen, weil ich zu Boden gesunken war, aber ich konnte nicht aufstehen. Ich versuchte es, aber es ging nicht, und eine der Frauen sagte: »Also, so kann man sich doch nicht benehmen, also dieses Gekreische …«

Monatelang war ich deprimiert. Ich nahm ab und konnte nichts essen und war kurz davor, mich umzubringen. Immer wieder sagte ich: »Warum konnte es nicht statt dessen mich erwischen?« Ich machte lange Spaziergänge und merkte gar nicht, wohin ich lief. Plötzlich stand ich irgendwo und konnte mich nicht mehr erinnern, wie ich dorthin gekommen war. Dennis war derjenige, der mich wieder zurückholte. Er sagte immer wieder: »Du mußt dir vergeben, Ruth. Gott vergibt dir. Er vergibt dir die schlimmste Sünde, die schlimmste Sünde.« Aber ich konnte nicht zuhören, sehr lange konnte ich nicht zuhören. Es tat mir so schrecklich leid, tief in meinem Herzen tat mir alles so leid, aber was nützt es schon, »Tut mir leid« zu sagen, wenn der andere gestorben ist. Sie war weg. Weg. Deswegen muß man auch »Tut mir leid« und »Ich liebe dich« zu jemandem sagen, solange er am Leben ist, weil es morgen vielleicht schon zu spät ist. Gott, ich hatte solchen Kummer. Ich legte Mames Paß gar nicht mehr aus der Hand, ich nahm ihn überall mit hin. Ich hatte nicht daran geglaubt, daß sie bald sterben würde, als ich von zu Hause wegging, aber sie hatte es gewußt. Deswegen gab sie mir den Paß. Ich habe es noch heute, dieses Schuldgefühl, daß ich Mame im Stich gelassen habe, weil ich mein ganzes Leben lang diejenige war, die für sie übersetzte und ihr bei allem half. Ich ersetzte ihr Augen und Ohren in Amerika, und als ich von zu Hause wegging … na ja, Sam war nicht mehr da, und Babe war tot, und ihr Mann behandelte sie so schlecht und hatte sich von ihr scheiden lassen, und irgendwann hatte sie keinen Grund mehr, weiterzuleben. Es war eine schlimme Zeit.

Es dauerte lange, bis ich darüber hinwegkam, aber Dennis stand mir bei, und nach einiger Zeit hörte ich zu, wenn er sagte, daß Gott einem vergeben würde, und ich fing an, daran zu glauben, daß Gott einem vergeben wird, sogar die schlimmste Sünde, weil ich fand, daß Mame es verdient hatte, daß ich mich zusammennahm, und zu der Zeit fing ich an, mit Dennis zur Metropolitan Church in Harlem zu gehen, um Pfarrer Brown predigen zu hören. Es half, den Weg zur Kirche zu finden, weil ich Hilfe brauchte, weil ich Mame loslassen mußte, und da fing ich an, Christin zu werden, und die Jüdin in mir begann zu sterben. Die Jüdin war ohnehin im Sterben begriffen, aber sie starb richtig, als meine Mutter starb.

Ich weiß noch, wie sie lachte, wenn sie am Jom Kippur mit einem Huhn über unseren Köpfen herumwedelte. Ich wette, das macht man heute gar nicht mehr. Sie wedelte mit einem lebendigen Huhn über ihrem Kopf und sagte zu dem Huhn: »Du in den Tod, ich ins Leben«, während wir schreiend davonliefen, weil mein Vater ihr dann das Huhn abnahm und es als Blutopfer schlachtete. Das gefiel mir gar nicht. Es schien mir so altmodisch und sonderbar. »Ich will das nicht machen, hier in Amerika«, sagte ich immer. Aber sie sagte: »Mit dem Huhn zeigen wir Gott, daß wir dankbar sind, am Leben zu sein. Es ist doch nur ein Huhn. Es ist kein Vogel, der fliegt. Ein Vogel, der fliegt, ist was Besonderes. Man würde nie einen Vogel fangen, der fliegt.« Sie saß immer in einem kleinen Schaukelstuhl oben in ihrem Zimmer und beobachtete die Vögel. Sie legte Krümel aufs Fensterbrett, und dann kamen ganz viele Vögel und pickten sie auf, während sie ihnen ein Lied sang, aber sie verjagte sie immer, damit sie wieder wegfliegen und frei sein konnten. Es gab da ein jiddisches Liedchen, das sie ihnen vorsang: »Fejgele, fejgele, gej awek.«

22

Die Entdeckung

Eines Nachmittags im August 1992 stand ich vor der einzigen Synagoge im Zentrum von Suffolk, Virginia, wo eine Ansammlung von alten Ladenfronten, schlecht beleuchteten Gebäuden und alten Bahnschienen daran erinnerten, daß die Stadt schon bessere Zeiten und mehr Bewohner gesehen hat. Die Synagoge ist ein kleines, altes, weißes Gebäude mit vier großen Säulen und einer Treppe, die zum Eingang führt. Das ist dieselbe Synagoge, in die die junge Rachel Shilsky mit ihrer Familie ging und wo Rabbi Shilsky während der jüdischen Feiertage die Gottesdienste abhielt, am Rosch Ha-Schana, dem jüdischen Neujahr, und am Jom Kippur, dem Versöhnungs- und Fastentag. Als Junge bedeuteten jüdische Feiertage für mich, daß ich einen Tag schulfrei hatte, mehr nicht. Ich hätte mir nie träumen lassen, daß sie irgend etwas mit mir zu tun haben könnten.

Es war ein komisches Gefühl, vor dem stillen, leeren Gebäude zu stehen, und ich sah alle paar Minuten zur Straße, um sicherzugehen, daß nicht gerade die Polizei vorbeikam, da sie sich garantiert gefragt hätte, was ein schwarzer Mann am hellichten Tage in Suffolk, Virginia, vor einem Gebäude zu suchen hatte, das den Weißen gehörte. Wir schreiben immerhin die Neunziger, und wenn sich ein Schwarzer eine Zeitlang vor einem Gebäude herumtreibt und es sich ansieht, macht er sich bei der Polizei und anderen Leuten verdächtig, weil sie natürlich annehmen, daß er einen Durchschlupf sucht, um hineinzukommen und irgend etwas zu klauen. In Amerika werden schwarze Männer vor allem mit Kriminalität und eher selten mit weißen, jüdischen Müttern in Verbindung gebracht, und ich konnte mir kaum vorstellen, daß mir ein Polizist meine Geschichte abkaufen würde, wie ich hier so vor der jüdischen Synagoge stehe und sage: »Ääh, also, mein Großvater war hier mal der Rabbi, wissen Sie …« Die Sonne knallte auf den Asphalt, und es war so heiß, daß ich mich auf die Stufen setzen und Kassettenrecorder und Notizblock neben mich legen mußte.

Hier endete meine lange Suche nach der Shilsky-Familie. Ich hatte ziemlich viel Zeit damit verbracht, Schularchive und Gerichtsprotokolle und Dokumente zu durchforsten, alles nur mit halbem Erfolg. Meine Großmutter Hudis war weit weg von hier begraben, auf einem jüdischen Friedhof in Long Island. Die U. S. Armee rückte mit der Sterbeurkunde Sergeant Sam Shilskys heraus, der im Februar 1944 gestorben war, aber die Einzelheiten seiner Dienstlaufbahn waren aufgrund eines Brands, der einen Teil der Personalakten vernichtet hatte, für immer verloren. Manchmal kam ich mir vor, als sei ich auf Geisterjagd. Keine Spur von Rabbi Shilsky, von dem ich lediglich eine Adresse in Brooklyn besaß, wo er irgendwann in den 60ern gelebt hatte, nachdem er durch Norfolk, Virginia, Belleville, New Jersey und Manhattan gezogen war. Dee-Dee verschwand kurz vor dem Tod ihrer Mutter aus Suffolk und kehrte nie wieder zurück. Sie verließ am 23. Januar 1942, ein Semester vor ihrem Abschluß, die Suffolk Highschool. Fünf Tage später, am 28. Januar 1942, starb ihre Mutter in New York. Ich kann mir vorstellen, wie furchtbar es für sie gewesen sein muß, das einzige Zuhause, das sie je hatte, mit 17 Jahren verlassen zu müssen, nachdem ihre Mutter gestorben, ihr Vater mit einer Christin durchgebrannt, ihr Bruder im Krieg und ihre Schwester verschwunden war. Sie mußte völlig hilflos zusehen, wie ihr Leben wie ein Kartenhaus in sich zusammenfiel. Plötzlich war nichts mehr wie vorher. Bei wem wohnte sie danach? Vielleicht war sie bei ihrem Vater geblieben. Wer weiß? Ich war sicher, daß sie noch lebte. Zu der Zeit wäre sie etwa 67 gewesen. Ich hätte sie aufspüren können – immerhin war ich ja Reporter –, aber nach einigen halbherzigen Versuchen verwarf ich die Idee. Ich hätte es nicht über mich gebracht. Ich wollte ihr nicht noch mehr Schmerz zufügen. Sie hatte schon genug mitgemacht. Um ihr nahe zu sein, konnte ich nichts weiter tun, als hier in der Augusthitze auf den Stufen dieser Synagoge zu sitzen und über sie nachzudenken.

Ich hätte gern die Synagoge von innen gesehen. Ich hätte sie mir gern angesehen, um später meiner schwarzen Frau und meinen zwei Kindern davon zu erzählen – weil ich hier meine Wurzeln habe, weil dieser Ort mit meiner

Familiengeschichte zusammenhängt, weil ich irgendwie dazugehöre, ob es mir oder den Betreibern dieser Synagoge paßt oder nicht. Ich war überhaupt noch nie in einer Synagoge gewesen – ich hatte höchstens mal als Reporter an einem Artikel über eine jüdische Schule in Queens gearbeitet, an die eine Synagoge angeschlossen war. Während des Interviews mit der Schulleiterin erwähnte ich, daß meine Mutter Jüdin sei, und da rief sie: »Laut jüdischem Gesetz sind Sie doch dann auch Jude! Stellen Sie sich vor, es gibt hier noch einen schwarzen Juden an unserer Schule!« Sie drückte den Knopf der Lautsprecheranlage auf ihrem Schreibtisch und sagte: »Sam, kommen Sie doch mal eben zu mir rauf.« Ein paar Minuten später trat der schwarze Hausmeister durch die Tür, der einen Mop in der Hand hielt und lächelte. Ich hätte einiges gegeben, um in dem Augenblick mein Gesicht zu sehen. Der alte Sam lächelte und sagte Hallo, und ich murmelte eine höfliche Erwiderung, obwohl ich mich am liebsten geohrfeigt hätte, weil ich mal wieder meinen Mund nicht halten konnte.

Als ich den Rabbi der Synagoge meines Großvaters anrief, klang er weder nostalgisch noch überrascht, sondern eher unwirsch, als ob er an etwas Unangenehmes erinnert worden sei. Er wußte schon von anderen Juden, mit denen ich gesprochen hatte, daß ich in der Stadt war. Er wußte, daß ich schwarz bin, und er wußte, wer meine Mutter war. »Ich erinnere mich an Ihre Mutter«, sagte er. Ich erklärte ihm, daß ich dabei war, ein Buch über meine Familie zu schreiben, und fragte ihn, ob ich mich im Archiv der Synagoge umsehen dürfe. »Da ist nichts drin, was Ihnen weiterhelfen könnte«, sagte er kurzangebunden. Ich fragte ihn, ob ich mir die Synagoge von innen anschauen dürfe. Er sagte: »Da müßte ich erst ein paar Mitglieder des Beirats fragen, um festzustellen, ob jemand Zeit hätte, sie Ihnen aufzuschließen«, und legte auf. Da war mir alles klar. Nach dem Foto des Beirats zu urteilen, das ich auf einem Faltblatt zum Jahrestag der Synagoge entdeckt hatte, stand zu bezweifeln, ob die Hälfte der alten Kerle in diesem Beirat nicht schon längst unter der Erde war. Ich legte den Hörer auf und murmelte vor mich hin: »Ihr könnt mir mal den Buckel runterrutschen mit eurer Synagoge.«

Inzwischen hatte ich ohnehin genug gesehen. Der Duft der Azaleen und die Einsamkeit, die mich beschlich, während ich in Suffolk herumwanderte, fingen langsam an, mich zu ersticken. Die Isolation, die meine Familie hier empfunden haben mußte, schien von den hohen Bäumen abzustrahlen und von den prächtigen alten Backsteinhäusern und dem Bürgerkriegsdenkmal, das mit seiner Kanone direkt auf mich zu zielen schien, während ich über den städtischen Friedhof schlenderte. Ich wäre am liebsten sofort wieder abgereist, statt dessen aber saß ich wie angewurzelt auf den Stufen der Synagoge und mußte an eine frühere Reise nach Suffolk denken. 1982 hatte es mich durch Glück und Zufall ins Labyrinth eines der öffentlichen Gebäude der Stadt, nämlich ins Straßenbauamt, verschlagen, wo Aubrey Rubinstein arbeitete. Rubinstein war damals Anfang 60, ein untersetzter Mann mit dunklem Haar, einem starken Südstaatenakzent und einer offenen, freundlichen Art. Etwa im Jahr 1942 hatte sein Vater den Laden meines Großvaters übernommen, nachdem dieser die Stadt verlassen hatte. Als ich in sein Büro trat und ihm erklärte, wer ich war, sah er mich lange und durchdringend an. Er lächelte nicht. Er betrachtete mich auch nicht mißbilligend. Schließlich machte er den Mund auf und sagte leise: »Was für eine Überraschung.« Er bot mir einen Stuhl und einen Kaffee an. Ich bedankte mich. »Rühren Sie sich nicht vom Fleck«, sagte er.

Er ging ans Telefon. »Jaffe«, sagte er. »Stell dir vor, der Enkel von Fishel Shilsky ist hier. Sitzt bei mir im Büro. Ganz im Ernst ... Ja. Und du wirst es nicht glauben, aber er ist schwarz. Ungelogen. Er ist Journalist und schreibt ein Buch über seine Familie ...« Als er den Hörer aufgelegt hatte, sagte er: »Wenn wir fertig sind, müssen Sie unbedingt zum Schlachthaus in der Main Street und Gerry Jaffe und seine Familie besuchen. Sie würden Sie gern persönlich kennenlernen.« Der Name Jaffe kam mir bekannt vor. Mama hatte ihn des öfteren erwähnt. *Die Jaffes hatten ein Schlachthaus, am anderen Ende unserer Straße. Tate nahm uns immer mit, wenn er dort Kühe nach jüdischem Gesetz schlachtete* ... Ich nahm mir vor, sie auf jeden Fall zu besuchen. Wie die meisten Juden in Suffolk waren sie ausgesprochen nett zu mir und hießen mich willkommen, als sei ich einer von ihnen, was ich ja in gewisser Weise war, auch wenn es merkwürdig schien. Ich fand es sonderbar und faszinierend, daß Weiße derart freundlich zu mir waren, als ob keine Barrieren zwischen uns existierten. Das sagte einiges aus über diesen Glauben – das Judentum –, daß für viele seiner Anhänger, waschechte alte Südstaatler, die mit schleppendem Akzent sprachen und Strohhüte trugen, die unterschiedlichen Hautfarben unserer Verbundenheit keinen Abbruch taten. Die Scheffers, Helen Weintraub, die Jaffes sprachen alle, sowohl persönlich als auch in ihren Briefen, in einem Tonfall, der im Prinzip zu sagen schien: »Vergiß uns nicht. Wir haben hier überlebt. Deine Mutter war ein Teil von uns ...«

In seinem Büro sprach Aubrey Rubinstein offen mit mir, während ein schwarzer Kollege, der zufällig in der Nähe saß, ehrfürchtig dem makabren Dialog folgte, der sich zwischen diesem älteren weißen Mann und mir entspann. »Es gibt nicht mehr viele von uns«, sagte Aubrey. »Früher waren wir vielleicht fünfundzwanzig oder dreißig jüdische Familien, damals, als dein Großvater noch hier lebte. Die Älteren sind gestorben, die Jüngeren haben die Stadt verlassen. Manche sind nach Kalifornien, andere nach Virginia Beach, wieder andere sind einfach weggezogen. Diejenigen, die noch hier sind, haben die Betriebe ihrer Väter übernommen.«

»Warum sind sie alle weggegangen?« fragte ich.

»Warum hätten sie bleiben sollen?« sagte er. »Es war nie ganz einfach für einen Juden, hier zu leben. Wir waren nur eine kleine Gemeinde. Die meisten von uns waren Kaufleute, auf die eine oder andere Art. Ich nehme an, für manche war es einfacher, woanders ihr Geld zu verdienen.« Der Wanderjude, fuhr es mir durch den Kopf.

Wir unterhielten uns eine ganze Weile angeregt. »Es ist wirklich interessant, daß Sie hierhergekommen sind, um nach Ihrem Großvater zu forschen«, sagte er. »Das war schon eine unglaubliche Geschichte, muß ich sagen.«

Ich fragte ihn nach meiner Familie. »Nun ja, das war schon eine kleine Tragödie. Mit Shilsky war das eben so eine Sache. Er war ein guter Rabbi – damit meine ich, daß er sich mit der Bibel auskannte. Als kleiner Junge nahm ich sogar bei ihm Bibelstunden. Aber dann hat er sich ganz ins Geschäftsleben gestürzt, wovon viele der Juden hier nicht besonders angetan waren, und dann hatte er jahrelang ein Verhältnis mit einer anderen Frau. Ich bin nicht ganz sicher, ob er geschieden war, als er die Stadt verließ, aber nach dem Krieg, das muß ungefähr '46 gewesen sein, hab ich ihn mal in New York getroffen. Ein Bekannter und ich haben ihn aufgesucht, weil wir ihm das Stück Land neben seinem Laden abkaufen wollten. Er wohnte damals oben in Brooklyn.«

»Was hat er da gemacht?«

»Das weiß ich nicht. Aber ich glaube, Mrs. Shilsky war zu der Zeit schon tot. Die ganze Sache war wirklich ziemlich tragisch.« Als er meinen Gesichtsausdruck sah, fügte er hinzu: »Ihre Großmutter war eine gute Seele. Ich weiß noch, wie sie in die Synagoge kam, die Kerzen anzündete und aufstand, um zu beten. Ich erinnere mich noch ganz genau an sie. Sie hatte ein verkrüppeltes Bein. Sie war wirklich eine gute Seele.«

Ich fragte ihn, ob irgend jemand wüßte, wie Rabbi Shilsky seine Familie behandelt hätte, aber Rubinstein zuckte mit den Schultern.

»Man hört so manches, aber nachgefragt hat niemand. Er war knauserig mit seinem Geld, und es hätte ihnen besser gehen können, als es aussah. Die Shilskys waren immer sehr zurückgezogen. Ihr Onkel Sam war bei der Air Force und starb bei einem Flugzeugabsturz in Alaska. Man hat lange nach seiner Leiche und der des anderen Piloten gesucht, heißt es. Das erzählten sich die Leute, aber ich weiß nicht, ob es stimmt oder nicht. Ihre Tante Gladys, die kennen Sie nicht mehr, oder? Sie war ein sehr kluges Mädchen. Aber Ihre Mutter … na, die war wirklich anständig. Ich will ehrlich mit Ihnen sein: Natürlich gab es Gerüchte, daß sie von zu Hause weggelaufen sei und einen Schwarzen geheiratet habe, aber ich wußte nie, ob es stimmte oder nicht. Mein Vater hat es irgendwann mal behauptet, aber meine Eltern haben nicht weiter darüber geredet. Mein Vater und meine Mutter hatten schon damals eine liberale Einstellung. Sie haben nie über jemanden geurteilt, nur weil er weiß oder schwarz oder grün oder Jude oder Katholik war.«

Ich hörte wie gebannt zu. Ich stellte mir vor, daß die Nachricht von Mamas Heirat ein beträchtliches Erdbeben hier in der jüdischen Gemeinde verursacht haben mußte.

»Wie geht es Ihrer Mutter?« fragte er.

»Gut.«

»Wissen Sie«, sagte er und ordnete ein paar Unterlagen auf seinem Schreibtisch, »Sie sehen ihr ein bißchen ähnlich. Das Lächeln. Gehen Sie in die Synagoge, da Sie ja halb jüdisch sind?«

»Nein. Wir sind nicht im jüdischen Glauben erzogen worden.«

»Na ja, das war vielleicht auch gut so«, sagte er.

Ich war erstaunt über seine Offenheit und sagte ihm das auch.

Wir unterhielten uns noch ein Weilchen, bevor ich mich erhob. »Wenn Sie das nächste Mal hier sind, muß ich mal nachsehen, ob ich nicht noch ein Foto von dem alten Laden finde«, sagte er. »Und vergessen Sie nicht, Ihre Mutter von mir zu grüßen.«

Ich deutete auf meinen Kassettenrecorder auf dem Schreibtisch. »Das Band läuft«, sagte ich. »Sie können es ihr selbst sagen.«

Er beugte sich über das Gerät und sprach leise hinein. Als er fertig war, lehnte er sich in seinem Sessel zurück und sah nachdenklich zur Decke. »Sie hat sich für ein bestimmtes Leben entschieden, und sie hat es gelebt. Sie wird schon ihre Gründe dafür gehabt haben. Aber sie hat es gut gemacht. Sie hat zwölf Kinder großgezogen. Sie hat ein gutes Leben geführt.«

Ich sagte ihm, ich würde in einigen Monaten wiederkommen. »Bis dahin habe ich Ihnen das Foto von dem Laden rausgesucht«, versprach er. Aber ich kam erst zehn Jahre später zurück, und als ich ihn besuchen wollte, erfuhr ich, daß er tot war. Das Band mit seinem Gruß an Mama habe ich jahrelang aufgehoben, und auch wenn ich es ihr nie vorspielen wollte aus Angst, es würde sie zu sehr aufwühlen, hörte ich es mir selber immer wieder an und fragte mich dabei, warum nicht alle Menschen so weltoffen und tolerant sein konnten: *»Ruth, hier ist Aubrey Rubinstein. Ich weiß nicht, ob du dich noch an mich erinnerst, aber wenn ja, möchte ich dir sagen, daß ich froh bin, deinen Sohn kennengelernt zu haben. Wie ich sehe, hast du in deinem Leben allerhand geschafft. Falls du jemals hier unten in der Gegend sein solltest, komm doch bei uns vorbei. Wir erinnern uns alle noch an dich. Wir wünschen dir alles Gute.«*

Als ich an jenem heißen Augusttag auf den Stufen der Synagoge saß, erinnerte ich mich lebhaft an seine Worte. Zwei kleine, schwarze Mädchen spazierten vorbei, winkten mir zu und gingen weiter. Eine der beiden aß eine Tüte Kartoffelchips. Ich sagte zu mir: Was auch immer ich gesucht haben mag, ich habe es gefunden. Ich stieg in mein Auto und fuhr zurück zu dem McDonalds an der Ecke, wo früher einmal der Laden gestanden hatte. Ich lief noch einmal über das Grundstück und hoffte, der Boden würde mir vielleicht etwas mitteilen. Tat er aber nicht. Es war nichts als ein zementierter Parkplatz. Man sollte wirklich sämtliche zementierten Parkplätze dieser Erde nehmen und sie im Meer versenken, dachte ich. Die Shilskys existierten nicht mehr.

In derselben Nacht schlief ich in einem Motel ganz in der Nähe des McDonalds, und gegen vier Uhr morgens war ich auf einmal hellwach. Aus irgendeinem Grund konnte ich nicht mehr einschlafen. Ich wälzte mich eine Stunde lang im Bett, zog mich schließlich an, ging nach draußen und lief die Straße hinunter zum nahegelegenen Kai. Während ich am Kai entlanglief und auf den Nansemond hinaussah, der im Mondlicht lila schimmerte, sagte ich zu mir selbst: Was mache ich hier überhaupt? Hier ist es so einsam. Ich muß hier weg. Und plötzlich ging mir auf, daß meine Großmutter oft hier herumgelaufen sein und aufs Wasser hinausgesehen haben mußte, und ich konnte mir genau vorstellen, wie einsam Hudis Shilsky als Jüdin hier unten in dieser einsamen südlichen Stadt gewesen sein mußte – weit weg von ihrer Mutter und ihren Schwestern in New York, ohne ein Wort Englisch zu sprechen, eine Immigrantin aus Polen mit einem verkrüppelten Bein und einem Mann, der sie nicht liebte, die ihre Kinder in Amerika aufwachsen sehen wollte, deren Träume sich jedoch in Luft auflösten, als das Leben langsam aus ihrem 46jährigen Körper wich. Ich wurde so heftig von dem Gefühl der Verlassenheit übermannt, daß ich mich setzen und tief durchatmen mußte. Tatsächlich hatte ich gefunden, wonach ich schon seit Kindertagen gesucht hatte, und ich brach nach New York auf in dem Wissen, daß meine Großmutter nicht umsonst gestorben war.

23
Dennis

Im Jahr 1942 wohnten Dennis und ich in einem Zimmer im Port Royal in der 129th Street, zwischen der Seventh und Eighth Avenue, und eines Abends nach der Arbeit trat ich in den Hausflur unseres Gebäudes und kriegte von einer schwarzen Frau eine runtergehauen. Sie schlug so fest zu, daß ich hinfiel. »Ich verlange Respekt von dir!« sagte sie. Sie war völlig durchgedreht. Ich wußte noch nicht mal, wer sie überhaupt war. Irgendwie rappelte ich mich hoch, aber sie jagte mich bis hinauf zu unserem Zimmer, und ich knallte ihr die Tür ins Gesicht und wartete, bis mein Mann nach Hause kam. Dennis ging nach unten und redete mit ihr, als er von der Arbeit kam. »Die weiße Frau gehört hier nicht her«, sagte sie. Das waren ihre Worte. Dennis rührte sie nicht an. Er sagte nur: »Laß meine Frau in Ruhe«, und das tat sie auch. Obwohl wir nicht verheiratet waren, betrachteten wir uns als Mann und Frau.

Manche Schwarze wollten mich gar nicht akzeptieren. Die meisten schon, aber es gab immer welche, die ständig was von Nubien palaverten, bei denen ging es immer nur um Afrika und so weiter. Ich bin die Mutter von schwarzen Kindern, und ich würde nie meine Kinder verleugnen, also können sie sich ihr Nubien an den Hut stecken. Immer dieses Nubien. James, wenn du nach Afrika zurückgehen willst, bitte schön. Ich seh's zwar nicht ein, warum man da hingehen soll, wenn man hier seine Familie hat. Aber wenn du das Gefühl hast, daß du nach Afrika gehen mußt, um deine Wurzeln zu suchen, dann werde ich dich bestimmt nicht daran hindern. Wenn du zurückkommst, werde ich noch immer deine Mutter sein. Und du wirst noch immer mein Sohn sein.

Nachdem meine Mutter gestorben war, gab es kein Zurück. Ich blieb bei den Schwarzen, weil ich gar nicht anders konnte. Die paar Probleme, die ich mit Schwarzen hatte, waren nichts im Vergleich zu dem Elend, das ich mit den Weißen erlebte. Was die Weißen anbelangte, war die Sache klar. Sie duldeten es nicht, wenn man mit einem schwarzen Mann zusammen war. Vergiß es, sagten sie dann. Bist du wahnsinnig? Du mit einem Nigger? Laß bloß die Finger davon. Weißes Pack, so nannten sie einen. Das haben sie auch zu mir gesagt. Heutzutage sieht man täglich im Fernsehen diese gemischten Pärchen, die klagen: »Ach, wir haben's ja so schwer.« Die haben ihre Autos und Fernseher und Häuser, und dann beklagen sie sich noch. Dschungelfieber nennen sie das und reden sich die Köpfe heiß, daß andere den Eindruck kriegen, das alles sei nur Blödsinn. Die mußten ja auch nicht um ihr Leben rennen wie wir. Ich und Dennis haben mal einen ziemlichen Aufruhr in der 105th Street verursacht. Eine Gruppe weißer Männer jagte uns die Straße rauf, und sie umzingelten Dennis und versuchten, ihn um-

zubringen, indem sie mit Flaschen nach ihm warfen und ihn prügelten und auf ihn eintraten, bis einer von ihnen den anderen befahl, sie sollten damit aufhören. Er sagte: »Verschwinde von hier, solange du noch kannst!«, und wir rannten los. Weißt du, die meisten gemischten Ehen gingen irgendwann in die Brüche. Das sagte Dennis auch immer, wenn wir Streit hatten. Ich sagte immer: »Ich gehe«, und darauf sagte er dann: »Geh doch. Geh doch. Genau das wollen doch die Leute. Das ist es, was sie von uns erwarten.« Und er hatte recht.

Weißt du, eine Ehe braucht Liebe. Und Gott. Und ein bißchen Geld. Das ist alles. Dann kommt man schon zurecht. Es geht nicht um schwarz oder weiß. Es geht um Gott, und laß dir das von niemandem ausreden. Dschungelfieber! Quatsch mit Soße! Schätzchen, irgendwann ist es vorbei mit dem Dschungelfieber, und was dann? Ich sage das jetzt im nachhinein, weil Dennis ja am Anfang Angst hatte, mich zu heiraten. Wir taten so, als seien wir Mann und Frau und hatten so viel Spaß dabei, daß es mir gar nichts ausmachte, nicht mit Dennis verheiratet zu sein. Unser kleines Zimmer in der 129th Street, um die Ecke von der Seventh Avenue, war mitten in Harlem, wo die Post abging. Es gab Paraden und Würdenträger, die damals auf der Seventh Avenue auf und ab marschierten. Adam Clayton Powell stand früher direkt in der 129th Street auf einem Podest und hielt politische Reden. Malcolm X auch. Samstags gingen wir ins Apollo Theater, und wenn man bs elf Uhr vormittags da war, konnte man sich alle drei Aufführungen angucken. Erst kam die Wochenschau über den Krieg, dann was Unterhaltsames, Zeichentrickfilme, und manchmal ein Western mit Hoots Tebicon oder ein Musical mit Jeanette MacDonald und Nelson Eddy. Danach, um ein Uhr nachmittags, spielten sie das hauseigene Lied »I Think You're Wonderful«, und danach kamen die Bands, Count Basie, Duke Ellington, Jimmie Lunceford, Louis Jordan, Billie Holiday, Billy Eckstine. Diese Musiker rackerten sich vielleicht ab, mit drei Shows am Tag. Sonntags gingen wir zur Metropolitan Baptist Church in der 128th Street Ecke Lenox Avenue, um Pfarrer Abner Brown predigen zu hören.

Dieser Mann war der beste Prediger, den ich je in meinem Leben gehört habe. Er hätte einen Frosch dazu gekriegt, aufzustehen und an Jesus zu glauben. Der war einfach einmalig. Er redete nicht wie Feuer und Schwefel, sondern brachte einen zu Gott auf eine Art, daß man dachte, der Himmel sei gleich nebenan. Ganz Harlem war begeistert von ihm. Die Metropolitan Church war die Kirche damals. Die Abyssinian Church war auch eine große Kirche, aber für die Metropolitan standen sie in der 128th Street Schlange wie für ein Rockkonzert. Und wenn man sonntags nicht um neun Uhr für den Gottesdienst um elf auf dem Bürgersteig stand, mußte man im Gang stehen, dabei gab es sicher für 2 000 Leute Platz. Es gab immer zwei Gottesdienste auf einmal, einen in der großen Kirche oben und einen unten, so voll war es. Dennis war Diakon und sang auch im Kirchenchor. Und das war ein riesiger, großartiger Chor. Das waren noch Zeiten damals. Das waren meine schönsten Jahre.

Mein Leben wurde reicher durch Dennis. Er brachte mir Dinge bei, von denen ich noch nie gehört hatte. Jeden Tag meditierte er 15 Minuten lang. Jahrelang machte er das, und sogar die Kinder lernten, dieses Ritual zu akzeptieren. Er glaubte an die Rechtsgleichheit, an Bildung, an Bücher; er brachte mir bei, wer Paul Robeson, Paul Lawrence Dunbar und Joe Louis waren. Er war begeistert von den Brooklyn Dodgers – Don Newcombe, Roy Campanella und Jackie Robinson, vor allem Jackie Robinson. Er redete andauernd von ihm. »Jackie Robin-

son ist der lebende Beweis, daß Neger Baseball spielen können«, sagte er. Ich lernte, meine Hauptmahlzeit abends zu essen statt nachmittags. Statt koscher zu essen und unterschiedliches Geschirr für jede Mahlzeit zu benutzen und nur Fleischiges oder nur Milchiges zu essen, aß ich einfach das, worauf ich Lust hatte. Ich probierte Schweinekoteletts und fand, daß sie unheimlich gut schmeckten. Grütze, Eier, Brötchen, Butter, Speck, Kohl, Schweinshaxe, alles, was ich früher nicht essen durfte, aß ich jetzt. Anfangs war es ja so, daß ich nicht bügeln oder saubermachen oder kochen konnte. Ich hatte als Mädchen nie Kochen gelernt. Ich hatte den ganzen Tag im Laden gearbeitet, während Mame koscher gekocht hat, und Tate hatte eine schwarze Frau angestellt, die zweimal die Woche kam und Mame beim Kochen half. Mein Mann konnte besser kochen als ich, und als ich nach unserem ersten Kind zu Hause blieb, mußten mir meine schwarzen Freundinnen, Susie Belton und Irene Johnson, das Kochen beibringen. Susie Belton und ihr Mann Edward wohnten im Zimmer nebenan, damals in Harlem, und Susies Zimmer war immer tadellos sauber, mit Gardinen vor dem Fenster und einem Bettüberwurf mit Spitzen, wohingegen es bei mir immer aussah, als hätte eine Bombe eingeschlagen.

Im Jahr 1942, ein paar Monate, nachdem meine Mutter gestorben war, sagte ich zu Dennis: »Ich will Jesus Christus als meinen Gott annehmen und in die Kirche eintreten.« Dennis sagte: »Bist du dir ganz sicher, Ruth? Du weißt, was das bedeutet?« Ich antwortete: »Ich bin mir sicher.« Ich war mir absolut sicher.

Ein paar Sonntage darauf waren wir in der Metropolitan Church und sie sangen »I Must Tell Jesus«, und ich spürte den Heiligen Geist in mir, und als Pfarrer Abner Brown fragte, ob irgend jemand der christlichen Gemeinschaft in der Metropoli-

tan Church beitreten wolle, stand ich auf und ging nach vorne. Pfarrer Brown schüttelte mir die Hand und alle Diakone schüttelten mir die Hand, und seitdem habe ich keinen Rückzieher gemacht. An dem Tag hab ich Jesus Christus angenommen, und er hat mich bis heute nicht enttäuscht. Später arbeitete ich als Sekretärin in der Kirche. Ich tippte Briefe für Pfarrer Brown, und hin und wieder war ich auch Trauzeuge, wenn er Hochzeiten in seinem Büro abhielt, weil ich die einzige war, die gerade in der Nähe war, und für eine Hochzeit brauchte man ja zwei Trauzeugen. Bei so vielen Hochzeiten sehnte ich mich irgendwann danach, auch zu heiraten. Immerhin arbeitete ich in der Kirche, und Dennis war ein richtiger Diakon, und wir waren noch nicht mal verheiratet. Das war ein regelrechter Skandal, und ich konnte damit nicht leben. Eines Abends sagte ich zu Dennis: »Wir müssen heiraten«, aber er zögerte. Er sagte: »Ich bin im Süden aufgewachsen, und da unten würden sie mich lynchen, wenn ich eine weiße Frau heirate.« Ich sagte: »Wir sind hier nicht im Süden. Wir sind hier in New York, und ich bin jetzt Christin geworden und will mich nicht länger versündigen.« Ich sagte ihm, daß ich ihn verlassen würde, wenn wir nicht heirateten. Damit hatte ich ihn festgenagelt. Er druckste so lange herum, bis ich tatsächlich losging und schon eine Kaution hinterlegt hatte für ein eigenes Zimmer, und als ich das getan hatte, sagte er: »Das mußt du nicht machen, Ruth. Ich liebe dich und möchte dich gerne heiraten, wenn du willst.« Das war ein Mann. Ich liebte ihn. Er war der netteste Mann, den ich je kannte. Seine Freunde aus North Carolina, die in Harlem wohnten, kamen ihn immer alle besuchen. Sie riefen von unten auf der Straße zu unserem Fenster rauf: »Dennis … Dennis!«, und er forderte sie auf hereinzukommen und gab ihnen unser letztes Essen und sein letztes Hemd, wenn sie danach fragten. Er kam aus einem

Elternhaus, wo Freundlichkeit eine Lebenseinstellung war. Zu so einer Familie wollte ich gehören. Ich war stolz, ein Teil davon zu werden, und sie empfingen mich mit offenen Armen.

Wir mußten uns an einem Samstag im Rathaus treffen, um das Aufgebot zu bestellen, weil wir beide unter der Woche arbeiteten. Dennis mußte an diesem Samstagvormittag auch arbeiten. Inzwischen hatte er bei meiner Tante Mary aufgehört und arbeitete beim McCoy Verlag, einem Versandhaus, das Monatsschriften, Schürzen und Bücher an die Freimaurer schickte. Wir verabredeten uns um zwei Uhr nachmittags vor dem Rathaus. Pünktlich um zwei war ich da und wartete ungefähr eine Stunde. Hab ich's mir doch gedacht, sagte ich zu mir und wollte gerade wieder gehen, da tauchte er auf. »So schnell wirst du mich nicht los«, sagte er.

Die Leute starrten uns an und flüsterten und zeigten mit dem Finger auf uns und stellten blöde Fragen, als wir in das Büro reingingen, um das Aufgebot zu bestellen. Die Beamten waren schlechtgelaunt, und niemand wollte sich bereit erklären, unsere Papiere fertigzumachen, aber diese Idioten sollten uns unsere Hochzeit nicht verderben. Als wir endlich das Aufgebot bestellt hatten, schloß Pfarrer Brown in seinem Büro in der Kirche unsere Ehe. Ich hatte ihm die Wahrheit gesagt, daß ich und Dennis gar nicht richtig verheiratet waren, und er sagte: »Macht euch mal keine Sorgen. Ich verheirate euch, und da müssen wir gar kein Aufhebens machen.« Erst später erfuhr ich, daß einige Mitglieder der Kirche schon seit Jahren zusammengelebt hatten, ohne verheiratet gewesen zu sein. Manche hatten sogar schon erwachsene Kinder. Und Pfarrer Brown hat sie alle im nachhinein geehelicht, also war das Routine für ihn. Der Hausmeister der Kirche und ein anderer Angestellter waren unsere Trauzeugen. Danach gaben wir unseren Empfang, in der 103rd Street

Ecke Third Avenue, in der Wohnung unserer Freunde Sam und Trafina »Ruth« Wilson. Sie hatten die Wohnung mit rosaroten und weißen Girlanden dekoriert, und es gab lauter Tabletts mit leckeren, edlen Häppchen, Kuchen und Kaffee, und Pfarrer Brown schaute auch vorbei, um mitzufeiern. Es war ein wunderschöner Empfang für uns fünf. Ich brauchte weder Hunderte von Rosen noch eine Blaskapelle. Mein Mann liebte mich und ich liebte meinen Mann, mehr brauchte ich nicht. Wir saßen in Ruths Wohnung und tranken Kaffee, und mein Mann (was war ich stolz, »mein Mann« zu sagen) sagte zu mir: »Wir müssen stark sein. Du weißt, was die Leute über uns sagen werden, Ruth. Sie werden versuchen, uns auseinanderzubringen.« Ich sagte: »Ich weiß. Ich werde stark sein«, und über die Jahre hinweg wurden wir oft auf die Probe gestellt, aber wir sind zusammengeblieben und haben nicht eine Nacht getrennt verbracht, außer, wenn er mit den Kindern nach North Carolina fuhr, um seine Eltern zu besuchen. Ich bin nie mit ihm in den Süden gefahren, weil es zu gefährlich gewesen wäre. Das erste Mal, als ich ihn in den Süden begleitet habe, war auch das letzte Mal, nämlich um ihn da unten zu begraben.

Als 1943 unser erstes Kind da war, zogen wir in eine Einzimmerwohnung gegenüber in unserer Straße. Die Wohnung kostete sechs Dollar die Woche. Wir hatten ein Waschbecken, ein Bett, einen Herd und einen kleinen Eisschrank. Einmal die Woche kam jemand vorbei und brachte das Eis dafür. Die Möbel haben wir alle auf der Straße gefunden oder bei Woolworth gekauft, man konnte alles zusammenklappen: Klappstühle, Klapptische. Unser Fenster ging auf eine Seitenstraße und auf die Mauer des angrenzenden Gebäudes hinaus, und das angrenzende Gebäude war so nah, daß man nicht sehen konnte, ob es draußen regnete oder schneite. Man mußte den Kopf ganz weit aus dem Fenster strecken, um zu sehen, wie das Wetter war. Das Badezimmer befand sich im Flur und wurde von sämtlichen Mietern geteilt, und überall gab es Kakerlaken. Egal wie viele man totschlug, sie kamen immer wieder. Ich bewahrte meinen Sonntagshut in einer Hutschachtel auf einem Regal auf, und jeden Sonntag, wenn ich die Schachtel aufmachte, um meinen Hut herauszunehmen, krabbelten mir die Kakerlaken entgegen. Wir wohnten mit vier Kindern in dem Zimmer. Die Schubladen der Kommode benutzten wir als Krippen, und die Kinder schliefen mit uns im Bett oder auf Klappbetten. Neun Jahre lang wohnten wir in dem Zimmer, und diese neun Jahre waren die glücklichsten in meinem ganzen Leben.

Während dieser Zeit lernte ich eine interessante Frau kennen, meine Freundin Lily. Eines Tages traf ich sie im Park in der 127th Street, während ich mit meinen zwei Kindern an der frischen Luft war und sie mit ihren zwei Kindern auch. Sie war weiß und ihre Kinder sahen aus wie meine, deshalb kamen wir ins Gespräch. Sie war jüdisch und kam aus Florida. Ihre Familie war reich und sie war sehr kultiviert – Lily las viele Bücher und ging in die Oper –, und wir hatten beide schwarze Männer, also hatten wir etwas gemein. Lilys Mann kam aus der Karibik, und sie waren beide Mitglieder der Kommunistischen Jugendbewegung. Damals war das eine ganz gefährliche Sache – vielleicht hatte sogar die Regierung ein Auge auf sie, wer weiß. Ich und Dennis waren nicht für den Kommunismus. Wir waren für Jesus Christus. Lily und ich waren lange Zeit Freundinnen, bis sie nach Kalifornien zog. Ihr Mann verließ sie wegen einer jüngeren Frau – er hatte sie ohnehin nicht verdient. Er lief jedem Rock hinterher, sogar mir, als sie mal nicht hinguckte, aber das duldete ich nicht. Sie schloß sich den Hare Krishnas an oder irgendeiner dieser Sekten, und später heiratete sie wieder, dies-

mal einen Weißen. Damals in den Siebzigern wollte ich sie mal besuchen, aber kurz davor schrieb sie mir einen gemeinen Brief und sagte mir, ich solle doch nicht kommen, und sagte noch andere gehässige, verletzende Sachen, also sagte ich die Reise ab und hörte nie wieder etwas von ihr. Ich weiß nicht, warum sie das getan hat. Vielleicht hatte sie irgendwelche Probleme mit ihren Kindern. Das hätte der Grund sein können, weil wir uns über die Jahre immer Briefe geschrieben hatten, in denen ich immer von meinen Kindern erzählte.

Unsere Familie wuchs so schnell, daß wir plötzlich mit vier Kindern in dem engen Zimmer saßen. Also beantragten wir eine Wohnung in der Red Hook-Siedlung in Brooklyn. Sie setzten uns auf eine lange Warteliste und sagten: »Macht euch keine allzu großen Hoffnungen«, weil es eine politische Sache war, in dieser Siedlung eine Wohnung zu bekommen, aber mit Gottes Hilfe schafften wir es, im Jahr 1950. Sie gaben uns eine Zweizimmerwohnung im 6. Stock in der Hicks Street 795, mit einem Badezimmer. Das war das Beste daran. Sein eigenes Badezimmer zu haben. Die Böden und Wände waren aus reinem Zement. Die Kinder holten sich Schürfwunden und Beulen, wenn sie hinfielen, und wir mußten uns Plastikgläser und Plastikteller anschaffen, weil das Porzellan immer kaputtging, wenn es auf den Boden fiel. Aber die Red Hook-Siedlung war wunderschön damals. Italiener, Puertoricaner, Juden und Schwarze wohnten alle friedlich nebeneinander. Im Innenhof gab es einen Rasen und einen Spielplatz mit Rutschen und Klettergerüsten. Es war ein richtig amerikanisches Leben, das Leben, von dem ich immer geträumt hatte. Morgens gab ich Dennis einen Kuß, wenn er zur Arbeit ging, und wenn er abends nach Hause kam, stand ich am Fenster und sah ihm zu, wie er um die Ecke bog und über den Innenhof lief. Ich erinnere mich ganz genau an ihn – seinen Gang, sein weißes Hemd, seine Schuhe. Die Kinder liefen ihm entgegen und wickelten sich um seine Beine wie junge Hunde. Er brachte immer Lebensmittel aus dem Supermarkt mit und Überraschungen für die Kinder – einen kleinen Kuchen von seinem Mittagessen oder Kaugummi. Ich liebte diesen Mann. Ich habe nie mein Zuhause oder meine Familie vermißt, nachdem ich verheiratet war. Ich hatte alles, was ich brauchte.

Nachdem wir in die Red Hook-Siedlung gezogen waren, gingen wir noch ein paar Jahre in die Metropolitan Church, aber Pfarrer Brown starb eines Tages ganz plötzlich an einem Herzinfarkt, und dann wurde es zu mühsam, jeden Sonntag mit all den Kindern mit der U-Bahn bis nach Harlem hinaufzufahren. Außerdem war Dennis inzwischen Pfarrer geworden, und er sagte, er wolle eine eigene Kirche gründen. Er hörte auf, Bier zu trinken, und meldete sich am Shelton Bible College an und machte 1953 sein Diplom in Theologie. Dann zogen wir los und fragten unsere Nachbarn aus der Red Hook-Siedlung, ob sie nicht mittwochabends und sonntagmorgens zu uns in die Wohnung zur Gebetsstunde kommen wollten. Mrs. Ingram, dein Patenonkel und deine Patentante, die McNairs, die Floods und die Taylors waren die ersten, die kamen. Dazu räumte ich den Tisch ab und legte eine weiße Tischdecke drauf. Das war Dennis' Kanzel. Nachdem das richtig gut lief, sagte er, daß er eine Kirche finden müsse. Ich sagte: »Wir können uns doch gar keine Kirche leisten.« Mit seinem kleinen Gehalt schafften wir es kaum, unsere Kinder zu füttern – inzwischen waren aus vier Kindern fünf und dann sechs und dann sieben geworden. Ich meine, nach einer Weile kamen sie einfach rausgeplumpst wie Eier, und wir hatten sie auch gerne, aber mir war es schleierhaft, wie wir uns bei alledem noch eine Kirche leisten sollten.

Bei deiner Schwester Helen, da war ich kein einziges Mal zur Voruntersuchung im Krankenhaus und nichts. Ich spazierte einfach in die Klinik rein, sie kam rausgeplumpst wie ein Ei, und ich konnte nach Hause gehen. Wie wir es geschafft haben, sie zu füttern? Na ja, von einem Tag auf den nächsten. Lebensmittel und Weihnachtsgeschenke bekam ich bei der Wohlfahrt, und ich ging mit ihnen spazieren und ließ sie draußen spielen. Zwei setzte ich in einen Kinderwagen, zwei gingen an meiner Seite und der Rest, den versuchte ich eben im Auge zu behalten. Gott hat irgendwie immer für uns gesorgt.

Dennis durchkämmte solange die Gegend, bis er ein billiges leeres Gebäude in der Nähe der Red Hook-Siedlung fand. Der Weiße, dem das Haus gehörte, wollte es nicht an Schwarze vermieten, also ging ich hinüber und unterschrieb die Verträge selbst, und als der Mann sah, wie ich und dein Vater und dein Patenonkel am nächsten Tag mit Farbeimern und Werkzeugen das Haus betraten, um zu renovieren, wollte er das Ganze wieder rückgängig machen, aber da war es schon zu spät. Wir nannten die Kirche New Brown Memorial, in Gedenken an Pfarrer Brown. Es entstand schon bald eine richtige Gemeinde, und als wir ungefähr 60 Leute waren, die regelmäßig kamen, zogen wir in die Richards Street 195, wo es eine Heizung gab, weil Dennis in dem anderen Gebäude ständig Heizkörper durch die Gegend schleppen mußte, denn es war immer eiskalt da drin. Unsere Kirche machte sich richtig gut, bis zum Frühjahr 1957, als Dennis mit einer schlimmen Erkältung von der Arbeit nach Hause kam. Er war so heiser, daß ich ihn zwingen mußte, sich ins Bett zu legen und auszuruhen. Ungefähr drei Wochen lang lag er heiser im Bett.

Er rauchte Zigaretten, Lucky Strike ohne Filter, und hin und wieder wurde er vom Predigen heiser, oder weil in der Kirche nicht richtig geheizt worden war, immerhin war es Januar und kalt draußen, also hab ich mir nicht weiter Gedanken gemacht. Aber irgendwann kam er überhaupt nicht mehr aus dem Bett und aß nichts und bekam Fieber, also brachte ich ihn ins St. Peter's Hospital. Die Leute da starrten uns erst mal an, als wir das Krankenhaus betraten, sie starrten uns an, und die Ärzte und Schwestern fragten: »Wer ist das?« und »Sind Sie wirklich seine Frau?« und solche Sachen, aber ich beachtete sie nicht. Ich wollte nur, daß Dennis wieder aus dem Krankenhaus entlassen wurde und mit mir nach Hause kam, weil er mir und den Kindern so sehr fehlte. Unser ganzes Dasein drehte sich nur um ihn. Die Kinder saßen manchmal da und meditierten, genau wie er, und dann prahlten sie voreinander, daß sie ihm zeigen würden, wie gut sie schon meditieren konnten, wenn er nach Hause kam. Während er im Krankenhaus lag, hat deine Schwester Rosetta aufgepaßt, daß sich niemand auf seinen Stuhl setzt, nicht mal ich. Niemand durfte das.

Er wurde sehr schnell ernsthaft krank. Am einen Tag lief er noch herum, am nächsten war er schon heiser und mußte in die Klinik. Die Ärzte wußten nicht, was mit ihm los war. Irgend etwas mit seiner Lunge, sagte einer. Die Bauchspeicheldrüse, ein anderer. Wenn ich genauer nachfragte, vertrösteten sie mich. Sie redeten irgendwie drum herum, wenn ich sie fragte, und dann gingen sie in den Korridor und deuteten mit dem Kinn auf mich und machten Bemerkungen über mich und Dennis und dachten, ich könne sie nicht hören. Ich konnte sie sehr wohl hören, aber ich kümmerte mich nicht darum. Ich dachte an nichts anderes als an meinen Mann. Jeden Tag, wenn ich vom Krankenhaus nach Hause lief, steckte meine Freundin Lillian den Kopf aus ihrem Fenster in unserer Siedlung und fragte: »Wie geht's Pfarrer McBride?« Ich sagte: »Er hat heute nichts gegessen.« Sie sagte: »Na ja, erst muß es ihm schlechter gehen, bevor es ihm besser gehen kann.« Eines Tages lief ich unter ihrem Fenster vorbei und lächelte und war froh, Lillian berichten zu können: »Heute hat er eine Pampelmuse gegessen«, und sie sagte: »Na siehst du, hab ich doch gesagt. Erst muß es ihm schlechter gehen, bevor es ihm besser geht.« Aber es ging ihm nicht besser. Es ging ihm immer schlechter und schlechter, und in dieser Zeit merkte ich, daß meine Regel ausblieb. Ich hatte sieben Kinder und wirklich keine Zeit, um über meine Regel nachzudenken. Ich dachte, das käme durch den Streß, weil Dennis so unerwartet lange im Krankenhaus lag, aber als ich es ihm sagte, meinte er: »Wenn's ein Junge wird, nennen wir ihn James, nach meinem Onkel Jim.« Und so bist du zu deinem Namen gekommen. Weißt du, ich hab ja nicht damit gerechnet, daß er stirbt. Ich hatte ja keine Ahnung. Aber er wußte es, weil er dir deinen Namen gab und solche Bemerkungen machte wie: »Ich weiß, daß unser Herrgott für euch alle sorgen wird, falls mir was passieren sollte. Mach dir nur keine Sorgen, Ruth. Vertraue einfach auf Gott.« So ein Gerede wollte ich überhaupt nicht hören, und ich sagte ihm, er solle damit aufhören.

Manchmal ging ich in der Klinik auf den Flur hinaus, damit Dennis mich nicht weinen sah, und eines Abends stand ich da draußen und weinte, und zwei weiße Ärzte kamen vorbei und fragten: »Wer sind Sie?«, weil die normalen Besucherzeiten schon vorbei waren. Ich zeigte auf Dennis' Zimmer und sagte: »Mein Mann liegt da drin«, und plötzlich waren sie ganz kalt und empört. Direkt vor meiner Nase zogen sie über mich her, dann drehten sie sich um und gingen davon.

Eines Nachmittags, als Dennis schon ein paar Wochen in der Klinik war, besuchte ich ihn und er war schon ganz dünn, weil er nichts mehr aß, und er sagte: »Warum bringst du die Kinder nicht mit?« Ich sagte: »Das sollten wir lieber nicht machen«, weil sie Schule hatten, außerdem durften Kinder nicht ins Krankenhaus und ich konnte auch nicht sieben Kinder mitschleppen. Ich wollte eigentlich auch nicht, daß sie ihn so krank daliegen sahen – das älteste Kind war gerade mal 13 –, aber auch sie wollten ihn unbedingt sehen, also sagte ich: »Na gut. Ich hol sie ans Fenster, und dann kannst du sie von da aus sehen.« Er lag im zweiten Stock. Also fuhr ich nach Hause und sammelte die Kinder ein und fuhr mit ihnen runter zum Krankenhaus, und sie stellten sich auf die Straße und brüllten »Daddy! Daddy!« zu ihm hinauf, und Dennis kam im Morgenmantel ans Fenster und sah zu ihnen hinunter, und als ich sein Geischt sah, wie er so dastand und den Kindern zuwinkte, die sich so freuten, ihn zu sehen, überkam mich ein ganz schreckliches Gefühl. Ich sagte zu mir: Lieber Gott, er wird doch nicht etwa sterben? Er ist doch mein Mann. Er ist mein Traum. Er wird doch nicht etwa sterben, lieber Gott? Ich wußte überhaupt nicht mehr, was ich machen sollte. Es war alles so unwirklich. Ich fuhr nach Hause und betete, daß Gott mir nicht meinen Mann wegnimmt.

Ein paar Tage später starb er.

Lieber Gott … er starb einfach.

Ich war zu Hause, und gegen sechs Uhr morgens rief mich ein Arzt aus der Klinik an. Er fragte nach Mrs. McBride. Ich sagte, das sei ich. Er sagte: »Mr. McBride ist vorhin verstorben.« Ich sagte: »Das ist unmöglich. So krank war er doch gar nicht.« Der Doktor sagte: »Er hatte Krebs«, und legte auf. Da hörte ich zum ersten Mal, daß er Krebs gehabt hatte. Zum allerersten Mal überhaupt. Ich stand da und sah aus dem Fenster über die Siedlung hinweg. Es war der 5. April 1957, ich weiß es noch ganz genau. Der Tag brach gerade an. Ich sah hinaus, und eine Schwärze kam über mich. Ein Gefühl, als versänke ich, als fiele ich mitten in ein schwarzes Loch. Die Kinder wachten auf und saßen zusammengekauert da, und ich fing an zu weinen. Ein Teil von mir starb, als Dennis starb. Ich liebte diesen Mann mehr als mein Leben, und manchmal wünschte ich mir, der Herrgott hätte mich genommen statt ihn, weil er als Mensch viel besser zum Leben taugte als ich. Er hatte der Welt einfach soviel mehr zu geben als ich. Er hat mir ein neues Leben geschenkt. Er ließ mich wieder aufblühen, nachdem ich von zu Hause weggegangen war, er zeigte mir den Weg zu Jesus, öffnete mir die Augen für ein neues Leben, und dann mußte er sterben. Lieber Gott, es war furchtbar schwer. Furchtbar schwer, ihn gehen zu lassen. Danach war ich eine Zeitlang wütend auf ihn, daß er gestorben war, wütend, daß er mich mit den vielen Kindern zurückgelassen hatte, aber vor allem fehlte er mir.

Wir beerdigten ihn in High Point, North Carolina. Ich stand eigentlich die ganze Zeit unter Schock, und es waren deine Tante Candis und eure Schwester Jack, die mich und die Kinder zur Trauerfeier in Brooklyn und dann zur Bestattung unten in North Carolina begleiteten. Es war das erste und letzte Mal, daß ich mit ihm in den Süden fuhr. Nach der Trauerfeier in Brooklyn wollte ich unbedingt an seiner Seite bleiben, und wenn sie mich gelassen hätten, wäre ich sogar mit dem Sarg hinten im Zug mitgefahren, aber sie haben mich nicht gelassen, jedenfalls saß ich in diesem Zug und sagte zu mir: Ich bring ihn nach Hause. Ich bringe ihn nach Hause und werde zusehen, daß sie ihn beerdigen, wie es sich gehört, und niemand, weder weiß noch schwarz, hätte mich davon abhalten können, und ich schwöre bei Gott, wenn irgend jemand versucht hätte, mich daran zu hindern, wär ich auf ihn losgegangen. Als wir den Bahnhof High Point erreichten, ging Dennis' Onkel Jim zum Schalter, um die Leiche in Empfang zu nehmen, und ich be-

gleitete ihn, und der Weiße am Schalter sagte: »Zu wem gehört der Tote?« Ich sagte: »Zu mir«, und er guckte ein paarmal abwechselnd mich und dann Onkel Jim an, und fragte dann wieder: »Zu wem gehört der Tote?«, und Onkel Jim versuchte, ihm klarzumachen, daß der Tote zu ihm gehöre, um sich mit diesem Weißen keinen Ärger einzuhandeln, aber dann sagte ich zu Onkel Jim: »Nein, Onkel Jim. Das da ist mein Mann.« Ich sagte zu diesem Mann: »Das ist mein Mann, und ich bin hierhergekommen, um ihn zu beerdigen, also gehört er zu mir.« Dadurch stiftete ich zwar ein bißchen Verwirrung, aber er machte keine weiteren Umstände und ließ mich und Onkel Jim ein Papier unterschreiben, und wir beerdigten Dennis auf dem Burns Hill Friedhof. Damals war ich 36 Jahre alt und war fast 16 Jahre mit Dennis zusammengewesen, so daß ich ohne ihn gar nicht zurechtkam. Ich weiß noch, wie ich mit meinen sieben Kindern durch die Siedlung lief und weinte – oft brach ich am hellichten Tag einfach in Tränen aus –, und deine Schwester Helen, die damals vielleicht 9 Jahre alt war, sagte: »Weine nicht, Mama. Daddy ist oben im Himmel«, und davon mußte ich nur noch mehr weinen. Es war eine furchtbar schwere Zeit.

Als wir nach Dennis' Beerdigung wieder zurück in New York waren, machte ich unseren Briefkasten auf und fand darin lauter Schecks und Zahlungsanweisungen und Briefumschläge voller Bargeld von den Leuten aus der Siedlung, die uns kannten, und von den Leuten aus der Metropolitan Church in Harlem. Dutzendweise Briefe mit Schecks und Geld drin. Das werde ich mein Leben lang nicht vergessen. Die Leute schickten uns Apfelsinen und Äpfel und Truthähne und Kleidung, und wenn jemand was übrig hatte, schenkte er es uns einfach. Deine Schwester Jack und Tante Candis, die aus North Carolina raufkam, um bei uns zu wohnen, und dein Patenonkel und deine

Patentante, die McNairs, und die Ingrams, und meine alte Freundin Irene Johnson, sie taten alle für uns, was sie konnten, aber selbst mit ihrer Hilfe kamen wir kaum über die Runden.

Ich war so verzweifelt, daß ich zurückging zu meiner jüdischen Familie und um Hilfe bat. Ich besuchte meine Tante Betts, die inzwischen einen reichen Mann geheiratet hatte und auf der Upper East Side von Manhattan in einem prächtigen Gebäude wohnte, wo es einen Portier gab. Um reinzukommen, mußte ich an diesem Portier vorbei. Als ich an ihre Wohnungstür klopfte, öffnete Tante Betts, erkannte mich und knallte mir die Tür vor der Nase zu. Ich lief hinaus und weinte mitten auf der Straße. Dann rief ich meine Schwester Gladys an, die in Queens wohnte. »Du hattest mir versprochen, nicht wegzugehen«, sagte sie. Ich sagte ihr, daß es mir leid täte. Aber irgendwie gefiel es ihr wohl nicht, von mir zu hören. »Ruf mich morgen noch mal an«, sagte sie, aber als ich sie am nächsten Tag anrief, ging ihr Mann ans Telefon und sagte: »Sie will nicht mit Ihnen sprechen. Rufen Sie hier nie wieder an«, und knallte den Hörer auf. Sie waren mit mir fertig, verstehst du. Wenn die Juden das Kaddisch gebetet haben, sind sie für einen nicht mehr verantwortlich. Man ist für sie gestorben. Das Kaddisch beten und schiwe sitzen, das entbindet sie von jeglicher Pflicht. Ich war auf mich gestellt, aber ich war nicht allein, denn, wie Dennis immer sagte, Gott der Herr wachte über mich und schickte mir deinen Stiefvater, der sich um uns kümmerte und uns rettete und sehr, sehr viel für uns getan hat. Er war kein Geistlicher wie Dennis. Er war anders, ein Arbeiter, der in den ganzen 30 Jahren, in denen er für das Wohnungsamt der Stadt New York gearbeitet hat, kein einziges Mal zu spät zur Arbeit kam, und er war ein wirklich guter Mann. Kurz nach deiner Geburt lernte ich ihn kennen, und nach einer Weile fragte er mich, ob ich ihn heiraten wolle, und

Tante Candis sagte: »Heirate diesen Mann, Ruth. Heirate ihn!«, und sie putzte unsere Wohnung, bis sie glänzte, und kochte lauter Köstlichkeiten, wenn dein Stiefvater vorbeikam, damit ich einen guten Eindruck machte. Natürlich dachte er, daß ich es sei, die diese leckeren Süßkartoffeln und Schweinekoteletts zubereitete, dabei kann ich doch ums Verrecken nicht kochen. Als ich ihm die Wahrheit erzählte, sagte er, daß das gar nichts mache und daß er mich trotzdem heiraten wolle, auch wenn ihn seine Brüder für verrückt hielten. Ich hatte acht Kinder! Aber ich war noch nicht soweit, zum Heiraten. Ich lehnte dreimal ab. Im Herbst '57 fuhr ich mit dir runter nach North Carolina, um dich Dennis' Eltern, Etta und Nash, zu zeigen – sie lebten nur noch vier oder fünf Jahre, nachdem ihr einziges Kind gestorben war –, und als ich Großmutter Etta erzählte, daß ich überlegte, mich wieder zu verheiraten, sagte sie: »Gott segne dich, Ruth, weil du jetzt unsere Tochter bist. Heirate den Mann.« So waren die Schwarzen damals eingestellt. Deshalb bin ich immer bei den Schwarzen geblieben. Mir wäre es nicht im Traum eingefallen, einen weißen Mann zu heiraten. Als ich deinem Stiefvater erzählte, wie mich meine Schwester und Tante Betts behandelt hatten, sprach er ohne Bitterkeit oder Haß über sie. »Sie müssen dir nicht helfen«, sagte er. »Ich werde dir für den Rest meines Lebens helfen, wenn du mich heiratest«, und das tat ich, und, Gott segne ihn, er hielt sich wirklich an sein Wort.

24

Die New Brown Memorial Church

Kommt zu Gott! Bei Gott gibt's was umsonst! Gottes Segen kostet nichts!«

Es ist Oktober 1994, die Feierlichkeiten zum 40. Geburtstag der New Brown Memorial Baptist Church sind in vollem Gange, und ein Diakon steht vor dem Publikum, um die Leute zum Gebet aufzurufen. Obwohl die New Brown Church in Brooklyn steht, hat sich die 60köpfige Gemeinde in diesem winzigen Festsaal im Ramada Hotel am La Guardia Flughafen in Queens versammelt, weil irgend jemand einen der Hotelköche kannte und das Hotel der Kirche einen Sonderpreis gemacht hat. Der Service ist auch nicht gerade wie im Vier-Sterne-Lokal, aber es wird schon reichen. Der Saal ist feucht, dunkel und kalt. Das Fleisch schmeckt miserabel, die Kellner sind wenig zuvorkommend. Irgend jemand hatte die Idee, eine Gospel-Band zu mieten, und der dazugehörige Mann am Keyboard trägt eine Sonnenbrille und spielt viel zu laut, aber es beklagt sich niemand. Dies hier ist ein festlicher Anlaß, und die ganze Gemeinde hat sich herausgeputzt. Vierzig Jahre lang gibt es die New Brown Church. Sie steht in der Red Hook-Siedlung in Brooklyn, einer der größten und am meisten verwahrlosten Siedlungen in ganz New York. Vierzig Jahre lang hat die Gemeinde gekämpft. Vierzig Jahre lang hat sie Ausdauer bewiesen und Gottes Wort verbreitet. Das hier ist Mamas Kirche. In dieser Kirche habe ich geheiratet. Das ist die Kirche, die mein Vater, Andrew McBride, errichtet hat.

Er hat nicht lange genug gelebt, um alle seine Träume zu verwirklichen, aber als ich einmal seine alte braune Aktentasche durchsah, in denen noch Papiere von vor 45 Jahren lagen, konnte ich anhand seiner zurückgelassenen Notizen feststellen, daß er ein Mann war, der sich unablässig Gedanken machte: Es gibt Verweise auf Dostojewski, Faulkner, Paul Lawrence Dunbar, Jackie Robinson und Unmengen Notizblöcke voller Predigten und Bibelverse. Seine Niederschriften bezogen sich auf die Chroniken, Isaias, das Johannesevangelium und auf den Brief an die Philipper. *Manchmal und ohne, daß wir es merken*, schrieb er, *richten sich unsere Gedanken, unser Glaube und unsere Interessen auf die Vergangenheit. Wir reden von anderen Zeiten, anderen Orten, anderen Menschen, und dabei entgleitet uns dann die Gegenwart. Manchmal denken wir, wenn wir bloß in die Vergangenheit zurückkehren könnten, wären wir glücklich. Aber jeder Mensch, der versucht, in die Vergangenheit zurückzureisen, wird zweifellos enttäuscht werden. Jeder, der nach langer Abwesenheit an den Ort seiner Kindheit zurückkehrt, erschrickt, weil alles ganz anders ist, als er es in Erinnerung hatte. Vielleicht wandert er die altbekannten Wege entlang, aber er ist ein Fremder in einem fremden Land. Diesen Ort hatte er bisher für sein Zuhause gehalten, aber er muß feststellen, daß er hier nicht mehr hingehört, nicht einmal in Gedanken. Er hat sich weiterentwickelt, führt ein neues und anderes Leben, und indem er sehnsüchtig an die Vergangenheit denkt, befaßt er sich mit etwas, das gar nicht mehr wirklich existiert. Wenn das für den Körper gilt, wie sehr gilt es dann erst für die Seele …* Auf alles, was er gerade zur Hand hatte, schrieb er Bibelverse – Papierfetzen, die Rückseiten von Zugplänen, Kassenbons. Neben manchen Versen hatte er die Namen und Telefonnummern von Ärzten gekritzelt, von denen er geglaubt hatte, sie könnten ihm helfen, könnten ihn von seinem Lungenkrebs heilen, der ihn mit 45 dahinraffte, aber sie konnten ihm damals nicht helfen. Es war für ihn Zeit gewesen, zu gehen, und er hatte es gewußt.

Er hinterließ keine Lebensversicherung, keine Erbschaft, kein Land, kein Geld für seine schwangere Frau und seine kleinen Kinder, aber er hatte geholfen, eine Basis zu schaffen, auf der Mama ihre zwölf Kinder erziehen sollte, und diese Basis blieb 30 Jahre lang stabil – die Kinder durften nach fünf Uhr nachmittags nicht mehr auf die Straße; sie sollten auf jeden Fall die Schule zu Ende machen; nicht mit dem Strom schwimmen; an Gott glauben –, und wie es der Zufall, oder Gott, wollte, half mein Stiefvater unserer Mutter, als er sie heiratete, genau diese Regeln weiterhin durchzusetzen. Die alten Gemeindemitglieder der New Brown Church sagten immer, Gott habe ein besonderes Auge auf Pfarrer McBride gehabt. Der Mann starb ohne einen Cent in der Tasche, und dennoch schafften es alle seine Kinder, zu studieren und Ärzte, Professoren und Lehrer zu werden.

Im Moment sitzt die Frau, die Pfarrer McBrides Kinder ins Erwachsenenleben begleitet hat – und zudem die einzige überlebende Mitbegründerin der New Brown Memorial Baptist Church ist –, am Kopfende eines langen, erhöhten Tischs. Sie ist die einzige weiße Frau im Saal. Sie trägt ein blaugemustertes Kleid und hat meine zweijährige Tochter Azure auf dem Schoß. Es war nicht einfach, Mama zu überzeugen, hierherzukommen. Anfangs weigerte sie sich. 1989 stellte die Kirche einen neuen Pfarrer ein, dessen erste Amtshandlung darin bestand, das Bild meines Vaters von der Wand hinter der Kanzel herunternehmen zu lassen, um es eines Tages in die Vorhalle zu hängen, die irgendwann in der Zukunft mit Geldern des Kirchenfonds errichtet werden soll. Die ganze Aktion fällt in die etwas zweifelhafte Kategorie »Kirchenaufbau«, und es ist nicht abzusehen, daß das noch zu Mamas Lebzeiten passieren wird. Hinzu kam, daß er den Fehler machte, Mama nicht offiziell zu begrüßen, als sie zu einem seiner ersten Gottesdienste kam. Das war ein beträchtlicher Fauxpas, den er im Prinzip leicht hätte wiedergutmachen können; hätte er irgendwo zwischen den Fürbitten und den Geburtstagsglückwünschen ein »... und insbesondere möchte ich heute Mrs. McBride begrüßen, die Begründerin dieser Kirche« eingefügt, wäre die Sache erledigt gewesen. Aber er tat nichts dergleichen. Statt dessen behandelte er sie wie jemanden, der nicht dazugehört, wie eine Fremde, eine *Weiße*, und begrüßte sie nach dem Gottesdienst mit dem unterwürfigen Lächeln und der falschen Herzlichkeit, mit denen Schwarze oft Weißen begegnen, wenn sie sie nur beiläufig kennen oder ihnen mißtrauen oder beides. Dasselbe Grinsen habe ich im Gesicht eines schwarzen Kellners gesehen, als mich die

Washington Post einmal zum Weißen Haus schickte, um über einen bunten Abend bei Nancy Reagan zu berichten. Ein Lächeln für die weiße Frau. Keine schöne Sache.

Mama war so beleidigt, daß sie den Entschluß faßte, nie wieder hinzugehen, aber es gelang ihr nicht, ihrem Vorsatz treu zu bleiben. Immer wieder nahm sie die zweistündige Zug- und U-Bahnfahrt von ihrem Haus in Ewing, New Jersey, auf sich, um als einzige Weiße, als Fremde in eben jener Kirche zu sitzen, die sie in ihrem eigenen Wohnzimmer ins Leben gerufen hatte. Man muß zur Ehrenrettung des neuen Pfarrers sagen, daß er nun einmal *neu* war. Er war unerfahren und kannte Mama nicht. In Wirklichkeit kannten viele Menschen Mama nicht, die neu in der Kirche waren, und irgendwann machte der Mann seinen Fehler wieder gut, aber darum ging es nicht, sagte Mama. »Diese neuen Geistlichen haben keine Vision mehr«, wütete sie. »Die sind doch alle nur an ihrem Mittagessen interessiert. Dein Vater, das war einer, der hatte eine Vision.« Sie verglich sie alle mit meinem Vater, aber jeder Vergleich war müßig. Damals, das waren andere Zeiten, andere Umstände, andere Männer.

Jahrelang erwähnte Mama meinen Vater kaum. Es schien, als sei sein Tod schon so lange her, daß sie sich nicht mehr erinnern konnte; aber im Grunde betrachtete sie ihre Ehe mit ihm als den Anfang ihres Lebens und somit seinen Tod in gewisser Weise als einen Endpunkt in ihrem Leben, und darüber hinaus in die Vergangenheit zurückzugehen war für sie gleichbedeutend mit einer Reise in die Hölle, einer Reise an einen Ort, den sie nicht besuchen wollte. Und um den schlimmsten Ort, nämlich ihre jüdische Vergangenheit, so weit wie möglich zu umschiffen, mußte sie auch ihn umschiffen. Ihr Gedächtnis war wie ein Minenfeld, jede Erinnerung konnte ihr zum Verhängnis werden, ähnlich wie jene alten Landminen, die der Vietcong im Vietnamkrieg auslegte, die nicht beim Drauftreten explodierten, sondern die Leute erst in Stücke riß, wenn sie ihren Fuß wieder wegzogen. Als sie mir aber schließlich doch von ihm erzählte, sprach sie immer zuerst mit Ehrfurcht und schloß dann mit trauriger Stimme und dem Satz: »Ich wußte einfach nicht, wie krank er wirklich war.« Früher sah ich mir immer die Fotos von ihm an und fragte mich, wie wohl seine Stimme geklungen haben mochte, bis ich meinen Cousin Linwood Bob Hinson aus North Carolina kennenlernte, der ihm unglaublich ähnlich sieht. »Wenn du wissen willst, wie dein Vater war«, sagte Mama, »rede mit Bob.« Bob ist um die 40. Er spricht mit angenehmem, leichtem Südstaatenakzent. Er leitet ein Postamt in einem kleinen Ort, in dem nur Weiße leben, und löst dort die Probleme verärgerter Kunden. Bob war einer der sechzehn Schwarzen, die als erste in eine weiße Highschool in Mount Gilead, North Carolina, dem Geburtsort meines Vaters, zugelassen wurden. Er ist ein ruhiger, humorvoller, religiöser Mann, der einiges geleistet hat in seinem Leben. Sein 14jähriger Sohn Tory starb auf tragische Weise bei einem Autounfall, ein Ereignis, das eine ganze Gemeinde von Schwarzen und Weißen in North Carolina erschütterte, und er schaffte es, andere Menschen zu trösten, obwohl er selbst zutiefst verzweifelt war. Wenn mein Sohn später wird wie Bob, kann ich mich glücklich schätzen.

Aber es kann nicht jeder so sein wie Bob oder Pfarrer McBride oder selbst Ruth McBride. Die Leute sind verschieden. Die Zeiten ändern sich. Die Geistlichen sind anders als früher. Mama ist sich dessen bewußt, und trotz ihrer persönlichen Differenzen mit dem neuen Pfarrer wollte sie nicht mit ansehen, wie sich ihr Lebenswerk und das ihres Mannes einfach in Luft auflöste. Also sammelte sie bei meinen Geschwistern ein paar Spenden und kam zu dem Essen und setzte sich auf den Ehrenplatz. Neben ihr sitzt der Redner, Hunson Greene, Vorsitzender der New York Baptists Ministers Conference und ein großartiger Rhetoriker, der zufällig auch noch der Bruder von Mamas verstorbener bester Freundin Irene Johnson ist. Trotz ihrer Verachtung für das schwarze Bürgertum hat Mama, wenn's um Jesus geht, hochrangige Freunde.

Nach einiger Zeit tritt der junge Pfarrer ans Rednerpult und heizt dem Publikum ein wie ein Komiker. Seine Bemerkungen sind witzig und pointiert. Das Steak ist nicht übel, scherzt er, das Gemüse ist gar nicht wirklich halbgar, es ist Samstagabend, eßt eure Teller leer, Leute, morgen früh müssen wir in die Kirche. Er führt schnell durchs weitere Programm. Drei der angekündigten Redner sind nicht aufgetaucht, darunter ein weiterer Mitbegründer der Kirche und mein Patenonkel, Pfarrer Thomas McNair, und Schwester Virginia Ingram. Beide haben sich aufgrund von Krankheit oder anderer Termine entschuldigen lassen. Schließlich wird Mama ans Rednerpult gebeten. Der neue Pfarrer begrüßt sie als »die ursprüngliche Begründerin unserer Kirche«. Damit erntet er Beifall. Mama stellt meine Tochter hin, steht auf und arbeitet sich langsam zur Bühne vor.

Sie braucht dafür eine halbe Ewigkeit.

Sie ist jetzt 74 Jahre alt. Ihre Knie sind nicht mehr das,

was sie mal waren. Der flotte, o-beinige Gang ist mittlerweile eher zu einem Watscheln geworden. Die schlanke, hübsche Frau, die ich als Junge kannte, hat sich in eine kleine, leicht gebückte, dickliche alte Dame verwandelt. Ihr Gesicht ist immer noch wie früher, die Augen sind wach und voller Feuer; die Haare sind noch immer schwarz, dank Clairol Haarkosmetik; und da sie nie geraucht oder getrunken hat und dreimal die Woche Yoga macht, sieht sie zehn Jahre jünger aus, als sie ist. Aber sie hat Herzprobleme und hohen Blutdruck und nimmt gegen beides Medikamente. Nachdem die Ärzte festgestellt hatten, daß sie herzkrank ist, wollten zwei meiner Brüder, beide Mediziner, Mama für weitere Tests zu bekannten Herzspezialisten schicken, aber sie weigerte sich. »Mich kriegen die nicht«, sinnierte sie und spielte damit sowohl auf Krankenhäuser als auch den gesamten Apparat an, der den Leuten »Schläuche in die Nase steckt und gleichzeitig das Geld aus der Tasche zieht«. Ihre Bewegungen sind langsamer geworden, und Treppen bewältigt sie nur noch mit Mühe. In letzter Zeit redet sie daher, als würde sie nicht mehr lange unter uns sein, und stellt vor jedes neue Vorhaben ein »Wenn ich nächstes Jahr noch da bin, würde ich gern« – Disneyland besuchen, den Schulabschluß eines der Enkel erleben, noch einmal nach Paris fahren, ein neues Auto kaufen. Manches davon ist ein Wunschtraum, manches auch nicht. Aber mir rutscht dann immer das Herz in die Kniekehlen, wenn ich sie so reden höre. Wie die meisten Menschen habe ich keinen Schimmer, was ich machen soll, wenn meine Mutter tatsächlich stirbt. Als sie das Rednerpult erreicht, werde ich schlagartig aus meinen Tagträumen gerissen. Sie hält ein zerknittertes Stück Papier in der Hand, auf dem, halb in Schreibmaschine, halb handschriftlich, ihre Rede steht. Langsam legt sie den Zettel hin und zieht das Mikrophon näher zu sich heran, so daß es eine leichte Rückkopplung gibt. Während sie das tut, ist es vollkommen still im Saal, kein Mensch rührt sich.

»Hiermit möchte ich Herrn Pfarrer Reid und unsere Gemeinde begrüßen«, liest sie mit ihrer hohen, etwas kurzatmigen Stimme. »Die New Brown Church hat –« Und hier bricht sie ab. Man kann nicht sagen, ob es an ihrer Rührung oder einfach nur an der Nervosität liegt, zumindest hat Mama noch nie eine Rede gehalten. Das ist ihre erste. Sie räuspert sich, während es aus allen Ecken »Amen« und »Laß dir ruhig Zeit, Ruthie« schallt. Sie fängt noch mal von vorne an: »Hiermit möchte ich Herrn Pfarrer Reid und unsere Gemeinde begrüßen. Die New Brown Church hat es mit Gottes Hilfe geschafft ...« Und diesmal pflügt sie vorwärts, rücksichtslos, übereilt, wie ein Auto, das sich seinen Weg durch Schneewehen bahnt, schlittert, schlingert, ausschert, rotiert und nicht ans Ziel kommt, und mit ihrer hohen Stimme spult sie ihre gestelzte Rede hinunter, von der lediglich ein paar schwer verständliche Satzfetzen im Publikum ankommen. Endlich hält sie inne und legt die Hand aufs Herz und atmet tief ein, während der Saal verlegen schweigt. Ich will schon aufstehen und nach vorne zur Bühne laufen, weil ich befürchte, daß sie gerade einen Herzinfarkt bekommt, als sie plötzlich ihren Zettel von sich wirft, worauf er zu Boden flattert, und direkt ins Mikrophon spricht: »Mein Mann wollte eine Kirche gründen, aber wir hatten kein Geld, also sagte er: ›Laß uns hier in unserem Wohnzimmer die Kirche gründen.‹ Wir räumten die Wohnung auf und stellten eine Kanzel mit einer weißen Tischdecke auf und luden die McNairs und die Ingrams und die Taylors und die Floods zu uns ein. So fing alles an.«

»*Amen!*« tönt es aus dem Publikum. Jetzt haben die Leute Feuer gefangen.

»Wir stellten ein paar Stühle auf und lasen aus der Bibel und hielten einen Gottesdienst ab. Wir hatten keine Organistin wie Schwester Lee. Wir haben ohne Orgel gesungen. Das war die schönste Zeit meines Lebens, und ich will euch sagen ...« Sie bricht ab, und ihre Augen füllen sich mit Tränen.

»*Amen!*«

»*Jaa!!*«

»*Sag's ruhig, Ruthie!*«

Sie beginnt von neuem: »Ich will euch sagen ...«

»*Sag's uns allen, Ruthie! Wir hören dir zu!*«

Sie atmet tief durch: »Ich will euch sagen, daß Gottes Wort wahrhaftig ist. Seht mich an, ich kann's bezeugen. Es ist wahrhaftig.« »Amen«, donnert es aus allen Ecken des Saals, während Mama sich wegdreht und mit ihrem altbekannten, lebhaften Gang, ganz ohne zu watscheln, das Rednerpult verläßt, und es scheint, als ob sie gerade die 74 Jahre ihres Lebens abgeschüttelt hätte wie frische Schneeflocken. Sie stellt sich hinter ihren Stuhl am festlich gedeckten Tisch und sieht überwältigt ins Publikum. »Gott segne euch alle im Namen Christi!« ruft sie und schwingt mit ihrer Faust durch die Luft, ehe sie sich mit rotem Kopf, roter Nase und feuchten Augen auf ihren Stuhl setzt, und selbst mir kommen fast die Tränen.

Später, im Auto auf dem Nachhauseweg, fragte ich sie:

»Also bist du jetzt nicht mehr wütend auf den neuen Pfarrer?«

»Laß doch den armen Mann«, sagte sie, während das Licht der Straßenlaternen ihr Gesicht erhellt. »Der macht seine Sache gut. Die können froh sein, so einen jungen Pfarrer zu haben. Wenn man sich so die anderen Kirchen anguckt ... Du hättest auch Pfarrer werden sollen. Hast du das jemals überlegt? Aber man muß vorausschauend sein. Und man braucht eine Vision. Hast du eine Vision?«

Wahrscheinlich hab ich keine, sagte ich.

»Na ja, wenn du keine hast, dann solltest du Gott auch nicht auf die Nerven fallen.«

25
Auf der Suche nach Ruthie

Damals, im Juni 1993, während wir gemeinsam Mamas Testament verfaßten – dazu mußte ich sie richtiggehend zwingen –, kamen wir auf das makabre Thema ihrer Beerdigung zu sprechen. »Wenn ich sterbe«, sagte sie, »beerdigt mich nicht in New Jersey. Wer will schon in New Jersey beerdigt werden?« Das sagte sie in der Küche ihres Hauses in Ewing Township in der Nähe von Trenton, einem wunderschönen Ort in New Jersey, wo sie zusammen mit meiner Schwester Kathy lebt.

Ich sagte: »Wir beerdigen dich in Virginia, neben deinem zweiten Mann.«

»O nein. Beerdigt mich nicht in Virginia. Ich bin weggelaufen aus Virginia. Ich will nicht zurück.«

»Wie wär's mit North Carolina? Wir beerdigen dich da, wo dein erster Mann liegt.«

»Untersteht euch. Mein ganzes Leben lang versuche ich schon, einen großen Bogen um den Süden zu machen. Beerdigt mich bloß nicht im Süden.«

»Na gut. New York«, sagte ich. »Du hast vierzig Jahre in New York gelebt. Du liebst New York doch noch immer, oder?«

»Viel zu überfüllt«, schniefte sie. »Die graben einen viel zu tief ein in New York. Ich will auf gar keinen Fall unter irgend jemandem zerquetscht werden, wenn ich unter der Erde bin.«

»Wo sollen wir dich dann beerdigen?«

Sie warf die Hände in die Luft. »Ist mir doch egal! Das ist doch alles Unsinn. Ich hinterlaß euch sowieso nichts als Rechnungen.« Sie stand geschäftig vom Küchentisch auf und fuhr mich an: »Beerdigung hin, Beerdigung her, was wollt ihr überhaupt, mich umbringen? Ich will keine Schläuche in der Nase haben, hörst du? Die Ärzte sind's nämlich, die einen ins Grab bringen.« Sie griff nach einem Sonnenhut, der auf dem Tisch lag. »Das hier hat deine Schwester zu verantworten«, sagte sie.

»Was?«

»Ich hatte einen kleinen Pickel im Gesicht, und sie hat mich gleich zu irgendeinem tollen Arzt geschickt. Jetzt muß ich die ganze Zeit diesen blöden Hut aufsetzen. Damit seh ich doch aus wie 'n Gockel.«

Die Ärzte hatten Krebszellen in einem kleinen Leberfleck in Mamas Gesicht gefunden, die vermutlich durch übermäßige Sonneneinstrahlung verursacht worden waren. Ironischerweise ist das eine Krankheit, die überwiegend Weiße befällt. Es scheint ganz, als würde Mama noch bis ans Ende ihres Lebens ein wandelnder Interessenkonflikt bleiben, eine schwarze Frau mit weißer Haut, mit schwarzen Kindern und den gesundheitlichen Problemen einer weißen Frau. Zum Glück konnten die Ärzte den Leberfleck rechtzeitig entfernen, denn neuerdings beschäftigt sie sich ohnehin schon genug mit ihrer Sterblichkeit, wahrscheinlich weil ihr klar ist, daß der Tod der einzige Zustand im Leben ist, vor dem sie nicht weglaufen kann. »Das ist schon eine komische Sache mit dem Tod, meinst du nicht auch?« sinniert sie. »Der Tod ist so endgültig. Man hat halt nicht ewig Zeit«, sagt sie und wackelt mit dem Zeigefinger. »Deshalb sollte man ja auch Jesus kennenlernen.«

Wenn es genauso lange dauert, Jesus kennenzulernen wie dich, denke ich, *dann muß ich mich aber anstrengen*. Ich habe lange gebraucht, um herauszufinden, wer sie ist, teilweise auch, weil ich nicht wußte, wer *ich* war. Dabei lag das Problem der Selbstfindung vor allem darin, daß ich irgendwann den Entschluß gefaßt hatte, gar nicht erst nach mir selbst zu suchen. Als Junge brachten mich Fragen der Hautfarbe zwar durcheinander, aber ich betrachtete mich nie als unterprivilegiert oder unglücklich. Als junger Mann hatte ich weder Zeit noch Geld noch Motivation, über meine eigene finanzielle Armut hinwegzusehen und mich mit meiner Identität zu beschäftigen. Als ich erst einmal die Highschool geschafft hatte und feststellte, daß ich nicht im Gefängnis gelandet war, dachte ich, daß ab da alles glattlaufen würde. Im Oberlin College herrschten in dieser Hinsicht himmlische Zustände – es gab reichlich zu essen und niemand, der einen herumkommandierte, und obendrein hatte man etwas Sinnvolles zu tun, wenn man wollte. Dennoch beäugte ich mit einiger Bitterkeit meine weißen Kommilitonen, wenn sie in zerrissenen Jeans auf dem

Campusrasen herumtollten und Frisbee spielten und zur Weihnachtszeit über das Unigelände liefen und deutsche Weihnachtslieder schmetterten. Sie schienen auf eine Weise frei zu sein, wie ich es nie sein konnte. Die meisten meiner Freunde und auch die Frauen, mit denen ich zusammen war, waren schwarz, doch mit der Zeit lernte ich auch weiße Studenten kennen, von denen zwei – Leander Bien und Laurie Weisman – noch heute zu meinen engsten Freunden zählen. Während der seltenen, unbequemen Augenblicke, in denen ich sozusagen die Wahl hatte zwischen Schwarz und Weiß, entschied ich mich genau wie meine Mutter für die Schwarzen. Halb schwarz und halb weiß zu sein ist wie dieses Prickeln, das man in der Nase spürt, wenn man gleich niesen muß – man wartet darauf, daß es passiert, aber es passiert nicht. Aufgrund meiner schwarzen Hautfarbe und Erziehung war es leicht für mich, in der Anonymität einer rein schwarzen Umgebung Zuflucht zu nehmen. Dennoch war ich immer wieder frustriert darüber, daß ich offenbar in einer Welt lebte, die die Hautfarbe eines Menschen als unmittelbares politisches Statement begreift, ob es einem paßt oder nicht. Ich habe Jahre gebraucht, um zu akzeptieren, daß die nebulöse Welt des »weißen Mannes« längst nicht so frei war, wie es schien; daß Klassenzugehörigkeit, Glück und Religion wichtige Faktoren waren; daß viele Weiße manchmal weitaus größere Probleme hatten als ich; daß nicht alle Juden so sind wie mein Großvater und daß auch ich teilweise jüdisch bin. Hautfarbe bildet für mich indessen noch immer das größte Hindernis. Um damit klarzukommen, entschloß ich mich, der Sache aus dem Weg zu gehen und mich allein durchzuboxen.

So lange ich mich erinnern kann, bin ich davongerannt.

Als ich am Oberlin College 1979 mein Diplom und 1980 an der Columbia University schließlich meinen Magister in Journalistik machte, fing ich an, zwischen der Musik und dem Schreiben unentschlossen hin und her zu schwanken. Es sollte acht Jahre dauern, bis ich erkannte, daß beides möglich war. Ich habe alle Jobs als Journalist, die ich hatte, wieder aufgegeben. Ich arbeitete beim *Wilmington News Journal* und hörte wieder auf. Ich fand eine Stelle beim *Boston Globe*. Und hörte wieder auf. Ich schrieb für die Zeitschriften *People* und *Us*. Für die *Washington Post*. Überall hörte ich wieder auf. Das geschah alles noch in meinen Zwanzigern. Seltsamerweise wurde ich jedoch immer wieder eingestellt. Ich durchstreifte tagsüber die Städte und stolperte nachts in die Redaktion, um meine Artikel zu schreiben. Ich mochte die leeren Büroräume, wo es nichts als ein paar blinkende Computer und noch ein oder zwei Verrückte wie mich gab. Nachts konnte ich immer am besten schreiben. Anders als auf der Universität, gestalteten sich die Beziehungen zwischen Schwarzen und Weißen im Arbeitsleben sehr viel komplizierter und oftmals sehr viel unangenehmer. In der Redaktion erfuhr ich, wie die beiden Welten aufeinanderprallten, wenn sich zum Beispiel eine Gruppe schwarzer Reporter zusammenschloß, um auf einen weißen Redakteur zu schimpfen – zu Unrecht, wie ich fand. Letztlich jedoch saßen die weißen Männer am längeren Hebel, und es kam durchaus vor, daß sie ihre Macht mißbrauchten, um die Karrieren begabter junger Schwarzer, die voller Kampfgeist ihren Job antraten, im Keim zu ersticken. Andere weiße Männer wiederum waren, wie ich selbst, nichts als Schachfiguren, die sich nach Belieben herumschieben ließen. Ich arbeitete damals häufig auch mit

Redakteurinnen zusammen, die sich im allgemeinen als die angenehmeren Arbeitskollegen erwiesen, doch nur selten gelang es ihnen, in einflußreiche Positionen aufzusteigen. Und dann gab es noch die eher konservativen, schwarzen Mitarbeiter, von denen manche durchs Büro stolzierten wie die Reinkarnation von Martin Luther King und ihre Hautfarbe fast schon als Waffe einsetzten – dabei hatten diese Leute mit den Schwarzen in den Ghettos genausowenig zu tun wie jeder Weiße. Sie erzählten immer von ihrer »Kindheit in Mississippi« oder wo auch immer, um zu beweisen, daß sie Ahnung hatten von schwarzer Armut, aber ein innerstädtisches Ghetto hatten sie in den letzten zwanzig Jahren allenfalls vom Steuer ihres fest von innen verriegelten Honda gesehen. Mit ihrer Behauptung, aus armen Familien zu stammen, konnte ich nichts anfangen. Statt dessen hatten sie Privilegien genossen, weil sie Mütter, Väter, Großeltern, Nachbarn, die Kirche, die Familie, ein riesiges soziales Umfeld besaßen, in dem sie behütet und beschützt wurden. Sie konnten sich unmöglich vergleichen mit den Kindern der Achtziger und Neunziger, die allenfalls über Drogen und Kriminalität so etwas wie Verbundenheit kennenlernen. Die Beteuerung dieser Kollegen, es »trotz mittelloser Eltern bis nach Harvard geschafft« zu haben, war immerhin weißen Redakteuren Grund genug, sie einzustellen. Andererseits mußte ich zugeben, daß es mir im Prinzip ja kaum anders ergangen war. Die ganze Sache brachte mich immer wieder zur Verzweiflung.

Während dieser Jahre passierte in meinem Privatleben eher wenig. Ich unternahm abends nicht viel und wurde selten eingeladen. Die Freundin, die ich während meiner

Studienzeit hatte und wirklich mochte, war selbst ein Mischlingskind und stammte aus Hyde Park, Chicago – ihre Mutter war schwarz und ihr Vater jüdisch –, aber damals hatte ich noch Angst, mich zu binden und Vater zu werden, weil ich nicht wollte, daß es meinen Kindern später so erging wie mir. Ich habe meine damalige Freundin schließlich aus den Augen verloren, und die Zeit und die geographische Entfernung besorgten den Rest. Da ich neben meinem Journalismus keine Interessen hatte außer Musik, war ich einigermaßen erfolgreich als Reporter, aber am Ende warf ich doch immer wieder alles hin, erzählte meinen weißen Redakteuren nach ein oder zwei Jahren, daß ich aufhören müsse, um »zu mir selbst zu finden, ein Buch zu schreiben, Saxophon zu spielen«, welche Ausrede gerade paßte. Die meisten Schwarzen hielten meinen Drang zur »Selbstfindung« für puren Luxus. Für Weiße ist sie eher eine Notwendigkeit – für die meisten Weißen jedenfalls, bis auf eine, die jedoch die Wichtigste von allen war.

Jedesmal, wenn ich irgendwo einen Job hinwarf, machte Mama einen regelrechten Aufstand, der meistens eingeläutet wurde mit den Worten: »Ja, und was willst du jetzt *machen*!? Da geben sie dir eine zweite Chance, und du gehst hin und schmeißt sie zum Fenster raus! Du *brauchst* doch einen Job!« Wie die meisten Mütter übte sie einen unglaublichen Einfluß aus, und mein eiserner Entschluß zerbröckelte wie eine Sandburg, wenn sie zu einem ihrer Frontalangriffe ausholte, und diese Angriffe waren die reinsten Flutwellen. Ich versuchte, ihre Attacken abzuwehren, zog mich von ihr zurück und sagte: »Mach dir keine Sorgen, Mama. Mach dir keine Sorgen«, um monatelang in der labyrinthischen Unterwelt der New Yorker Musikszene zu verschwinden, Saxophon mit dieser und jener Band zu spielen und mal hier und mal da ein Stück zu verkaufen. Ich war immer einigermaßen erfolgreich, vor allem später, als ich den Stephen Sondheim Award für Musicalkomposition gewann und mit Anita Baker, Grover Washington Jun., Jimmy Scott, Rachelle Ferell und vielen anderen zusammenarbeitete. Dennoch waren die Achtziger für mich als Komponisten eine harte Zeit, und immer, wenn mal wieder eine Durststrecke kam, flüchtete ich in den Journalismus – bis Februar 1988, als ich für die Vermischte Seite der *Washington Post* arbeitete und gerade überlegte, ob ich nicht aufhören und wieder in New York Musik machen sollte. Die Vermischte Seite der *Washington Post* ist wirklich der Traum aller Reporter, und niemand dort gab leichtfertig seinen Job auf, nicht mal mit meiner Erfahrung im Job-Aufgeben. Während ich darüber nachgrübelte, rief mich Mama plötzlich an, einfach aus dem Blauen, als hätte sie es geahnt. »Ich kenne dich doch!« fuhr sie mich an. »Du kriegst jetzt regelmäßig Geld. Und nicht zu knapp. *Schmeiß diesen Job nicht hin!*«

Aber ich tat es trotzdem, teils, weil ich es satt hatte, ständig durch die Gegend zu rennen, und teils, weil ich mir mit 30 endlich sagte: *Sieh zu, daß du was auf die Reihe kriegst:* spiel Saxophon, schreibe, komponiere, tu was, verwirkliche dich selbst – wer zum Teufel *bist* du überhaupt? Ich mußte endlich mehr über mich herausfinden, und um mehr über mich herauszufinden, mußte ich herausfinden, wer meine Mutter war.

Es war eine niederschmetternde Erkenntnis, sein ganzes Leben lang denjenigen Menschen, den man am meisten liebte, gar nicht richtig zu kennen. Schon als kleiner Junge war es für mich normal, daß Mama ein Geheimnis um ihre Vergangenheit machte, und ich hatte mit der Zeit gelernt, damit zu leben. Während mein eigenes Leben voranschritt, ging ihre Biographie langsam verloren – und vermutlich war ihr das auch recht so. Ich habe sie nicht ein einziges Mal ernsthaft auf das Thema angesprochen, bis ich 1977 am College ein Formular ausfüllen mußte, in dem ich aus irgendeinem Grund den Mädchennamen meiner Mutter angeben sollte. Ich rief in Philadelphia an, um sie danach zu fragen, aber sie stellte sich erst einmal quer. »Wieso?« fragte sie. »Wozu brauchst du den?« Sie druckste noch eine Weile herum, bis sie endlich mit der Sprache herausrückte: »Shilsky«, sagte sie.

»Kannst du mir das mal buchstabieren, Mama?«

»Wer zahlt überhaupt dieses Telefongespräch? Zahl ich das etwa? Ist das ein R-Gespräch?«

»Nein.«

»Du studierst doch«, fuhr sie mich an. »Du kannst doch schreiben. Find's selber raus.« *Klick*.

Die Sache wurde erst im Frühjahr 1982 wieder aktuell, als ich Al Larkin kennenlernte, der damals Redakteur beim *Sunday Magazine* des *Boston Globe* war. Al überredete mich, einen Artikel zum Muttertag zu schreiben, der freundlicherweise gleichzeitig im *Philadelphia Enquirer* erschien, denn dort lebte Mama zu der Zeit. Auf meinen Artikel gab es so viel positive Resonanz, daß ich beschloß, mich eingehender mit der Angelegenheit zu befassen, einerseits, um nicht mehr als Journalist arbeiten zu müssen, andererseits, um endlich der Wahrheit über meine zweigeteilte Seele auf den Grund zu gehen. Ich fragte Mama, ob sie Lust hätte, mit mir an einem Buch zu arbeiten, aber ihre Antwort war nein. Ich sagte, daß ich eine Menge Geld damit machen könne. Sie sagte: »Meinetwegen. Wenn du reich bist, bin ich auch reich. Aber schmeiß deinen Job nicht hin.« Also nahm ich mir 1982 beim *Boston Globe* eine Auszeit und schmiß *dann* den Job hin. »Das war eine der blödsinnigsten Dinge, die du je in deinem Leben getan hast«, schnaubte sie, als ich verkündete, daß ich nicht länger beim *Globe* arbeiten würde.

Ich hatte mir schon ausgemalt, wie ich mich mit ihr hinsetzen und schöne, lange Gespräche führen und gebannt lauschen würde, wie die Geschichten und Anekdoten aus ihrer Vergangenheit nur so hervorsprudelten. Ich sah sie vor mir als weise alte Frau im Schaukelstuhl, die in aller Ruhe – über einen Zeitraum von sechs Wochen oder vielleicht zwei Monate hinweg – ihre rührenden Memoiren in meinen bereitstehenden Kassettenrecorder fließen läßt, während ich sie immer wieder ansporne, mit ihr in Erinnerungen schwelge, hoffe, bange und mich gemeinsam mit ihr – Mutter und Sohn, Schritt für Schritt, Hand in Hand, untrennbar zusammengeschmiedet – vorkämpfe, bis wir – welcher Triumph! – ein halbes Jahr später die Sache über die Bühne gebracht hätten und der Welt unser großartiges Werk angedeihen lassen konnten.

Acht Jahre später bekam ich noch immer solche Dinge zu hören wie: »Kümmer dich gefälligst um deinen eigenen Kram. Wenn du dir zu viele Gedanken machst, verschrumpelt dein Gehirn wie eine Backpflaume. Ich will nicht ins Fernsehen. Laß mich in Ruhe. Du bist mir viel zu neugierig! Ich zieh von Philadelphia weg. Laß uns packen.«

Meine Mutter ist der einzige Mensch, den ich kenne, der

zehn Jahre lang ununterbrochen umgezogen ist. Nachdem sie ein Jahr lang in Delaware gewohnt hatte, kaufte sie 1975 ein kleines Reihenhaus in Germantown, Philadelphia, richtete sich ein und fing prompt an, wieder nach einem neuen Haus an einem neuen Ort zu suchen, so daß das Umziehen für sie buchstäblich zur Lebensphilosophie wurde. Sie stand morgens auf, hastete aus der Tür, fuhr den ganzen Tag mit einem Immobilienmakler durch die Gegend, sah sich Häuser an, die sie sich weder hätte leisten können noch überhaupt kaufen wollte, und bat am Abend schließlich den armen Makler, sie »in einer Woche anzurufen«. Daraufhin suchte sie erst einmal für drei Wochen das Weite, besuchte meine Geschwister in Atlanta oder verschwand einfach so von der Bildfläche, und ward von jenem Makler nie mehr gesehen. Der arme Mann rief hundertmal an, bis ihn schließlich einer von uns informieren mußte, daß Mama an dem Objekt kein Interesse mehr hatte. Manchmal stand Mama auch neben uns, während wir telefonierten und für sie verhandelten, und raunte uns in unser freies Ohr: »Sag ihm, daß ich nicht zu Hause bin! Warum muß er auch ständig hier anrufen!«

Dieses absonderliche Verhalten war typisch für Mama, und ich konnte es erst richtig nachvollziehen, als ich herausfand, von wie weit sie tatsächlich gekommen war. Für Mama existierte ihre jüdische Seite nicht mehr. Sie öffnete für mich die Tür, die sie für sich selbst bereits vor langer Zeit endgültig geschlossen zu haben glaubte. Als sie begann, mir ihre Geschichte zu erzählen, fühlte ich mich oft hilflos, wenn ich merkte, wie sehr es sie mitnahm, nach jahrzehntelangem Versteckspiel ihre Vergangenheit zu enthüllen (obgleich es teilweise auch befreiend für sie war), aber selbst ich war befremdet, ja geradezu schockiert, Begriffe wie »Tate«, »row«, »schiwe« und »Babe« aus Mamas Mund zu hören, während sie an ihrem Küchentisch in Ewing, New Jersey, saß. Für mich war es vor allem jedoch eine faszinierende Lektion, ihre Lebensgeschichte zu erfahren – die sich als so unglaublich herausstellte, daß man sie sich niemals hätte ausdenken können. Es war so, als würde ich mir aus Spielzeugbausätzen meine eigene Identität basteln; denn während sie ihr Leben vor mir ausbreitete, mußte ich nicht nur ihre biographischen Teilstücke herumschieben und anders anordnen, sondern auch mein eigenes Leben neu zusammenfügen.

Mama hat sich verändert, seit sie sich damals in den vierziger Jahren für das Christentum entschied. Jetzt kann sie sich der Vergangenheit stellen. Nachdem sie jahrelang immer beteuert hatte, daß sie nichts von sich preisgeben wolle, hat sie jetzt einen Punkt erreicht, an dem sie sagen kann: »Es ist egal. Inzwischen sind sie alle tot, oder in Florida«, was für sie dasselbe ist. »Ich werde niemals als Rentnerin nach Florida gehen«, versicherte sie. Als wir einmal an einem Friedhof vorbeifuhren, stellte sie fest: »Das da ist das Ewige Florida.«

Mit 65 Jahren faßte Mama den Entschluß, an der Temple University Sozialpädagogik zu studieren. Die intellektuelle Herausforderung, das Lesen und Lernen machten ihr Spaß – ich hatte vergessen, wie klug sie ist. Ihr unerschöpflicher Wissensdurst war es auch, der sie schließlich dazu veranlaßte, dem hektischen Philadelphia den Rücken zu kehren, um sich zusammen mit meiner Schwester Kathy im ruhigeren, sichereren Vorort Ewing niederzulassen. Nachdem sie ihr Diplom in der Tasche hatte, arbeitete sie ein paar Jahre lang ehrenamtlich für eine wohltätige Einrichtung in Philadelphia, die unverheirateten, schwangeren Frauen Hilfe und Unterstützung anbot; danach leitete sie in der Stadtbücherei von Ewing allwöchentlich eine Lesegruppe für ältere Menschen, darunter auch Analphabeten, was sie noch heute tut. Jeden Tag steht sie auf, scheucht ihre beiden Enkelkinder zur Schule, fährt nach New Jersey, feilscht mit Händlern auf Flohmärkten, macht in Sweatshirt und Nike-Turnschuhen Yoga, kriecht in ihrem Toyota Baujahr '95 mit 60 km/h über die Autobahn, übt sich auf der Route I als Verkehrshindernis und hört währenddessen ihren Lieblingsradiosender. Manchmal steht sie morgens auf und verschwindet tagelang einfach in ihrer Lieblingsgegend, der Red Hook-Siedlung, um zur Kirche zu gehen und ihre alten Freunde zu besuchen. Obwohl meine Geschwister sie drängen, lieber nicht in der Siedlung herumzulaufen, tut sie es dennoch. »Erzählt mir nicht, wie ich zu leben habe«, sagt sie. Sie war schon immer unberechenbar, meine Mutter, und schon immer hatte sie die etwas beunruhigende Angewohnheit, mit der Maschine zu starten, wilde Loopings zu fliegen, dann aus dem Cockpit zu rennen und zu schreien: »Tut doch was! Wir stürzen ab!«, nur um sich im allerletzten Moment selbst hinters Ruder zu werfen und in aller Seelenruhe die Maschine sicher auf der Rollbahn aufsetzen zu lassen und die gesamte Angelegenheit sogleich zu vergessen. Sie würde sich selbst dann nicht mehr daran erinnern, wenn man ihr Fotos davon zeigen würde. So etwas wischt sie sofort aus ihrem Gedächtnis; das gehört zu ihren Strategien. So funktioniert das bei ihr. Ihr Überlebensinstinkt ist bemerkenswert, und man kann nur sprachlos zusehen, wie sie mit Gefahren umgeht. »Ruthie« – so nannten sie meine Schwestern immer liebevoll –, »Ruthie *spinnt*«.

Im August 1993, nach über fünfzig Jahren, stellte sich Ruthie alias Ruth McBride Jordan alias Rachel Deborah Shilsky endlich ihrer Vergangenheit. Sie fuhr in ihre Heimatstadt Suffolk, Virginia – zusammen mit mir und meiner Schwester Judy, die als Lehrerin in New York arbeitete, und meinem Bruder Billy, der in Atlanta lebte und Physiker war. Wir fuhren durch die ganze Stadt, die Main Street hinunter, vorbei an dem einzigen Gebäude, das damals in der Dreißigern einen Fahrstuhl hatte, vorbei an der Stelle, wo früher ihr Haus gestanden hatte, vorbei an der alten Synagoge und der Highschool, die es noch immer gab. »Es ist alles noch genauso wie früher«, sagte sie leise, als wir vor der Synagoge standen, die immer noch weiß gestrichen war, ein bißchen gealtert, mit ihren vier hohen Säulen aber noch denselben prachtvollen Eindruck machte. Mama starrte auf das alte Gebäude, weigerte sich jedoch, das Auto zu verlassen; sie wollte nur aus dem Fenster gucken. »Sie kümmern sich drum, das sieht man«, murmelte sie und befahl dann Billy, der hinterm Steuer saß, weiterzufahren. Sie schien wie erstarrt – aufmerksam, in Gedanken, aber ungerührt –, bis wir in Portsmouth in der Auffahrt einer gewissen Frances Moody hielten, die jetzt Frances Falcone hieß und nach der ich lange suchen mußte. Ich brauchte zwölf Jahre und eine gehörige Portion Glück, um der geheimnisvollen Frances auf die Spur zu kommen. Es waren immerhin fünfzig Jahre vergangen, seitdem Mama in Suffolk gelebt hatte, und die meisten Menschen von damals waren verschwunden. Diejenigen, die noch da waren, konnten sich an Frances nicht mehr erinnern. Schließlich traf ich eine Frau, die Frances Holland hieß und mir erzählte, daß sie sich, als sie als neue Schülerin in die siebente Klasse der Thomas Jefferson Highschool kam, mit zwei Mädchen angefreundet hatte: Ruth Shilsky und Frances Moody. »Frances Moody lebt noch, sie wohnt irgendwo in Portsmouth«, sagte sie. Ich durchforstete erfolglos das örtliche Telefonbuch und kam immer noch nicht weiter, bis ich der Stadtbücherei in Suffolk einen Besuch abstattete. Dort reichte mir die Bibliothekarin einen Zettel mit einer Telefonnummer. »Das ist die Frau, die Sie suchen«, sagte sie. »Sie heißt jetzt Frances Falcone.« Ich dankte ihr und fragte sie, woher sie das gewußt hätte. Sie zuckte aber nur mit den Schultern. Sie war weder freundlich noch unfreundlich, nur sehr sachlich. Sie ging ans Telefon, wählte eine Nummer und reichte mir den Hörer. Frances Moody, jetzt Frances Falcone, ging an den Apparat. »Ich habe Jahre gebraucht, um Sie zu finden«, sagte ich. Sie lachte. »Kommen Sie mich doch besuchen, auch wenn ich Sie wahrscheinlich nicht sehen kann«, sagte sie. »Ich bin gestern an den Augen operiert worden – grauer Star, wissen Sie.« Sofort fuhr ich nach Portsmouth und traf mich mit der alten Schulfreundin meiner Mutter, einer schlanken, brünetten Frau in Mamas Alter, die mit leiser Stimme sprach und deren Augen, wie sich herausstellen sollte, ganz in Ordnung waren. Es schien einleuchtend, daß Frances Moody, die so mutig gewesen war, sich in den Vierzigern, als die Juden alles andere als beliebt waren in Suffolk, mit einem jüdischen Mädchen anzufreunden, später einen Italiener, Nick Falcone, geheiratet hatte. »1941 habe ich Ihre Mutter das letzte Mal gesehen«, sagte Frances. »Das war an meinem Polterabend.«

»Bestimmt haben Sie gedacht, Sie würden sie nie wiedersehen«, sagte ich.

»Das stimmt nicht«, sagte sie. »Irgendwie wußte ich, daß ich sie wiedersehen würde.«

Als wir uns Frances' Haus in Portsmouth näherten, fing Mama an, nervös zu werden, und redete plötzlich wie ein Sturzbach. »Guck dir mal diese Straßen an«, sagte sie. »Kein Huppel, kein einziges Schlagloch. Die wissen hier schon, wie man Straßen baut. Aber man sollte auf gar keinen Fall zu schnell fahren, mit der Polizei ist nämlich nicht zu spaßen. Mit denen ist nicht zu spaßen, hörst du? Nicht so schnell, Billy! Aua, meine Knie tun weh. Diese Klimaanlage bläst mir die ganze Zeit schon gegen die Knie. Und außerdem sind die Sitze viel zu eng.« Selbst als wir schon in Frances' Auffahrt standen und Mamas alte Freundin auf uns zukam, plapperte sie noch vor sich hin und beschwerte sich über alles mögliche. »Aua, jetzt komm ich nicht hoch. Meine Beine tun höllisch weh. Nun hilf mir doch mal einer aus dem Sitz, statt da hinten zu faulenzen! Du fährst wirklich wie ein Besessener! So kann man nicht fahren, nicht in Virginia jedenfalls, das sag ich dir. Jetzt tun mir die Knie weh, und – Frances! Du bist ja vielleicht dünn. Ach, und so hübsch. Ach du liebe Zeit, jetzt muß ich auch noch weinen. Oje, was habt ihr nur mit mir angestellt …« Und sie weinte, als sie ihre Freundin umarmte.

Nach dem Besuch knüpften sie und Frances wieder dort an, wo sie als Schulfreundinnen aufgehört hatten, und noch heute haben sie engen Kontakt. Aber weiter zurück als bis zu Frances kann Ruthie nicht gehen. Ihre Wiedervereinigung war eines der schönen Geschenke, die dieses Buch, an dem Mama nie wirklich interessiert war, mit sich brachte.

Es gibt wahrscheinlich hundert verschiedene Gründe, warum Ruthie besser bei ihrer jüdischen Familie geblieben wäre, statt extra aus New Jersey mit Zug und U-Bahn bis nach Red Hook, Brooklyn, zu fahren, um dort mit ihren schwarzen Kindern und Freunden einen christlichen Gottesdienst zu besuchen – ich bin sicher, die Gründe sind allesamt im Alten Testament aufgelistet. Dennoch bin ich froh, daß sie sich für die afroamerikanische Seite entschieden hat. Sie hat zwei außergewöhnliche Männer geheiratet und zwölf talentierte Kinder großgezogen, die ich hier alle einmal aufzählen möchte. Das habe ich ihr versprochen, denn die Erfolge ihrer Kinder sind schließlich auch ihre Erfolge. Das sind sie also, angefangen mit dem Ältesten:

ANDREW DENNIS MCBRIDE, B. A. der Lincoln University; Dr. med. University of Pennsylvania; M. A. der Yale University; arbeitet heute als Leiter des Gesundheitsamts in Stamford, Connecticut.

ROSETTA MCBRIDE, B. A. der Howard University; Hunter College; Dipl.-Sozialpädagogin; arbeitet als Psychologin beim Kultusministerium der Stadt New York.

WILLIAM MCBRIDE, B. A. der Lincoln University; Dr. med. der Yale University; M. B. A. der Emory School of Business; arbeitet heute in der Forschungsabteilung der Firma Merck and Co., Inc.

DAVID MCBRIDE, B. A. der Denison University; M. A. und Dr. phil. der Columbia University; arbeitet heute als Leiter der Abteilung für afroamerikanische Studien an der Pennsylvania State University.

HELEN MCBRIDE-RICHTER, Dipl. Krankenpflegerin an der Universitätsklinik der University of Pennsylvania und Emory University School of Medicine; dipl. Hebamme an der Emory University School of Nursing, arbeitet heute als Hebamme.

RICHARD MCBRIDE, Veteran der U. S. Army, B. A. der Cheney University; Drexel University; Dipl.-Chemiker; arbeitet heute als außerordentlicher Professor der Chemie an der Cheney State University und in der Forschungsabteilung der Firma AT&T.

DOROTHY MCBRIDE-WESLEY, A. A. des Pierce Junior College; B. A. der La Salle University; arbeitet heute als Arzthelferin in Atlanta, Georgia.

JAMES MCBRIDE, B. A. des Oberlin College; M. A. der Columbia University; arbeitet heute als Autor, Komponist und Saxophonist.

KATHY JORDAN, B. A. der Syracuse University; Dipl.-Erziehungswissenschaftlerin, Long Island University; arbeitet heute als Sonderschullehrerin an der Ewing Highschool in Ewing, Pennsylvania.

JUDY JORDAN, B. A. der Adelphi University; M. A. des Columbia University Teachers College; arbeitet heute als Lehrerin an der Junior Highschool 168 in Manhattan.

HUNTER JORDAN, Dipl.-Informatiker der Syracuse University; arbeitet heute als Berater bei der Firma U. S. Trust Corporation, Ann Taylor.

HENRY JORDAN, Studium an der North Carolina A&T University; arbeitet heute als Kundenbetreuer bei der Firma Neal Manufacturing, Inc. in Greensboro, North Carolina.

Mamas Kinder sind allesamt außergewöhnliche Menschen. Sie alle haben in ihrer Kindheit und Jugend mehr als genug Entbehrungen auf sich nehmen müssen, dennoch haben sie sich zu würdigen, bescheidenen und humorvollen Erwachsenen entwickelt. Wie jede Familie haben auch wir unsere Probleme, aber wir haben immer zusammengehalten. Durch Ehen, Adoptionen, Freunde und Freundinnen sind aus dem Dutzend weitere Dutzende geworden – Ehefrauen, Ehemänner, Kinder, Enkel, Cousinen, Nichten, Neffen –, bei uns gibt es Dunkelhäutige bis Hellhäutige, Schwarzgelockte bis blauäugige Blonde. Nachdem sie ihre Vergangenheit hinter sich gelassen hatte, gründete Mama eine eigene Sippe, die jedes Jahr zu Weihnachten und Thanksgiving ihr Haus überfällt und überall schläft – auf dem Boden, auf dem Teppich, im Schichtsystem, zu zweit und zu dritt in einem Bett, »zwei nach oben, einer nach unten«, genau wie in alten Zeiten.

Jedes Jahr streiten wir uns darum, wo wir Weihnachten feiern sollen. Jedes Jahr geben wir Hunderte von Dollar für Telefonrechnungen und Briefe aus, wir schreiben, faxen, beschwatzen und bestechen einander, um bloß die Pilgerfahrt nach Ewing in Mamas winziges Haus zu vermeiden. Jedes Jahr behaupten wir alle zwölf, daß wir *bei uns* Weihnachten feiern werden und unter gar keinen Umständen mit *hunderttausend* Kindern *hunderttausend* Meilen fahren werden, um mit *hunderttausend* anderen Leuten auf Mamas Boden zu übernachten, weil einen das einfach unglaublich schlaucht, und außerdem haben wir das erst letztes Jahr durchexerziert. Aber wenn man 74 Jahre alt und oberster Befehlshaber der ganzen Truppe ist, sitzt man nun mal am längeren Hebel. Meine Frau Stephanie erzählt immer gerne, wie sie zum ersten Mal über die Weihnachtsfeiertage mit zu mir nach Hause kam und meine Familie kennenlernte. Wir saßen in Mamas Haus in Ewing um den Küchentisch herum – alle zwölf Geschwister, allesamt Ärzte, Professoren und so weiter –, und im ganzen Haus herrschte der gleiche Trubel wie damals, als wir alle Kinder waren, nur daß jetzt auch noch unsere eigenen Kinder wie die Verrückten durchs Haus tobten und unsere Ehemänner und Ehefrauen wie paralysiert auf das Schauspiel blickten. Die ursprünglichen Zwölf waren inzwischen wieder zurückgefallen in ihre absonderlichen alten Verhaltensmuster, bei denen ein Psychologe zweifellos die Hände über dem Kopf zusammengeschlagen hätte – bis irgendeine Stimme den Höllenlärm durchdrang: »Laßt uns doch ins Kino gehen!« Augenblicklich verfiel der ganze Tisch in unglaubliche Hektik.

»Gute Idee!«

»Ja ... laßt uns ins Kino gehen. Wir können meinen Wagen nehmen.«

Aus dem Nebenzimmer: *»Wartet auf mich!«*

»Beeilt euch! Wo sind meine Schuhe?«

Mama saß währenddessen auf der Couch und hatte ihre Beine auf den Wohnzimmertisch gelegt. Sie gähnte und sagte leise: »Ich will jetzt essen.«

Sofort dachte kein Mensch mehr ans Kino.

»Au ja! Laßt uns essen!«

»Mann, hab ich Hunger!«

»Laßt uns doch was bestellen!«

Aus dem Nebenzimmer: *»Ich bin schon seit heute morgen am Verhungern ...!«*

Das nenne ich Macht.

Epilog

Im November 1942 wurde eine zwanzigjährige jüdische Frau namens Halina Wind von ihren Eltern ins Versteck geschickt, nachdem die Nazis in ihre polnische Heimatstadt Turka einmarschiert waren und fast alle 6 000 Juden, die dort lebten, sowie ihre Eltern, einen Bruder und die Großmutter ermordet hatten. Halina Wind floh in die Stadt Lwow, wo sie und neun andere Juden sich vierzehn Monate lang in der Kanalisation versteckt hielten, zwischen Ratten und Abwässern und ohne Tageslicht in einem nassen, unterirdischen Gefängnis hausten und von polnischen Kanalisationsarbeitern mit Essen versorgt wurden. Halina Wind überlebte dieses Grauen, um später davon berichten zu können.

Im Jahr 1980 – fast vierzig Jahre später – kam Halinas einziger Sohn David Lee Preston, ein dünner, gutaussehender Typ mit einem schmalen Gesicht, dunklen Augen und einer Brille, an meinen Schreibtisch in den Redaktionsräumen der *Wilmington News Journal* geschlendert. In der Hand hielt er einen Artikel von mir über den Boxer Muhammad Ali. Er arbeitete wie ich als Reporter für den *Journal*, aber wir kannten uns noch nicht persönlich.

»Der Artikel ist ausgezeichnet«, sagte er.

»Danke«, sagte ich.

»Sie haben Muhammad falsch buchstabiert. Das schreibt man hinten mit ›a‹ statt mit ›e‹. Die Korrektur hat das wohl übersehen.« Normalerweise sollte die Korrektur solche Fehler ausmerzen, ehe das Blatt in Druck ging.

»Gut«, sagte ich achselzuckend. Von mir aus.

»Ich hab gehört, Sie spielen Saxophon?« sagte er. »Kennen Sie zufällig Albert Ayler?«

Albert Ayler war ein phantastischer Avantgarde-Saxophonist, der normalerweise nur eingefleischten Jazzfans ein Begriff war. Gerüchten zufolge hatte er sich in den East River in Manhattan gestürzt. Ich war ziemlich erstaunt. »Wie kommen Sie darauf?«

Er zuckte seinerseits mit den Achseln und lächelte. Seit diesem Tag gehört Halina Winds Sohn zu meinen besten Freunden. Als wir uns kennenlernten, wußte ich noch nicht, daß David Preston Jude war. Es war nichts, was er jedem auf die Nase binden mußte. Er war ein sensibler, neugieriger, humorvoller Intellektueller und ein großartiger Autor, und seine religiöse Herkunft tauchte weder als Thema auf, noch fand ich es damals wichtig, danach zu fragen. Erst als ich ihm erzählte, meine Mutter sei die Tochter eines orthodoxen jüdischen Rabbiners, enthüllte er mir seine eigene Geschichte, weil er das Ausmaß von Mamas Erfahrungen sofort begriff. »Das ist ja ganz unglaublich«, sagte er. Und das sagte einer, dessen eigene Mutter etwas ganz Unglaubliches erlebt hatte.

Während er sich weiterentwickelte – heute schreibt er ein Buch über seine Mutter und arbeitet als Kolumnist für den *Philadelphia Enquirer* –, ging auch mein Leben weiter. Im Jahr 1991 heiratete ich meine afroamerikanische Verlobte Stephanie und bat ihn, zu meiner Hochzeit zu kommen. Als er im darauffolgenden Jahr mit seiner jüdischen Verlobten Rondee Hochzeit feierte, lud er mich ein. Er wollte auch, daß Mama mitkam. Ich erklärte mich einverstanden, Mama für ihn zu fragen, obwohl ich meine Zweifel hatte, daß sie zusagen würde.

»Interessant.« So lautete ihre Antwort, als ich ihr die Einladung überbrachte.

»Er würde sich wirklich sehr freuen«, sagte ich. Ich wußte, daß sie David sehr gern hatte.

»Ich komme, wenn Kathy mich begleitet«, sagte sie. Ihr war es lieber, eine Tochter dabeizuhaben, wenn irgend etwas Aufwühlendes bevorstand. Mit ihren Söhnen gibt sie an und erzählt, was für tolle Sachen sie schon gemacht haben und wo sie studiert haben und so weiter und so weiter, aber in Wirklichkeit sind es die Frauen des McBride-Jordan Clans, die die Familie zusammenhalten, und das auch nach Mamas Tod noch tun werden. Wie Mama haben meine Schwestern gelernt, mit Widrigkeiten zu leben und sich nach Rückschlägen wieder aufzurappeln und weiterzumachen. Die Männer, inklusive meiner Wenigkeit, taumeln eher umher, wenn uns das Leben einen Schlag versetzt, und zu Weihnachten und Thanksgiving werfen wir uns auf Mamas Couch und gucken Baseball, auch wenn die Spiele noch so miserabel sind. Kathy jedenfalls erklärte sich bereit, zusammen mit ihrer neunjährigen Tochter Maya mit Mama zu Davids Hochzeit zu fahren, also war es abgemacht.

Die Trauung fand im Beth Shalom Temple in Wilmington statt, wo Halina Preston 30 Jahre lang unterrichtet hatte. Ich war Platzanweiser, und als ich im schwarzen Anzug und mit weißer *jarmelke* hinter sechs jüdischen Musikern, die das traditionelle israelische Volkslied »Erew Schel Schoschanim« spielten, das Hauptschiff heruntermarschierte, war ich traurig, gerührt und stolz zugleich. David Preston heiratete seine Frau mit derselben Art von Begeisterung und Überzeugung, mit der er auch im täglichen Leben die Dinge anpackte. Sie unterschrieben den Vertrag und wurden schließlich unter einem Baldachin, der *chuppa*, getraut. Zwei weibliche Kantoren, eine davon Davids Schwester, Shari Preston, traten nach vorne und sangen. Davids Onkel und Halina Prestons Bruder, Rabbi Leon Wind, leitete die Zeremonie, und seine Worte waren ehrfurchtgebietend. »Mein Herz ist heute von tiefen und widerstreitenden Gefühlen erfüllt«, sagte der 78jährige Rabbiner. »Ich bin überglücklich, daß eure Ehe zustande gekommen ist. Und doch schmerzt es mich, daß meine Schwester, für die dieser Augenblick der schönste in ihrem Leben gewesen wäre, nicht mehr bei uns ist, um diesen Tag zu erleben.« Davids Mutter, Halina Wind Preston, war im Dezember 1981 mit 61 Jahren nach einer Herzoperation gestorben. Die Worte des Rabbiners rührten die ganze Gemeinde, und ich mußte unwillkürlich an meine eigene Mutter denken, die in der vierten Reihe saß.

Ich drehte mich nach ihr um und sah, wie sie sich gerade die gerötete Nase putzte. Am Handgelenk hing ihr Fotoapparat. Bei solchen Gelegenheiten macht sie gern Fotos. So hält sie alle wichtigen Augenblicke fest, watschelt extra die ganze Atlantic Avenue in Brooklyn von der U-Bahnstation bis zur Long Island-Universitätsklinik hinunter, um meine neugeborene Tochter Azure zu fotografieren, oder stellt meinen kleinen Sohn Jordan in ihrem Garten vor einen Baum, um von ihm, der fürs Osterfest herausgeputzt ist, noch mal eben einen Schnappschuß zu machen. Ihre Fotos sind grauenhaft: manchmal sind die Köpfe abgeschnitten, manchmal ist gar nichts auf dem Bild zu sehen, dann wiederum nur ein Tisch, eine Hand, ein Stuhl. Dennoch fotografiert sie alles, was ihr wichtig erscheint, weil sie jetzt soviel wie möglich in Erinnerung behalten will – verloren hat sie ja schon genug. An diesem regnerischen Nachmittag macht sie allerdings keine Aufnahmen. In diesem Augenblick sitzt sie da in einem weißen Kleid und mit Halskette, sieht stur geradeaus und fällt mit ihrer langen Nase und den dunklen Augen nicht im geringsten auf inmitten der vielen, überwiegend osteuropäischen Gesichter ringsum. Sie hatte keine Schwierigkeiten, die Synagoge zu betreten. Sie sah sich in der Vorhalle um und nickte anerkennend. »Guck mal«, zeigte sie mir, »hier an der Wand haben sie die Namen der Leute angeschlagen, die gestorben sind. Guck mal, die Männer verlassen den Raum, wenn weibliche Kantoren auftreten.« Sie redete wie jemand bei einem Museumsbesuch.

»Und – wie fühlst du dich hier?« fragte ich sie.

»Gut«, sagte sie. »Ich bin froh, daß David heiratet. Er ist ein netter jüdischer Junge«, und lachte im selben Moment über sich selbst. Mir ging auf, daß diejenigen, die für Mama das Kaddisch gebetet hatten – das jüdische Trauergebet, das einen Todesfall bekanntgibt, das Ritual, das einen vom Schicksal eines Kindes freispricht –, richtig daran getan haben, denn Mama gehörte wahrhaftig nicht mehr in ihre Welt. Heute war sie lediglich zu Gast hier. »Von all dem spüre ich nichts mehr«, sagte sie irgendwann im Lauf des Tages.

Als bei dem Empfang, der auf die Zeremonie folgte, die Klezmer-Musiker anfingen, traditionelle jüdische Volkslieder zu spielen, lebte Mama noch mehr auf. Sie aß koscheren Humous, Tehini und Baba ghanusch und klärte dabei meine Nichte Maya über koscheres Essen auf; sie lachte und scherzte mit einer Gruppe alter jüdischer Damen, die neben uns saßen, und stand sogar auf, um zuzusehen, wie ein paar der Männer David auf einen Stuhl setzten, ihn hochhoben und entsprechend dem traditionellen jüdischen Hochzeitstanz durch den Saal trugen. Aber bald darauf kam sie zurück an unseren Tisch und sagte: »Es ist Zeit zu gehen.« Ihr Tonfall ließ keine Sekunde daran zweifeln, daß es ihr ernst war.

Als wir die Türen der Synagoge öffneten, stellten wir fest, daß es regnete und wir keinen Schirm dabeihatten. Kathy und Maya spurteten zum Auto, während ich mit Mama langsam hinterherkam. »So wird das gemacht«, sagte sie, während ich ihr die Stufen der Synagoge hinunterhalf. Ihre arthritischen Knie schmerzten sie bei dem feuchten Wetter. »Genauso haben's die alten Juden auch damals schon gemacht, als ich jung war. Man heiratete unter diesem Ding, dieser *chuppa*. Dann tritt man auf das Glas. Das hätte genausosgut ich sein können«, sagte sie, nahm die letzte Stufe und setzte ihren Fuß ein bißchen wacklig auf dem Bürgersteig auf.

»Ich weiß«, sagte ich, ließ ihren Arm los und ging auf den Wagen zu. »Aber was wäre dann aus mir geworden …?« Doch ich mußte feststellen, daß ich mit mir selbst redete. Sie war verschwunden. Sie stand vor dem Eingang der Synagoge und sah gedankenverloren vom Bürgersteig zurück zum Portal, während sich große Pfützen um ihre Füße bildeten. Eine Weile stand sie so da, mitten im Regen, und sah nachdenklich vor sich hin, dann drehte sie sich um und watschelte rasch, mit ihrem üblichen, o-beinigen Gang, zum Auto.

Danksagungen

Meine Mutter und ich möchten Jesus Christus danken. Dank auch an meine Ehefrau, Stephanie Payne, die mir immer wieder auf die Beine half und mir Rückhalt gab. Dank meinen Kindern, Jordan und Azure, die wissen sollen, woher sie kommen.

Dank an meine elf Geschwister: Dr. Andrew Dennis McBride, Rosetta McBride, Dr. William (Billy) McBride, Dr. David McBride, Helen McBride-Richter, Richard McBride, Dorothy McBride-Wesley, Kathy Jordan, Judy Jordan, Hunter Jordan und Henry Jordan. Dank euch, daß ihr mir geholfen habt, dieses Buch zustande zu bringen und dafür, daß ihr unsere Familie zusammengehalten habt. Dank an meine ganz besondere Schwester Jacqueline Nelson aus Louisville, Kentucky, die meinem Leben eine neue Wendung gab.

Dank meiner Lektorin Cindy Spiegel vom Verlag Riverhead, ohne deren Kreativität, Phantasie, Rat, Einsatz und Weitblick das Buch in dieser Form nicht zustande gekommen wäre, und auch meiner Agentin Flip Brophy von Sterling Lord Literistic, die mich zehn Jahre lang nicht aufgab, obwohl ich ihr keinen Pfennig einbrachte.

Meine Mutter und ich möchten unseren Freunden und unserer Familie in Harlem, in der Red Hook-Siedlung in Brooklyn, in St. Albans, Queens und in Philadelphia danken, die uns über die langen Jahre immer zur Seite gestanden haben: vor allem meiner Patentante und meinem Patenonkel, Tante Rachel und Pfarrer Tom McNair, und Familie; Virginia Ingram und ihrer Familie; Pfarrer Edward Belton und seiner Familie aus Passaic, New Jersey; der verstorbenen Irene Johnson, ihren Töchtern Deborah und Barbara, ihrer Schwester Vera Lake, ihrem Bruder, Pfarrer Hunson Greene, und dem Rest ihrer Familie; Pfarrer Elvery Stannard, Pfarrer Arnet Clark und der Tiberian Baptist Church; Pastor Joseph Roberts und der Ebenezer Baptist Church; Dr. Gary Richter, Rose McBride, Rebecca Randolph; Gladys und Fred Cleveland, Alive und Neddie Sands, Dorothy und Thomas Jones. Dank an die Familien Napper und Harris, Sheila Warren und Evelyn Hobson; Trafina »Ruth« Wilson und ihrer Familie in Wilmington, Delaware; Dank an unsere geliebte verstorbene Tante Sallie Candis Baldwin und an das verstorbene Ehepaar Etta und Nash McBride; an die Familien Hinson, Leake und Rush aus Mount Gilead, North Carolina; Tante Mag Lomax, Cousine Edna Rucker und an die Familie Gripper aus High Point, North Carolina; Dank an die New Brown Memorial Baptist Church in Brooklyn; an Pfarrer Thomas

Davis von der Crossroads Baptist Church in Harlem; an Cousine Maggie Harris und ihre Familie aus Richmond, Virginia; an Thelma Carpenter, Onkel Walter Jordan, Flossie Jordan und die Jordans aus Brooklyn und Richmond; an die Familien Payne und Hawkins in Los Angeles.

Dank an die Menschen aus Suffolk, Virginia: Frank und Aubrey Sheffer, Helen Weintraub, den verstorbenen Aubrey Rubinstein, Mrs. Frances Holland, Mary Howell-Read vom Rathaus, Curly Baker und Eddie Thompson. Herzlich umarmt seien Frances und Nick Falcone, weil sie wieder in unser Leben getreten sind. Dank an Dina Abramowicz vom Yido Institute für Jüdische Forschung in New York und an alle Brüder von der Ecke vor dem Schnapsladen »Vermont Liquors« in Louisville, vor allem an Mike Fowler, Big Richard Nelson und den verstorbenen Chicken Man. Dank an meinen Steuerberater Milton Sherman, an Janette Bolgiani und Julian »Sharon« Jones. Dank an Jim Naughton vom *Philadelphia Enquirer,* Rhonda Goldfein, an die Holocaust-Überlebenden Halina Wind und George Preston und an ihren Sohn David Preston, der mich in die Wunder des Judaismus einweihte. Dank an meine vielen Freunde beim *Boston Globe*: Dennis Lloyd, Al Larkin, Jack Driscoll, Ed Siegel, Cindy Smith, Steve Morse und natürlich Ernie Santosuosso. Dank an Mary Hadar, die mir als Redakteurin bei der *Washington Post* viel gegeben hat, und an den Bebop Gitarristen Jeff Frank, dessen zweite Karriere noch bevorsteht. Dank an Jay Lovinger und Gay Daley, die mein Manuskript lasen und die mit ihrer Freundlichkeit für mich und meine ganze Familie eine große Inspiration gewesen sind; Dank an Bill Boyle, Mike Daley, Hank Klibanoff, Marguerite del Giudice, Doran Twer, Gar Joseph, Gary

Smith und Sally Wilson; Dank an Isabel Spencer und Fred Hartman, der der erste war, der mich als Reporter einstellte; an Norman Isaacs, der mich ermutigte, mir ein Saxophon anzuschaffen, und Jann Wenner von den Zeitschriften *Rolling Stone* und *Us*, der mir erlaubte, in seinem Büro Sopransaxophon zu üben (»kein Problem«), und an Eric »Bud Powell« Levin, Jesse Birnbaum, Pat Ryan, Jim Gaines, Richard Ben Kramer, Carolyn White, Gerri Hershey und an die lebende Legende, den Autor John A. Williams, dessen Arbeit allen Schriftstellern eine Quelle der Inspiration ist. Dank an Anita Baker und Walter Bridgeforth, der mir mit seiner Großzügigkeit geholfen hat, durch die mageren Jahre zu kommen. Dank an die Jazzlegende Jimmy Scott, der mir das Swingen beibrachte, an den Saxophonisten Grover Washington jun., an Gary Burton, Everett Harp, an Damon Due White und Rachelle Ferrell, Gerard Harris, meinen Partner Ed Shockley, Larry Woody, Sy Friend und Vinnie Carrissimi, der noch immer nicht springen kann; an George Caldwell, meinen musikalischen Begleiter Pura Fé, Dana Crowe, Lisa Hartfield Davé, Professor Wendell Logan, Fred Nelson III, Laurie »Colgate« Weisman, Roz Abrams und die Familie Rouet aus Frankreich. Schließlich möchte ich noch der Familie Bien aus Concord, New Hampshire, danken sowie deren Söhnen Alec und Leander, denen ich in vielen langen Nächten von meinen Träumen erzählen durfte und die mir während der harten Zeit danach zur Seite gestanden haben.

»Sondern gedenke an ihn in allen deinen Wegen, so wird er dich recht führen.«

Sprüche, 3:6

James McBride

James McBride ist Autor, Komponist und Saxophonist. Er arbeitete beim *Wilmington (Delaware) News Journal*, beim *Boston Globe* und bei der *Washington Post*, und schrieb auch für den *Philadelphia Inquirer, Rolling Stone*, *Us* und *Essence*. 1993 erhielt McBride den Stephen Sondheim-Preis des American Music Theater Festival in der Kategorie Komposition, insbesondere für das Jazz/Pop-Musical »Bobos«. Er hat Lieder geschrieben u. a. für Anita Baker, Grover Washington jun. und Gary Burton. Er begleitet häufig als Bandmitglied den Jazzsänger Jimmy Smith. Er studierte am Oberlin College und an der Columbia University Journalistik. Er ist verheiratet, hat zwei Kinder und lebt in South Nyack, New York.

Ruth McBride Jordan

Ruth McBride Jordan wurde als Rachel Deborah Shilsky (Ruchel Dwajra Zylska) im Jahr 1921 in Polen geboren. Als sie zwei Jahre alt war, wanderte ihre Familie nach Amerika aus und ließ sich schließlich in Suffolk, Virginia, nieder. Nach der Schule zog sie nach New York und heiratete Andrew D. McBride, mit dem sie gemeinsam die New Brown Memorial Church in Brooklyn gründete. Nach dem Tod ihres Mannes im Jahr 1957 heiratete sie Hunter Jordan, der 1972 starb. Sie studierte an der Temple University, wo sie mit 65 Jahren ein Diplom in Sozialpädagogik erwarb. Heute reist Ruth regelmäßig nach Paris, London, New York und Atlanta, Georgia; sie arbeitet ehrenamtlich beim Philadelphia Emergency Center, einer Hilfsorganisation für obdachlose junge Mütter; sie leitet eine Arbeitsgruppe in der Stadtbücherei in Ewing, New Jersey, und setzt sich außerdem bei der Jerusalem Baptist Church in Trenton, New

Jersey, für Obdachlose ein. Sie lebt zusammen mit ihrer Tochter Kathy Jordan und ihren Enkelkindern Gyasi und Maya in Ewing, New Jersey. Sie hat zwölf Kinder und zwanzig Enkel.